数字化赋能
国内旅游消费发展研究：
理论分析与实证检验

王俐／著

中国矿业大学出版社
·徐州·

图书在版编目(CIP)数据

数字化赋能国内旅游消费发展研究：理论分析与实证检验/王俐著. — 徐州：中国矿业大学出版社，2024.9. — ISBN 978-7-5646-6428-2

Ⅰ. F592.68-39

中国国家版本馆 CIP 数据核字第 2024CG8124 号

书　　名	数字化赋能国内旅游消费发展研究：理论分析与实证检验	
	Shuzihua Funeng Guonei Lüyou Xiaofei Fazhan Yanjiu：Lilun Fenxi yu Shizheng Jianyan	
著　　者	王　俐	
责任编辑	姜　翠	
出版发行	中国矿业大学出版社有限责任公司	
	（江苏省徐州市解放南路　邮编 221008）	
营销热线	（0516）83885370　83884103	
出版服务	（0516）83995789　83884920	
网　　址	http://www.cumtp.com　E-mail：cumtpvip@cumtp.com	
印　　刷	苏州市古得堡数码印刷有限公司	
开　　本	710 mm×1000 mm　1/16　印张 16.25　字数 292 千字	
版次印次	2024 年 9 月第 1 版　2024 年 9 月第 1 次印刷	
定　　价	72.00 元	

（图书出现印装质量问题，本社负责调换）

前言 Preface

随着数字化时代的到来,经济社会各领域在数字化的扩展、渗透与融合之下不断被重塑,社会交往方式与生产生活秩序也突破了时空束缚。旅游业作为富有时代特征的民生产业、幸福产业和战略性支柱产业,正经历着前所未有的数字化变革,处于从传统模式向信息化、电商化和数字化转型的关键阶段。在此数字化浪潮中,从在线旅游平台的崛起到智慧旅游景区的建设,从智能行程规划的创新到沉浸式体验的探索,数字化赋能不仅为旅游业发展注入了新的活力,也为旅游者带来了全新的旅游体验,重新定义了旅游在日常生活中的意义。

在消费社会的语境下,旅游已成为中国民众热衷的消费选择,成为现代生活方式的重要组成部分。《"十四五"旅游业发展规划》明确提出,要做强做优做大国内旅游市场,加快推进以数字化、网络化、智能化为特征的智慧旅游,深化"互联网+旅游",为数字化赋能国内旅游市场发展指明了方向。在双循环新发展格局和数字中国建设的大背景下,如何运用数字化手段激活国内旅游消费市场,既是增强经济内生动力、推动消费提质升级的核心议题,也是数字中国建设的关键环节。当前形势促使我们全面认识并系统把握数字化时代旅游消费的新特征、发展规律和未来趋势。

本书紧扣时代发展脉搏,从理论分析与实证检验结合的双重路径出发,深入探讨了数字化对国内旅游消费发展的赋能效应、作用机制以及路径选择。在理论分析部分,基于旅游经济系统模型、数字经济理论和旅游消费行为理论,构建了多层次的分析框架,系统阐释了数字化"是否"以及"如何"赋能国内旅游消费的问题。从客源地旅游消费支出、目的地旅游消费收入和客源地—目的地旅游消费流的三重视角,分别构建了包含数字化因素的消费需求理论模型、Hotelling模型和目的地选择模型。通过模型推导与最优化求解,深入剖析了数字化赋能国内旅游消费支出、消费收入和消费流的影响方向、作用机制及路径选择,从理论层面为数字化赋能国内旅游消费提供了支撑,并提出了研究假设。

在实证研究部分,利用中国家庭追踪调查(CFPS)的家庭面板数据,检验了数字化对客源地居民旅游消费的赋能效应及其作用机制,包括渠道效应、同群效应和收入效应。本书进一步运用省级区域的面板数据,分析了数字化赋能对目的地旅游消费收入的影响,考察了网络效应与人力资本协同效应,并探讨了数字化赋能的"流量"路径、"流质"路径及其动态演化过程。在省际旅游消费流量估算的基础上,验证了数字化赋能对旅游消费流的影响效应及特征,包括空间压缩效应、长尾效应和选择偏好效应。在总结研究发现的基础上,本书提出了数字化赋能国内旅游消费发展的政策建议。

本书的研究成果旨在为学术界深入探索数字经济与旅游消费发展间的关系提供更加丰富的理论体系,为推动我国旅游消费的高质量发展提供坚实的理论依据与实证支持,并为政府部门和旅游企业的战略制定提供参考。展望未来,在数字化引领与赋能的强大推动下,国内旅游消费潜力将得到进一步释放,人民在旅游消费中将得到更多获得感和幸福感,为旅游高质量发展和经济内生增长带来广阔前景和持久动力。

著 者

2024 年 3 月

目录 / Contents

第一章 绪　论 ··· 1

　第一节　研究背景 ·· 3

　第二节　相关概念与研究对象 ·· 10

　第三节　研究目的与研究意义 ·· 17

　第四节　研究思路与研究方法 ·· 20

　第五节　研究创新点 ··· 25

第二章　文献回顾与研究评述 ·· 29

　第一节　数字化在旅游业中应用的文献综述 ·································· 31

　第二节　数字化与旅游消费的文献综述 ··· 33

　第三节　数字化与旅游经济增长的文献综述 ·································· 37

　第四节　数字化与旅游流的文献综述 ·· 42

第三章　旅游消费的数字化革新：新兴技术的融合应用 …… 47
第一节　旅游预订与规划的数字化革命 …… 49
第二节　旅游目的地体验的数字化转型 …… 53
第三节　旅游反馈与社交分享的数字实践 …… 56
第四节　数字时代的旅游消费行为变革 …… 59

第四章　数字驱动的国内旅游消费变革：理论机制探索 …… 65
第一节　理论框架概述 …… 67
第二节　客源地居民旅游消费的数字化影响机制探究 …… 71
第三节　目的地旅游消费收入的数字化影响机制探究 …… 81
第四节　数字化影响客源地—目的地旅游消费流的理论分析 …… 91

第五章　客源地视角下数字化促进居民旅游消费的实证研究 …… 101
第一节　实证模型与变量设置 …… 104
第二节　实证结果分析 …… 116
第三节　内生性讨论与稳健性检验 …… 137
第四节　本章小结 …… 142

第六章　目的地视角下数字化推动旅游消费增长的实证研究 …… 145
第一节　理论模型与路径机制 …… 147
第二节　实证模型与变量设置 …… 152
第三节　实证结果分析 …… 160
第四节　内生性讨论与稳健性检验 …… 172
第五节　本章小结 …… 179

第七章　客源地—目的地视角下数字化影响旅游消费流的实证研究 …… 181
第一节　国内旅游消费流量的测算 …… 183

第二节　旅游消费流动力机制及指标构建 …………………… 188
　　第三节　模型构建与变量选择 ………………………………… 192
　　第四节　实证检验与结果分析 ………………………………… 199
　　第五节　内生性讨论与稳健性检验 …………………………… 206
　　第六节　本章小结 ……………………………………………… 211

第八章　研究结论与未来展望 …………………………………… 213
　　第一节　研究结论 ……………………………………………… 215
　　第二节　政策建议 ……………………………………………… 218
　　第三节　研究不足与未来展望 ………………………………… 221

参考文献 …………………………………………………………… 223

第一章 Chapter 1

绪　　论

第一章 绪 论

第一节 研究背景

党的二十大报告指出,要加快发展数字经济,促进数字经济和实体经济深度融合。这是加快构筑新发展格局和重塑竞争新优势的重要战略部署。《"十四五"旅游业发展规划》明确提出,要做强做优做大国内旅游市场,加快推进以数字化、网络化、智能化为特征的智慧旅游,深化"互联网+旅游",对以数字化赋能国内旅游市场发展提出了新的更高要求。

一、扩大国内旅游消费是促进双循环的重要引擎

在较长历史时期,"高投资、低消费"一直是困扰我国经济发展的难题。随着我国经济逐渐从高速增长转向中高速增长,其发展重心逐渐从以工业经济为主的初级阶段,转向以服务经济为主的高级阶段(江小涓,2014)。扩大内需,尤其是扩大国内最终消费,已成为促进经济增长的重要引擎(潘文卿 等,2023)。

2020年5月,中共中央政治局常委会会议首次提出,深化供给侧结构性改革,充分发挥我国超大规模市场优势和内需潜力,构建国内国际双循环相互促进的新发展格局。构建双循环新发展格局要以"内循环"带动"双循环",要坚持扩大内需,使生产、分配、流通、消费更多依托国内市场,形成国民经济良性循环(樊纲 等,2021)。在此背景下,加快完善国内旅游消费市场,推动形成国内旅游大循环格局,促进线上旅游消费增长等系列举措,是推动旅游发展加快融入双循环新发展格局的必然选择(辛本禄 等,2020)。

双循环新发展格局强调服务业的提升与发展,特别是在旅游、教育和健康等领域,能够创造大量就业机会,提升整体就业水平。旅游业具有劳动密集度高、产业链关联性强、就业弹性显著的特点,不仅能够直接吸纳就业,而且能够间接促进就业,尤其在为农民工群体提供广泛就业机会方面效果突出。截至2023年,全国A级旅游景区直接创造的就业岗位已超过1 000万个,旅游业带动的直接和间接就业人数接近8 000万人。[①] 旅游业在为中低

[①] 戴斌.加快建设旅游强国 推动旅游业高质量发展.[EB/OL].(2024-06-27)[2024-07-10]. http://www.qstheory.cn/dukan/hqwg/2024-06/27/c_1130169272.htm.

收入群体提供大量就业机会的同时,通过刺激高收入群体消费,发挥了国民收入二次分配的调节作用。随着国民收入结构的逐步优化,旅游消费需求持续增长,推动了旅游消费、就业增长与收入分配之间的良性循环,进而提升了整体社会福利。

国内旅游消费具有综合性、最终性、层次性和重复性等特征。发展国内旅游是拉动内需的关键组成部分,能够降低经济增长对外部市场的依赖,有助于促进经济增长并增强经济的韧性与稳定性。首先,旅游消费涵盖了餐饮、住宿、游览、娱乐、购物、交通和通信等多个综合性领域,不仅能满足相关产业的需求,还能迅速释放居民消费潜力。其次,作为一种最终消费形式,旅游消费因不涉及多余的中间环节,能够直接有效地促进经济增长。再次,旅游消费展现出显著的层次性,能够满足不同收入群体的多样化需求,通过收入再分配效应进一步推动经济持续发展。最后,旅游消费的可重复性使其在持续扩大内需方面具备显著优势,展现出了广阔的潜力空间。因此,促进国内旅游消费不仅是经济复苏的要求,更是实现可持续发展与高质量发展的重要途径。我国已有31个省、自治区、直辖市将旅游业从国民经济中的重要产业提升为战略性支柱产业。

二、国内旅游消费正从复苏增长迈向高质量繁荣

在改革开放初期,我国的国内旅游消费需求较为低迷,而境外旅游消费需求相对旺盛。在这一历史阶段,我国优先发展入境旅游,将外事接待和增加外汇收入视为主要任务,未能充分重视对国内旅游消费的促进。根据国际经验,当一个国家或地区的人均GDP(国内生产总值)超过2 000美元(1美元≈7.18人民币)时,居民的消费结构开始升级;当人均GDP超过5 000美元时,居民的休闲旅游消费需求加速扩展。经过40余年的改革开放,中国经济得到长足发展,国民收入水平大幅度提升。随着中等收入群体的扩大和消费结构的不断升级,国内旅游消费呈现出巨大的发展潜力(曾博伟 等,2021)。1995—2023年,我国居民的人均出游率由0.52次/年增长至3.47次/年,人均旅游消费由218.71元/人/次提高至1 004.60元/人/次,标志着我国已经进入了"大众旅游"的时代。我国居民出游率及人均旅游消费(1995—2023年)见图1-1。

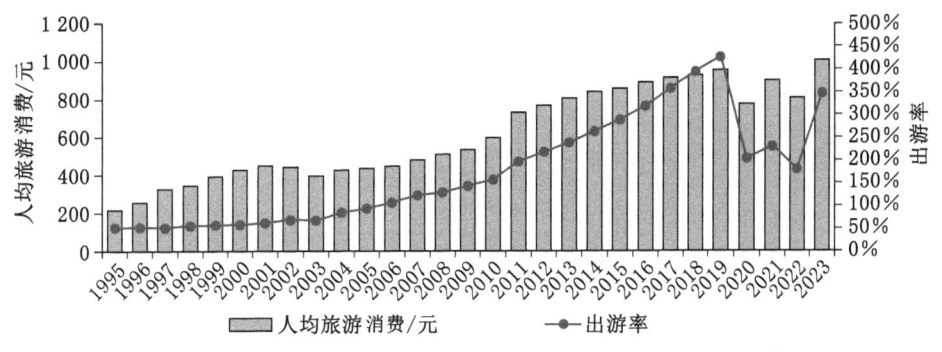

图 1-1　我国居民出游率及人均旅游消费(1995—2023 年)①

从整体趋势来看,我国国内旅游消费的人数和金额呈现出稳步增长的趋势(见图 1-2 和图 1-3)。国内旅游消费不仅在一定程度上替代了出境旅游消费,还对吸引入境旅游消费发挥了积极作用。目前,国内旅游消费对我国旅游收入的贡献率已超过 90%,在旅游经济发展中占据了主导性和决定性地位。尽管突如其来的新冠疫情给旅游消费带来了严重冲击,但旅游业蓬勃发展的势头并未因此而削减(王学峰 等,2022)。2023 年以来,国内旅游市场的复苏趋势显著,自驾游、乡村旅游、"味蕾游"和"特种兵式"旅游等新兴旅游形式不断涌现,推动国内旅游消费逐渐从复苏增长迈向高质量繁荣。2023 年,国内出游人次达到 48.91 亿,比上年同期增加 23.61 亿,同比增长

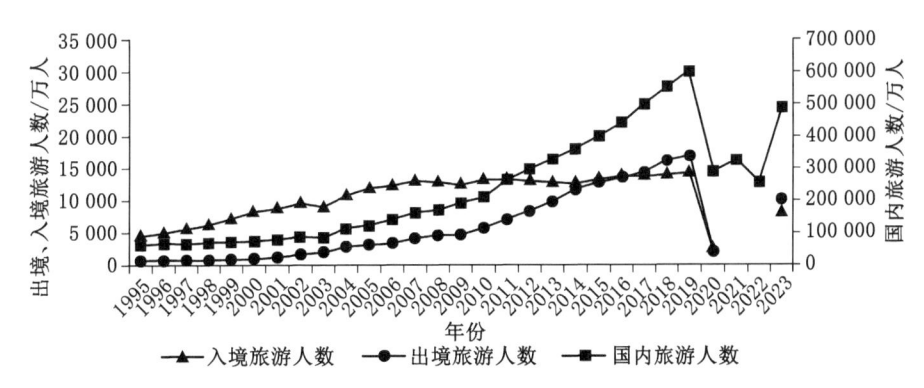

图 1-2　我国出境、入境以及国内旅游人数(1995—2023 年)②

---

① 数据来源于《中国旅游统计年鉴》(2010—2023 年)。
② 数据来源于《中国旅游统计年鉴》(2010—2023 年)。其中,2021 年和 2022 年入境旅游人数和出境旅游人数的数据未统计。

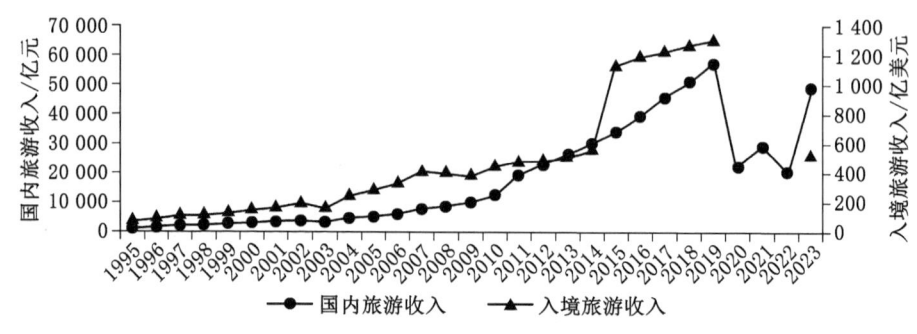

图 1-3　我国国内旅游消费额与入境旅游消费(1995—2023 年)①

93.30%。国内游客出游总花费 4.91 万亿元,较上年增长 2.87 万亿元,同比增长 140.30%。②

三、数字化赋能为激发国内旅游消费带来新机遇

20 世纪后半叶以来,在信息技术发展的带动下,旅游业朝着信息化、电商化、数字化的方向不断更新迭代。数字化转型在旅游业中的应用较早发生在欧美发达国家,我国旅游业的数字化转型起步较晚、基础相对薄弱但发展迅速,在短短 20 年的时间内便追赶了欧美国家超过半个世纪的发展进程。我国旅游业数字化转型发展历程见图 1-4。我国旅游业的数字化转型历经了萌芽期、探索期、发展期和成熟期等四个阶段,形成了数字化转型与旅游深度融合的局面。

(一)萌芽期(1981—1996 年)

1981 年,中国国际旅行社总社有限公司(CITS)引入美国 PRIME550 超级小型机,标志着我国旅游信息化的开端。1993 年,中国国际旅行社总社有限公司与澳大利亚 Jetset 旅行社合作,推出了与国际接轨的 CITS Worldlink 票务系统,成为国内首家实现数字化分销的旅行社机构,显著提升了票务管理和客户服务的水平。1994 年,国家旅游局信息中心的成立,为

---

① 数据来源于《中国旅游统计年鉴》(2010—2023 年)。其中,2021 年和 2022 年入境旅游收入的数据未统计。

② 中华人民共和国文化和旅游部财务司.2023 年国内旅游数据情况.[EB/OL].(2024-02-09)[2024-07-10]. https://zwgk.mct.gov.cn/zfxxgkml/tjxx/202402/t20240208_951300.html.

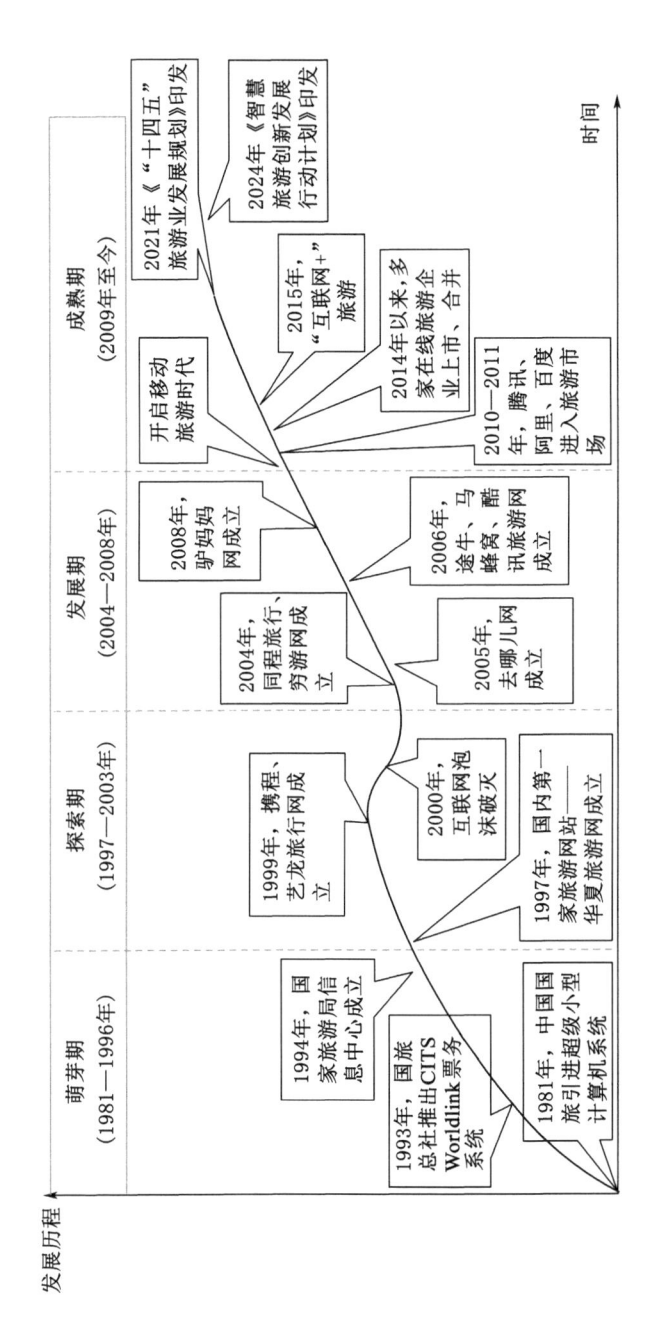

图 1-4　我国旅游业数字化转型发展历程

全国旅游信息化工作提供了组织保障,推动了各地旅游业的信息化建设。

(二)探索期(1997—2003年)

1997年,国内首家旅游电子商务网站华夏旅游网成立。1999年,携程旅行网和艺龙旅行网相继成立,向人们提供酒店预订、机票预订、景区门票、旅行攻略等系列旅游咨询及行程订购服务。2001年,我国启动旅游信息化建设的系统工程"金旅工程",将目的地营销体系作为旅游电子商务建设的重要部分。在旅游信息化的探索期,旅游信息化的主体由政府转向市场,信息化的重点也由旅游管理的信息化转向对旅游电子商务的探索。2000年的互联网泡沫破灭以及2003年的"非典"对信息化进程和旅游消费市场带来了严重影响,旅游的信息化进程有所放缓。

(三)发展期(2004—2008年)

2003年"非典"刚过,成立仅4年的携程旅行网成功在美国上市,为我国在线旅游消费注入了强大的信心。随后的三五年内,同程旅行、穷游网、去哪儿网、途牛、马蜂窝、酷讯旅游网等一批互联网旅游企业纷纷涌现,重塑了市场格局。这一时期,我国在线旅游市场中规模领先的服务供应商大多在2003—2008年成立,显示出强劲的市场活力。同时,我国庞大的互联网用户基础和日益增长的旅游消费需求,促使在线旅游消费呈现出爆发式增长的态势,为行业的进一步发展奠定了坚实基础。

(四)成熟期(2009年至今)

2009年,我国在线旅游消费占旅游总消费的比重为4.8%,而同期美国的在线旅游消费占比高达39%,显示出了我国在线旅游消费仍有较大的发展潜力。[1] 随着移动互联网和智能手机的普及,旅游平台企业纷纷切入移动终端,开展旅游营销业务,改变了旅游的信息获取与消费方式,推动了移动旅游用户规模的持续增长。与此同时,腾讯、百度、阿里巴巴等互联网平台巨头积极投资、入股或创建旅游平台,旅游消费市场的竞争更加激烈。2015

---

[1] 贺燕青.OTA产业空间广阔,模式百花齐放.[EB/OL].(2019-05-22)[2024-06-10]. http://finance.sina.com.cn/stock/jhzx/2019-05-22/doc-ihvhiqay0586122.shtml.

年,国务院出台了关于促进旅游消费的相关意见,强调互联网在释放国内旅游消费中的关键作用。2021年,国务院印发的《"十四五"旅游业发展规划》明确提出,加快推进以数字化、网络化、智能化为特征的智慧旅游,深化"互联网+旅游"。2024年,由文化和旅游部办公厅、中央网信办秘书局等联合印发的《智慧旅游创新发展行动计划》制订了促进数字经济和旅游融合创新发展的行动计划,进一步推动了旅游数字化转型的进程。

目前,数字化对国内旅游消费的影响成效显著,在线旅游消费市场的发展可见一斑。我国在线旅游消费市场规模及增长趋势(2016—2022年)见图1-5。如图1-5所示,我国在线旅游消费交易规模由2016年的9 011.9万亿元增长至2022年的16 427.1万亿元。我国各地区线上客流渗透指数(2018年)见图1-6。图1-6描述了2018年我国部分地区线上客流渗透指数,

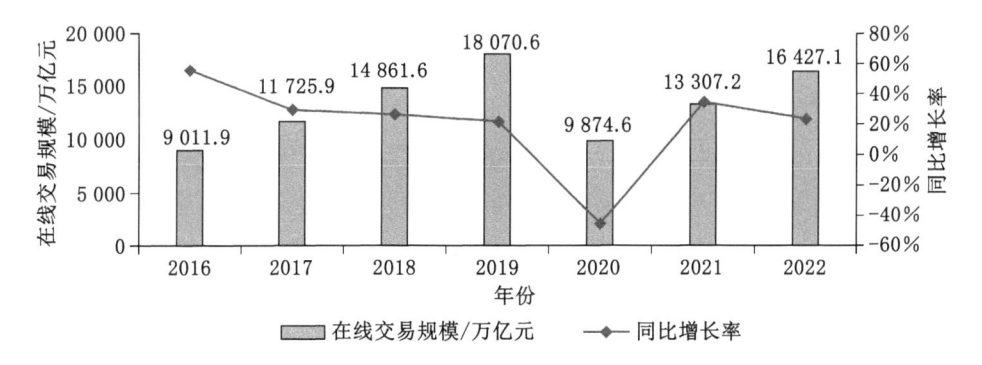

图1-5 我国在线旅游消费市场规模及增长趋势(2016—2022年)

数据来源:《2021年中国在线旅游行业研究报告》。

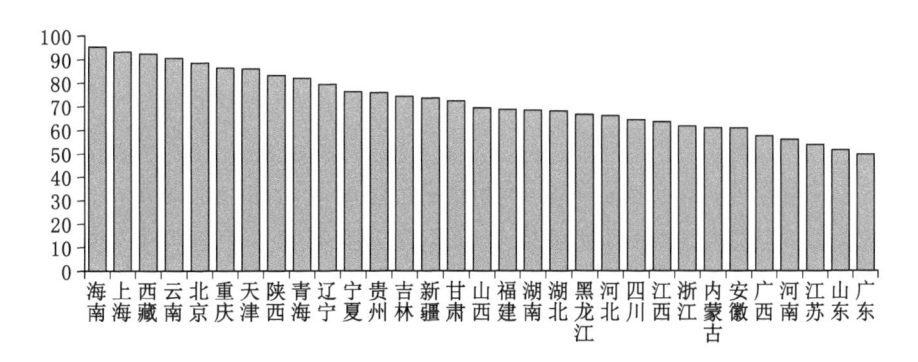

图1-6 我国各地区线上客流渗透指数(2018年)

数据来源:《中国在线旅游发展大数据指数报告》(2018年)。

除广东、山东、江苏、河南、广西等旅游接待大省因游客基数大而拉低了线上客流渗透率之外,几乎所有省份的线上客流占比超过50%,海南、上海、西藏、云南等地区的线上客流占比超过了90%,说明数字化已经成为驱动国内旅游消费的关键力量。

综上所述,扩大国内旅游消费是发展旅游经济的核心内容,是构建双循环新发展格局的必然要求。数字化深刻影响着旅游业的发展变革,是促进国内旅游消费不可或缺的关键力量。探究数字化赋能国内旅游消费的理论机制及实际效应,不仅能够丰富数字化与旅游消费相关理论研究的话语体系,而且对推动数字旅游产业发展和国内旅游消费可持续增长具有重要的现实指导价值。

第二节 相关概念与研究对象

在研究工作开展的初级阶段,需要从理论的视角对主要研究对象的概念进行界定。本书主要围绕数字化"是否"以及"如何"影响国内旅游消费的议题展开研究,首先对数字化的概念进行简要说明,并对旅游研究中的数字化衡量指标进行梳理,其次对旅游消费的相关概念进行辨析,并基于旅游经济系统模型阐明国内旅游消费的主要表现形式以及本书的研究对象,为后续章节的研究奠定基础。

一、相关概念

(一)国内旅游消费相关概念

1. 旅游需求与旅游消费

在经济学中,需求被定义为消费者在特定的时间和特定的价格水平上,愿意购买并且能够购买的商品数量。需求既强调消费者的购买意愿,也强调消费者的支付能力。根据经济学对需求的定义,旅游需求是指旅游者在某一时间、某一价格水平上愿意购买并且有能力支付的旅游产品和服务的数量。

同一般性的商品不同,旅游需求的满足不能通过物的转移流通来实现,必须通过人的转移流动来实现。因此,实现旅游需求除了要求旅游者具有购买意愿和支付能力外,还要求旅游者具有闲暇时间。厉新建等(2002)在定义旅游需求时同时强调了上述条件,认为旅游需求是指旅游者在特定时间和特定价格水平上,愿意购买、能够支付且具有时间购买的旅游产品服务的数量。

厉新建等(2002)根据是否具备旅游需求实现条件,进一步将旅游需求分为潜在旅游需求和现实旅游需求两类。潜在旅游需求是指愿意购买的旅游产品服务数量,但不一定具备支付能力或闲暇时间;现实旅游需求是指具备旅游需求的实现条件,在现实旅游市场中进行消费的旅游产品与服务的数量。

严格意义上来说,只有当潜在旅游需求转化为现实旅游需求时,旅游需求才具有实际的经济学意义。因此,本书中所指的旅游需求和旅游消费,均是现实旅游需求和现实旅游消费的概念,它们衡量了旅游活动创造的真实市场价值,能够反映旅游供给与旅游需求的共同发展水平。

2. 国内旅游、出境旅游和入境旅游

从旅游主体的角度上来讲,旅游者在本国区域内进行的旅游活动属于国内旅游,前往本国以外地区进行的旅游活动属于出境旅游。不同机构对于旅游者的定义有所差别。例如,世界旅游组织将离开常住地并且在目的地停留超过24小时的人员称为旅游者;文化和旅游部联合国家统计局将城镇的旅游者定义为离开常住地进行参观、游览、疗养、出差、访友等活动超过6小时的人员,将农村的旅游者定义为离开常住地但不以工作或报酬为目的停留超过6个小时的人员。通过比较分析发现,世界旅游组织所指的旅游活动仅为过夜游,我国所指的旅游活动包括一日游和过夜游。参照文化和旅游部联合国家统计局的规定,本书中所提及的国内旅游包括了中国居民在中国区域内进行的一日游和过夜游活动。

从旅游客体的角度上来讲,来自本国客源的旅游活动属于国内旅游,来自国际客源的旅游活动属于入境旅游。国内旅游和入境旅游的主要区别是旅游消费主体的差异,而目的地的旅游资源供给是同一性的。本国旅游者在旅游目的地的消费称为国内旅游收入,国际旅游者在旅游目的地的消费称为入境旅游收入。本书对国内旅游的界定为本国居民在旅游目的地进行的旅游活动,不包含入境旅游的部分。

（二）旅游数字化的相关概念

1. 数字化

大多数学者从企业转型升级的角度来解读数字化。Lamzaouek 等（2021）指出，数字化转型是信息技术广泛应用于企业运营的结果，涉及互联网、数据库以及系统管理软件等领域。Valentina 等（2022）以及 Saleh 等（2023）认为，数字化转型通过智能设备提升客户体验、优化业务流程并推动商业战略创新。Lucian 等（2023）强调，企业内部商业流程或模式的变革是实现数字化转型的核心驱动力。

从更广泛的视角上来讲，Kaplan 等（2019）提出，数字化转型的影响范围远超企业运营，其涵盖政府、大学和社区等多个主体。Kaplan 等将数字化定义为数字技术在经济社会各个领域中的融合应用，是推动渐进性变革或颠覆性创新的过程。刘军等（2020）将数字经济视为依托网络技术和信息技术支撑的新型经济形态，推动了生产、消费、分配和交换等多方面的深度融合。王天夫（2021）进一步强调，信息技术的革命性变革深刻影响了人们的生产方式、生活习惯和信息交流模式。因此，广义上的数字化不仅促进了产业和企业的转型升级，还推动了新商业模式和经济形态的出现，重新定义了人与人之间的交流方式以及消费者的行为习惯和用户体验，对生产和生活的方方面面产生了深远的影响。数字化不仅是技术的进步，更是经济、社会和文化的全方位变革过程。

2. 旅游数字化

从狭义上讲，旅游数字化通常指的是旅游企业的数字化转型。多数学者认为，数字化转型的主体是企业，其核心在于将数字技术与传统业务融合并加以创新，目的是推动产品、服务、运营及商业模式的优化。1964 年，在线订票系统 Sabre 的推出标志着航旅行业信息化时代的开始。到了 20 世纪末，学术界逐渐关注信息技术在旅游经营管理中的应用及其在降低成本和提升效率方面的作用（Werthner et al.，1999）。进入 21 世纪，互联网和个人电脑的广泛普及为旅游电子商务的发展创造了新的契机，关于数字化如何重塑旅游业的研究也逐渐丰富起来（Buhalis，1998；Buhalis et al.，2002；向征等，2020）。

从广义上讲,旅游数字化是指整个旅游系统的全面数字化转型,涵盖了旅游客源地、旅游目的地和旅游通道等多个方面。在旅游客源地方面,游客通过互联网能够轻松完成信息获取、路线规划、服务预订和体验分享等全流程操作,这一过程有效拓展了旅游信息的传播途径和产品服务的购买方式。此外,数字技术对游客的决策过程、旅游体验以及行为模式产生了显著的影响(张梦 等,2018;Vans et al.,2021;黄潇婷,2022)。在旅游目的地方面,数字化技术、平台和思维对旅游分销渠道、创新能力及管理效率等方面的积极影响日益显现(王德刚,2016;毛剑梅 等,2017;Gretzel et al.,2020;邬江,2022)。在旅游通道方面,研究者们从旅游空间流的视角,探讨了数字化如何影响旅游信息流和旅游消费流的关系(韩剑磊 等,2020;张广海 等,2023)。研究结果表明,数字化不仅有效拓展了信息传播路径,还促进了居民的跨地区远途旅行。

二、研究对象

(一)旅游经济系统构成要素

旅游消费具有区别于一般消费活动的特殊性。一般消费活动主要以产品流通为基础,而旅游消费则建立在旅游者流动的基础上,是旅游者由惯常环境到惯常环境之外的地点进行短期消费的复杂系统活动。因此,众多学者构建了多种形式的旅游系统模型,以整体性地探究旅游行为活动的运行规律与发展特征。

Leiper(1979)从结构功能的角度,提出了被普遍接受并广泛使用的旅游地理系统模型(见图1-7)。旅游地理系统模型将旅游系统分为旅游客源地、旅游目的地和旅游通道(客源地—目的地)三个部分。其中,旅游客源地以旅游者为主体,是旅游需求的产生地;旅游目的地以旅游业为主体,是旅游行为的发生地;旅游通道是连接客源地与目的地的流通载体,包含旅游客流、旅游消费流、旅游物流、旅游交通流和旅游信息流等流通要素。旅游地理系统模型强调了旅游结构与旅游功能的完整性,认为客源地、目的地和旅游通道功能相异却互为作用,三者缺一不可,为旅游学研究提供了系统的框架。

图 1-7　旅游地理系统模型

在 Leiper 构建的旅游地理系统模型的基础上,厉新建等(2002)进一步提出了旅游经济系统模型,也称哑铃经济模型(见图 1-8)。旅游经济系统模型将旅游经济的基本构成单位分为:发生在客源地的旅游需求现象,发生在目的地的旅游供给现象,以及发生在客源地—目的地的旅游流动与竞争现象。旅游经济系统模型为研究旅游经济现象提供了系统性的框架指导。

图 1-8　旅游经济系统模型

(二)国内旅游消费指标界定

根据旅游经济系统模型,旅游消费研究应涵盖三个关键部分:基于客源地的旅游消费支出、基于目的地的旅游消费收入以及基于客源地—目的地(旅游通道)的旅游消费流。

首先,从支出的角度解读客源地旅游消费,代表性观点主要包括:邹树梅(2001)、林南枝等(2009)认为,旅游消费是指旅游者在旅游过程中为满足自身需求而购买旅游产品和服务的交易活动;罗明义(2004)指出,旅游消费是人们在旅游过程中对旅游消费的各类物质和精神产品的总和;汪季清(2009)强调,旅游消费是在基本需求得到满足后,为满足发展和享受需求而进行的高层次消费活动;宁士敏(2003)认为,旅游消费是在具备支付能力和闲暇时间的条件下,旅游者为满足发展性和享受性需求而产生的,对"住、吃、行、游、娱、购"等物质和非物质产品的支出总和。

其次,从收入的角度分析目的地旅游消费,联合国世界旅游组织指出,旅游消费不仅体现在旅游者的支出金额上,也反映了旅游组织在生产和提供旅游产品及服务过程中所创造的价值总额(王大悟 等,2000);谢彦君(2015)提出,旅游消费既可视为旅游者在旅行中的支出水平,也等同于提供旅游产品和服务的收入水平。

最后,从旅游消费流的视角来看客源地—目的地的旅游消费,客源地与目的地旅游流一直是旅游流研究的重要内容。旅游流涵盖旅游客流、消费流、物流、交通流和信息流等(唐顺铁 等,1998)。当前研究主要集中在旅游客流方面,同时对信息流的关注逐渐上升(路紫 等,2007;韩剑磊 等,2020),但由于旅游消费流的数据资料匮乏,实证讨论较少。实际上,消费流在旅游经济系统中是一种极其重要的经济现象,反映了客源地与目的地之间的经济联系及其空间分布特征,因此,对旅游消费流的研究显得尤为必要。本书将在估算国内旅游消费流的基础上,对这一视角进行补充探讨。

结合国内旅游消费和旅游经济系统的概念,本书梳理出三个关键研究视角,并明确研究边界。国内旅游消费的界定见表1-1。

表1-1 国内旅游消费的界定

视角	对象	内涵	主体
客源地	国内旅游消费支出	本国居民在旅游过程中购买各项旅游产品服务的支出总量	旅游者
目的地	国内旅游消费收入	目的地因本国居民在旅游过程中购买各项旅游产品服务增加的收入总量	旅游部门
客源地—目的地	国内旅游消费流	从客源地流向目的地的因旅游活动而产生的各项旅游产品和服务的收入或支出总和	旅游者和旅游部门

(1)国内旅游消费(客源地)。从支出的角度来看,国内旅游消费能够有效反映客源地居民的旅游需求。严格来说,客源地视角下的国内旅游消费是指本国居民在境内旅游过程中为购买各类旅游产品和服务所支出的总量。然而,由于实际研究中难以区分居民的旅游消费是在境内还是境外进行的,故采用本国居民在旅游过程中购买各类旅游产品和服务的支出总量作为替代指标。

(2) 国内旅游消费（目的地）。从收入的角度定义国内旅游消费，能够反映目的地的旅游供给能力。在目的地视角下，国内旅游消费是指目的地因本国居民在旅游过程中购买各类旅游产品和服务而增加的总收入。该定义强调了旅游者消费对目的地经济的直接贡献。

(3) 国内旅游消费（客源地—目的地）。从消费流的角度来看，国内旅游消费能够揭示客源地与目的地之间的供需关系。客源地—目的地视角下的国内旅游消费流，是指本国居民在旅游过程中购买各类旅游产品和服务所产生的，由客源地流向目的地的收入或支出总量。这一视角强调了旅游消费流动的动态特性及其对经济空间联系的影响。

（三）旅游数字化的指标界定

旅游数字化的衡量指标可以从客源地、目的地和客源地—目的地三个方面予以界定，以全面评估数字化对旅游消费支出、旅游消费收入和旅游消费流的影响。

首先，从客源地的角度来看，家庭数字化水平是关键的衡量维度。家庭互联网使用的广泛性和深入程度反映了客源地居民的数字化基础设施条件及应用水平，进而影响了旅游需求的释放和旅游消费的实现。客源地的具体指标应包括家庭互联网使用的普及性、使用频率以及使用时长。这些指标直接反映游客获取旅游信息的能力、行程规划的便利性、在线预订的可操作性以及旅游决策的高效性。

其次，从目的地的角度来看，需要通过构建综合指标体系来衡量旅游数字化的水平。综合指标体系应该涵盖多个指标，包括旅游数字化基础设施、数字化服务和数字交易等。这些指标不仅能够揭示旅游目的地的数字化建设和运营水平，还反映了旅游目的地通过数字技术提升游客体验、增强游客消费意愿和忠诚度的能力。通常，数字化程度高的旅游目的地通常能够提供更便捷、更个性化的服务，从而提升旅游业的整体竞争力。

最后，从客源地—目的地的角度来看，地区的互联网覆盖率和电信业务总量以及地区间的数字鸿沟是衡量地区间信息流通效率和服务可及性的关键指标。较高的互联网覆盖率意味着游客在旅行的各个阶段都能方便地获取实时信息，进行在线查询和预订，从而提升旅游过程中的流畅度与体验感。同时，电信基础设施的完善有助于确保游客能够随时保持与外界的联系,享受数字化服务的便利。这些因素不仅促进了旅游消费的升级,也推动了客源地和目的地之间的信息流、物质流和能量流的高效互动,从而进一步增强了区域间的旅游经济联系与协作。然而,客源地与目的地之间的数字鸿沟会起到相反作用,不利于促进跨地区的信息流、物质流和能量流。

第三节 研究目的与研究意义

一、研究目的

促进旅游消费是驱动旅游经济增长的核心内容,进一步扩大国内旅游消费是适应经济新常态、发展服务经济和构建双循环新发展格局的必然要求。数字化的发展应用为旅游发展变革注入了强大动力,智慧旅游发展战略要求数字化发挥促进国内旅游消费的关键作用。从理论机制的视角出发,数字化技术向旅游业渗透融合,能够为旅游供求双方带来深刻变革,进而对国内旅游消费产生重要影响效应。从旅游客源地、旅游目的地、旅游客源地与目的地的视角出发,探究数字化影响国内旅游消费支出、国内旅游消费收入以及国内旅游消费流的作用机理,为数字化对国内旅游消费的影响效应提供理论机制和实证依据。本书试图探究和回答以下几个方面的关键问题。

第一,探究数字化赋能国内旅游消费的理论机制。① 提出本书进行理论分析与实证研究所需的各项基础理论。② 从客源地视角出发,阐释数字化影响居民旅游消费支出的理论机制是什么?分析数字化影响居民旅游消费支出的作用路径有哪些?③ 从目的地的视角出发,阐释数字化影响目的地旅游消费收入的理论机制是什么?分析数字化对目的地旅游消费收入的影响有哪些规律?数字化影响目的地旅游消费收入的路径机制是什么?④ 从客源地—目的地的视角出发,阐释数字化影响旅游消费流的理论机制是什么?分析数字化对旅游消费流的影响效应存在哪些规律?

第二,实证探究数字化影响客源地居民旅游消费支出的效应机理。① 数字化是否能够促进家庭旅游消费支出增加?数字化对家庭旅游消费水平及旅游消费比重的影响效应分别如何?② 数字化对不同特征家庭旅游消费支出的影响是否具有异质性?③ 基于数字化的技术属性、经济属性和社会属性,分析数字化如何通过渠道效应、同群效应和收入效应影响家庭旅游消费支出?

第三,实证探究数字化影响目的地旅游消费收入的效应机理。① 数字化发展是否推动目的地旅游消费收入的增长?数字化的网络效应是否在推动旅游消费收入增长中发挥作用?② 人力资本是否在数字化影响旅游消费收入的过程中发挥协同作用?③ 数字化赋能旅游消费收入增长的路径机制是什么?数字化赋能旅游消费收入是通过"流量"路径还是"质量"路径?考虑区域异质性与时间动态性,数字化赋能旅游消费收入的路径演化趋势如何?数字化赋能旅游消费收入的路径可持续吗?

第四,实证探究数字化对客源地—目的地旅游消费流的影响效应。① 我国的国内旅游消费流呈现出怎样的分布规律?本地旅游市场、异地旅游市场表现出怎样的变化特征?② 数字化水平及其地区间差距如何影响旅游消费流?数字化具有的时空压缩效应,是否推动旅游消费向更远的地方流动?③ 数字化如何影响旅游消费长尾市场,是否能够提高目的地的客源多样性?④ 数字化及其地区差异是否会影响旅游消费选择偏好?数字化对客源地—目的地旅游消费流的影响规律如何?

二、研究意义

发展旅游经济是政府、市场及学术界关注的重要议题,扩大国内旅游消费则是实现旅游经济增长的关键手段。当前,旅游业正经历一场由数字化驱动的系统性变革,数字化对旅游消费产生深远影响。然而,现有研究往往忽视数字化对国内旅游消费的赋能效应,且相关研究大多停留在质性层面,缺乏深入的理论机制分析和系统性的实证检验。本书基于旅游经济系统模型,全面探讨数字化发展影响国内旅游消费的理论机制与实际效应。本书的研究结论旨在为深入理解数字化赋能国内旅游消费提供理论支持,并为政府、旅游者及旅游业相关部门提供科学决策依据,具有重要的理论意义和实践意义。

(一)理论意义

第一,本书有利于丰富旅游消费理论体系。传统的旅游消费研究主要从旅游者的角度分析旅游消费支出及其影响因素,或是从国家和区域层面去探讨旅游消费的规模增长、结构变化及其影响因素,而对数字化等技术变量的影响机制关注较少。基于旅游经济系统模型,本书从旅游客源地、旅游目的地、旅游客源地—目的地的视角,系统性解析旅游消费支出、旅游消费收入以及旅游消费流动现象,为旅游消费研究提供了一个全面的分析框架。通过将技术因素引入旅游消费研究,本书深入探讨了数字化如何影响国内旅游消费的作用机制,从而有效丰富了旅游消费研究的理论体系。

第二,本书有助于丰富数字旅游发展的理论话语体系。在我国,旅游数字化建设正有序推进,学者们对相关研究课题给予了高度关注,尤其是在数字旅游模式变革、建设经验以及现存困境等方面积累了丰富成果。然而,现有研究多为对数字旅游发展现状及建设经验的归纳分析,缺乏对其理论机制的深入探讨。本书综合了数字经济理论、旅游消费理论、熊彼特创新理论、内生经济增长理论以及旅游流动力机制理论,深入探讨了数字化对居民旅游消费支出的渠道效应、收入效应及同群效应,分析了数字化对目的地旅游消费收入的网络效应、协同效应、流量效应与质量效应以及数字化对客源地与目的地旅游消费流的空间压缩效应、长尾效应和选择偏好效应。另外,本书不仅丰富了数字旅游研究的理论体系,也为数字经济研究提供了重要的理论参考。

第三,本书进一步丰富了数字旅游消费相关的实证研究成果。随着数字技术的变革及其在旅游领域的广泛应用,数字化对旅游经济的影响愈加显著,影响机制也日益复杂。因此,考察数字化对国内旅游消费的现实影响成为一个重要的研究方向。本书通过量化分析数字化赋能国内旅游消费的影响效应,旨在更清晰地揭示数字化对国内旅游消费的影响规律。这不仅有助于探讨数字化推动国内旅游消费发展的原因与动力,还能够定量评估其影响程度及相关规律,从而为制定有效的旅游消费促进政策提供有价值的参考依据。

(二)实践意义

第一,本书为政府制定数字旅游发展规划提供参考依据。本书揭示了数字化对国内旅游消费的作用规律,分析了数字化赋能居民旅游消费的群体异质性以及在东、中、西部地区的差异性,为政府合理制定数字旅游发展规划和完善数字化与旅游融合发展机制提供了重要参考。

第二,本书为进一步释放国内旅游需求提供理论支持。基于数字化应用的价格效应和范围效应,本书阐释并验证了数字化促进居民旅游消费的效应及其作用机制,探究了数字化对农村地区、低学历群体和老年群体等消费群体的异质性影响。这为精准把握不同群体的旅游消费规律和实施有效的旅游营销策略提供了相关支持,为进一步挖掘和转化潜在旅游需求奠定了理论基础。

第三,本书为进一步完善旅游目的地建设和提升旅游产品供给质量提供了政策建议。本书通过分析数字化推动目的地旅游消费增长的网络效应、协同效应及其动态路径,探究了人力资本要素在数字化促进旅游消费增长中的重要作用。本书建议旅游目的地应积极利用数字化发展,尽早摆脱对"流量"路径的依赖,转向可持续发展的"质量"路径,以实现旅游消费的高质量可持续发展。

第四,本书为旅游消费市场开发提供策略支持。从旅游客源地与目的地的视角出发,本书揭示了数字化发展及其差距对国内旅游消费流的影响效应及其规律特征。本书的研究结果显示,随着数字化进程的不断推进,远方旅游消费市场逐渐崛起,客源市场的长尾效应日益凸显,这为数字化背景下的旅游消费市场开发提供了理论支持。

第四节 研究思路与研究方法

一、研究思路

本书基于旅游经济系统模型,从旅游客源地、旅游目的地以及旅游客源地—目的地的视角构建理论研究框架。在文献研究的基础上,本书提出了数字化"是否"以及"如何"影响客源地居民旅游消费支出、目的地旅游消费收入以及客源地—目的地旅游消费流等系列问题。本书通过构建经济学理论机制模型,分析了数字化影响国内旅游消费的理论机制并提出了研究假设;通过构建经济学计量模型,验证了数字化影响国内旅游消费的现实效应及其异质性表现。

本书共分为八章。第一章和第二章主要介绍研究背景、文献综述并提出研究问题。第三章进行现状分析,探讨了数字化技术在旅游消费活动中的应用及其影响。第四章建立理论框架与模型,阐述了数字化赋能国内旅游消费的理论机制并提出研究假设。第五章、第六章、第七章为实证部分,分别验证了数字化对客源地居民旅游消费支出、目的地旅游消费收入及客源地与目的地间旅游消费流的影响效应和作用机制,并检验了研究假设。第八章总结研究结论,提出了政策建议并展望未来研究方向。

第一章,绪论。本章首先阐述了当前扩大国内旅游消费的必要性,概述了国内旅游消费市场的发展现状,并分析了数字化技术在旅游消费中的渗透与应用背景,交代了研究选题的缘由。其次,界定了研究涉及的核心概念与主要框架,明确了研究目的与研究意义,提出了需要解决的关键问题。

第二章,文献回顾与研究评述。本章对与研究主题相关的文献进行了全面梳理与分析,提炼了已有研究的演进脉络及发展趋势,揭示了研究内容的边际贡献和创新之处,为研究内容提供了多元视角和理论启示。

第三章,旅游消费的数字化革新:新兴技术的融合应用。本章着重探讨了数字化技术在旅游消费中的创新与融合应用,旨在分析新兴技术如何推动旅游消费模式的深刻变革。首先,本章深入探讨数字技术在旅游预订与规划、目的地体验以及旅游反馈与社交分享等场景中的创新应用及其带来的变革影响。其次,本章全面分析了国内旅游消费在数字化时代所面临的机遇与挑战。通过以上内容的阐述,为后续的理论分析和实证研究奠定了坚实的基础。

第四章,数字驱动的国内旅游消费变革:理论机制探索。本章首先对数字经济学、旅游经济学、消费经济学中的相关理论进行梳理,为后续理论机制研究奠定了基础。其次,基于数字化变革的价格效应和范围效应,结合非位似偏好的消费效用函数与预算约束函数,构建方程组模型;通过求解居民消费的最优化解,阐释数字化促进居民消费结构升级的理论机制,提出了数字化促进客源地居民旅游消费支出的研究假设;进一步地,从数字化的技术属性、社会属性和经济属性出发,通过构建方程组模型以及模型推导,论证了数字化影响居民旅游消费的渠道效应、同群效应与收入效应,并提出了相应的研究假设。再次,依据熊彼特创新理论与内生经济增长理论,阐释数字化影响旅游供给的成本效应和创新效应。在此基础上,本章通过构建Hotelling模型求解同质性市场和异质性市场中旅游者的最优消费决策,为数字化赋能目的地旅游消费收入提供了理论机制的解释;结合内生经济增长理论和数字化的网络效应,分析了数字化影响目的地旅游消费收入的网络效应和要素协同效应。进一步地,基于数字化的成本效应和创新效应,结合所构建的 Hotelling 模型,分析了数字化对目的地旅游消费影响的"流量"路径、"质量"路径及其动态变迁,提出研究假设。最后,在阐述数字化如何影响旅游信息成本的基础上,本章通过联立旅游目的地选择效用函数与预算约束函数,构建方程组模型,解释数字化发展水平及地区间数字化差异对国内旅游消费流的影响机制;通过进一步的模型推导和理论分析论证了数字化的空间压缩效应与长尾效应;同时,基于距离欲概念构建旅游目的地选择模型,阐释数字化距离对旅游消费流选择偏好的影响效应,并据此提出相关研究假设。

第五章,客源地视角下数字化促进居民旅游消费的实证研究。本章通过构建数字化影响居民旅游消费的基准模型和基于拓展的 AIDS 模型,结合 2014 年、2016 年、2018 年和 2020 年等 4 期追踪同样本 3 266 户 CFPS 调查数据,检验了数字化使用对居民旅游消费水平及旅游消费比重的影响效应,分析了影响效应的城乡异质性、收入异质性和户主异质性特征。本章通过构建交叉项回归模型和中介效应模型,实证检验了数字化影响居民旅游消费的信息渠道效应、购买渠道效应、收入中介效应及同群中介效应。

第六章,目的地视角下数字化推动旅游消费增长的实证研究。本章基于经济增长理论,构建了数字化影响目的地旅游消费收入的理论模型,并从拆解旅游消费收入构成的视角,分析了数字化影响目的地旅游消费收入的"流量"路径与"质量"路径。在此基础上,本章构建了基准计量模型,并利用 2001—2020 年省级面板数据,检验了数字化对目的地旅游消费收入的影响效应;随后,通过构建门槛模型,检验了数字化影响目的地旅游消费收入的网络效应及其与人力资本的协同效应;进一步地,在基准模型基础上,构建考虑多重中介效应的结构方程模型以及考虑调节中介效应的结构方程模型。本章从静态与动态的双重视角,分析了数字化对目的地旅游消费收入的影响路径及其转换机制,探究了数字化推动未来目的地旅游消费增长的潜在方向。

第七章,客源地—目的地视角下数字化影响旅游消费流的实证研究。本章结合威尔逊引力模型进行参数估计,以确定国内旅游消费流的估算方程;计算 2001—2020 年我国多地区的旅游消费流量,并分析国内旅游消费流的分布规律和变动趋势；继而，构建客源地—目的地—技术—环境（ODTE）框架，用于分析国内旅游消费流的动力机制；基于 ODTE 框架，构建数字化影响国内旅游消费流的基准实证模型，检验数字化及其地区间差距对国内旅游消费流的影响；进一步地，利用交叉项回归模型、线性面板数据模型和动态数据面板模型；验证数字化影响国内旅游消费流的空间压缩效应、长尾效应和选择偏好效应。

第八章，研究结论与未来展望。本章概括了以上各章的研究结果及主要发现，基于研究结论提出数字化赋能国内旅游消费发展的政策建议，指出研究存在的不足并展望未来研究方向。

技术路线图的技术路线图见图 1-9。

二、研究方法

（一）系统分析法

数字化赋能国内旅游消费是一个复杂的系统性过程，必须结合旅游系统模型展开全面的考察与分析。本书中的理论分析与实证分析均基于旅游经济系统框架展开，从旅游客源地视角，分析数字化对居民旅游消费支出的影响；从旅游目的地视角，探讨数字化对目的地旅游消费收入的影响；同时从旅游通道视角，考察数字化对客源地—目的地旅游消费流的作用机制。本书通过贯穿系统论的分析框架，对数字化影响国内旅游消费的理论机制和实际效应进行了全方位的分析与验证，有助于加深对数字化与旅游消费关系的系统性认知，推动数字化旅游的有序实施。

（二）理论分析法

本书从数字经济学理论入手，针对数字化影响旅游经济活动的一般作用机制展开理论分析。本书构建了旅游消费需求模型、Hotelling 模型和目的地选择模型，将数字化的一般作用机制引入理论模型，通过理论推导分析数字化对客源地居民旅游消费、目的地旅游消费收入以及客源地—目的地旅游消费流的影响。本书结合同群效应理论和收入消费理论等分析数字化影响居民旅游消费的作用机理；结合网络效应理论和协同学理论等分析数字化影响目的地旅游消费的理论机制；结合长尾市场理论等分析数字化对

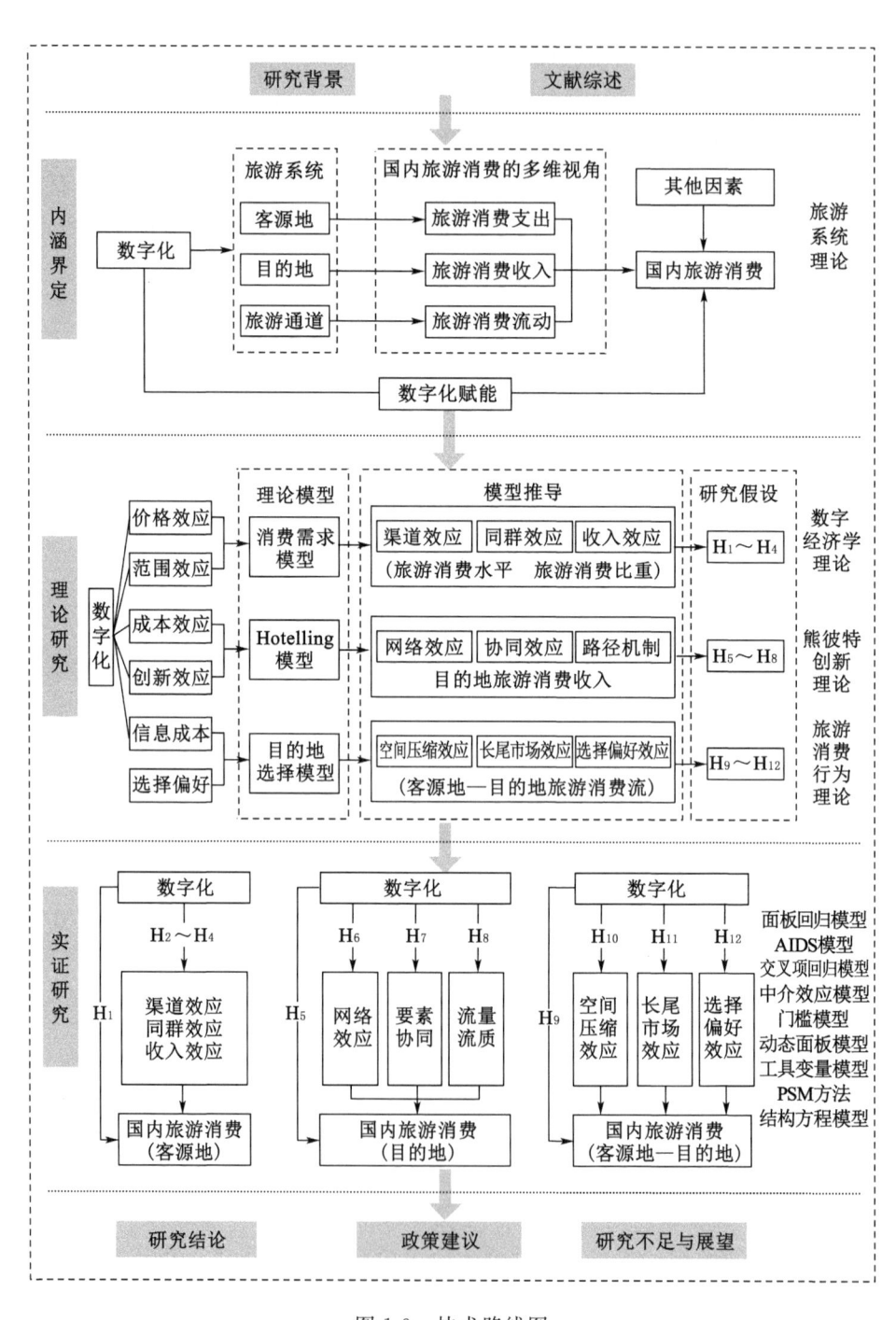

图 1-9 技术路线图

旅游消费流的影响机理,并基于理论分析提出具体的研究假设。

(三)定量分析法

定量分析法主要通过数学模型、计量分析等方法客观分析变量之间的相互影响与因果关系。本书第四章运用 CFPS 追踪调查数据,采用面板模型、工具变量模型和似不相关回归(SUR)方法,分析了数字化对居民旅游消费水平及旅游消费比重的影响;采用交叉项回归模型和中介效应模型,分析了数字化影响居民旅游消费的信息渠道效应、购买渠道效应、收入效应与同群效应机制。第五章采用面板回归模型验证了数字化推动旅游消费增长的正向效应,采用门槛模型分析了数字化推动旅游消费增长的网络效应与协同效应,采用多重中介效应结构方程和调节中介效应结构方程分析了数字化影响旅游消费增长的静态路径模式以及动态路径转换。第六章采用线性面板回归模型、面板回归模型以及交叉项回归模型,检验数字化影响旅游消费流的空间压缩效应、长尾效应和选择偏好效应。此外,本书在稳健性检验中采用了工具变量模型、滞后变量模型、倾向匹配得分(PSM)等方法。

(四)对比分析法

在实证研究中,本书运用了对比分析法,比较了数字化对居民旅游消费影响效应的群体异质性,包含城乡差异、收入差异、户主年龄差异、户主性别差异、户主学历差异、家庭结构差异等。本书从静态角度,对比分析了数字化推动目的地旅游消费增长及其增长路径的区域差异;从动态角度,测算了数字化影响旅游消费增长的路径系数,对数字化影响的"流量"路径与"质量"路径进行了历时的纵向比较分析与区域的横向比较分析。本书在估算省际旅游消费流量的基础上,比较分析了国内旅游消费的本地市场规模、消费流出规模以及消费流入规模的地区差异和历时变动,为国内旅游消费流分析提供了基础。

第五节 研究创新点

本书聚焦数字化影响我国国内旅游消费的赋能效应,包含理论机制研究和实证研究,主要存在以下几个方面的创新性。

一、研究视角的创新

学者对国内旅游消费影响机制的研究主要关注经济因素和社会因素,缺乏对技术因素的考量。现有关于数字化与旅游消费的研究主要停留在质性研究层面,缺乏深入的理论机制探索和系统的实证分析检验。与既有研究不同的是,本书将数字化因素纳入国内旅游消费的影响机制,将数字化作为一项动能去探究数字化赋能国内旅游消费的理论机制及实证效应。

本书基于旅游经济系统模型,构建了从经济学视角分析国内旅游消费的理论框架。该理论框架不仅涵盖了传统的客源地视角下的居民旅游消费支出和目的地视角下的旅游消费收入,同时还涵盖了客源地—目的地视角下的旅游消费流,能够系统地阐述数字化赋能国内旅游消费的影响效应,丰富了旅游消费研究的分析视角。

本书不仅分析和回答了数字化"是否"赋能国内旅游消费的问题,而且尝试深入探究数字化"如何"赋能国内旅游消费的机制问题。本书不仅关注了数字化本身的技术属性,还创新性地论证分析了数字化的社会属性和经济属性,提出了数字化赋能居民旅游消费的渠道效应、同群效应和收入效应。目的地视角的研究不仅关注了数字化赋能的网络效应与协同效应,还创新性地构建了数字化赋能旅游消费的"流量"路径与"质量"路径及其动态演化机制。客源地—目的地视角的研究存在创新之处,关注了数字化赋能的空间压缩效应与长尾效应,探究了地区间数字化差距对旅游流和旅游消费选择偏好的影响效应及内在机理。

二、研究理论的创新

本书创新性地构建了考虑数字化因素的旅游消费需求模型、Hotelling模型和目的地选择理论模型,通过最优化求解及模型推导,探究了数字化对国内旅游消费的赋能方向、效应机制及其路径,为数字旅游消费领域的研究提供了新的理论依据。

在分析数字化对目的地旅游消费收入的影响路径时,本书不仅考察了旅游客流量路径和人均旅游消费路径,还引入了旅游消费结构路径,强调旅游消费结构升级对旅游消费质量的重要性,从而为旅游消费增长路径分析提供了创新性的理论框架。

本书基于 O-D 模型,构建了 ODTE 框架,创新性地将数字化因素与宏观环境因素纳入影响旅游消费流的动力机制,拓展了旅游消费流影响因素的研究范畴。此外,本书还创新性地构建了旅游目的地选择模型,并将数字化的信息成本效应纳入其中,为数字化与旅游目的地选择的研究提供了理论基础。与此同时,本书通过距离与风险成本感知构建理论模型,进而为理解数字化距离对旅游消费选择偏好的影响提供了理论解释。

三、研究方法的创新

现有关于数字化与旅游消费的研究,主要采用质性研究方法,即通过归纳而非演绎的方式探究了数字化对旅游消费的影响机制,虽启发性强但严谨性不足。本书采用定性研究与定量研究相结合的方法,通过理论模型构建、推导与求解,判断数字化影响旅游消费的效应与机制,提出研究假设。在此基础上,本书综合运用多种经济学模型和计量研究方法,对数字化影响旅游消费的效应与机制进行检验,得出研究结论。

关于数字化与旅游消费的实证研究,有研究采用区域层面的宏观统计数据分析旅游消费的影响因素,有研究采用针对特定群体的问卷调查数据分析旅游消费的影响因素,但上述针对数字化影响机制的探究尚存不足。本书在研究样本选择上,尤其是在数字化影响客源地居民旅游消费的研究中,采用 2014 年、2016 年、2018 年和 2020 年中国家庭追踪调查(CFPS)中的 3 266 户家庭面板数据作为样本。相较于区域层面的宏观统计数据或小范围的微观调查数据而言,CFPS 调查数据能够保证样本选择的代表性和数据的权威性。基于 CFPS 调查数据所涵盖的丰富信息,本书能够对数字化影响居民旅游消费的机制进行深入探究。

第二章

Chapter 2

文献回顾与研究评述

本章旨在系统梳理数字化与旅游消费相关的研究文献,回顾数字化在旅游业中的应用及其对旅游消费行为、旅游经济增长和旅游流的影响。通过对既有研究的深入分析,可以明确本书的边际贡献,同时为本书的理论框架与实证分析提供坚实的基础。本章不仅梳理了当前研究的主要成果与发展脉络,还指明了未来研究的方向和潜在的创新点。

第一节 数字化在旅游业中应用的文献综述

旅游业在以信息化为核心的数字技术革命中展现出蓬勃的发展势头。自 20 世纪末以来,伴随互联网和个人电脑的普及,旅游电子商务迅速崛起,推动了旅游业的数字化转型。Werthner 等(1999)在著作《信息技术与旅游:一种挑战关系》中深入全面地分析了数字化技术在旅游业中的未来应用,指出数字化将重塑传统的旅游预订、体验、生产管理和市场营销模式。进入 21 世纪,Sabre 系统成功发展为一个涵盖支付、娱乐、住宿和交通等多个领域的全球分销平台,进一步加速了数字化对旅游业的深度渗透。本节将从数字化技术、数字化平台和数字化思维三个角度系统回顾相关研究,探讨数字化在旅游业中的广泛应用。

一、数字化技术在旅游业中应用的研究

数字化技术在旅游业的各个领域,例如酒店、航空公司、旅行社、景点等,都得到了广泛而重要的应用。文献分析表明,国外关于数字化技术在旅游中的应用研究起步较早。Gmbh(2002)提出,利用信息通信技术,能够有效分析当地的旅游运营模式。Park 等(2011)系统分析了数据信息在智能旅游中所起的作用,深入探讨了数据信息在旅游发展中的应用。Poslad 等(2001)介绍了在欧洲广泛使用的 CRUMPET 旅游服务系统。该系统具备个性化服务、定位和人机交互等功能,能够满足用户的差异化需求。同时,Poslad 等(2001)提出了自适应地图的构建方法,并阐述了其在旅游业中的重要性。Pedrana(2014)从技术层面进一步分析了位置定位在旅游中的功能和重要性。Ozturan 等(2017)在对土耳其旅行社的研究中指出,土耳其的数字化技术尚不成熟,且旅游业运营模式变化有限,建议加大对数字化技术在旅游中应用的支持力度。詹琳(2022)通过对清水塘毛泽东杨开慧故居的

研究,探讨了红色旅游资源的数字化呈现技术,为红色旅游资源的数字化保护与呈现提供了理论支持和实践路径。Pencarelli(2020)分析了新兴数字技术在旅游中的应用,认为移动通信技术和虚拟现实技术等与旅游业态的深度融合,将催生新型智能旅游模式。解学芳等(2023)进一步指出,人工智能、云计算、虚拟现实、增强现实等数字技术对解决传统旅游业中长期存在的内生问题至关重要,这些技术催生的新型文旅业态是推动文旅市场高质量发展的关键。

二、数字化平台在旅游业中应用的研究

较多学者关注了数字化平台在旅游推广与销售中的应用。Buhalis等(2002)指出,数字化平台在旅游销售中的作用不断完善,最初仅用于信息交换和预订便利,如今已发展为促进服务增值的复杂机制。Connor(2004)认为,数字化平台是一种多功能的推广工具和分销渠道,能够帮助旅游组织开展更广泛的宣传活动,弥补线下推广的不足。Connolly等(2008)明确提出,利用数字化平台开展营销活动可以显著降低企业的推广和分销成本。夏蜀(2021)分析了数字生态平台下金融业与旅游业之间的资源整合和价值共创,阐明了数字文旅金融服务的新兴业态。党红艳(2023)的研究表明,旅游业的生产力驱动已从传统的生产要素转向数据要素和数字化平台驱动,推动了行业的转型升级。

三、数字化思维在旅游业中应用的研究

数字化技术与数字化平台主要从工具论的角度解析了数字化进程,而数字化思维则具有更深的哲学内涵,主要体现在互联网思维上。陈光峰(2014)通过总结和提炼百度、腾讯、阿里巴巴等互联网企业的核心运营理念,将互联网思维系统化为十二大思维,创新性地阐释了互联网思维丰富的理论内涵。李海舰等(2014)认为,互联网思维反映了一种全新的商业形态思考,并且分别从精神、理念和经济三个层面深入探讨了互联网思维的内涵,指出互联网思维涵盖了长尾市场、平台运营、消费者主权以及网络化生态等关键内容。范周(2016)认为,互联网对旅游业的最直接影响是旅游电子商务的迅速发展。刘军等(2017)通过分析岭南海洋文化旅游,探讨了如

何通过数据迭代、平台共享和粉丝营销等互联网思维推动地方旅游业的发展策略。周晓旭等（2024）以"尔滨"现象为例，研究了如何运用互联网思维优化冰雪体育旅游 IP 的运营逻辑及传播路径。这些研究一致强调了互联网思维在现代旅游业中的核心作用，展示了互联网思维在推动产业转型升级中的巨大潜力。

四、研究述评

通过回顾数字化在旅游领域的应用研究，可以总结出当前数字化与旅游研究的几个显著特点。首先，数字化在旅游中的应用研究不断深化，早期研究主要关注如何利用数字技术提升旅游服务效率和降低交易成本。随着研究的推进，学者普遍认可数字化已成为提升旅游业竞争力的核心工具和关键途径之一。其次，数字化对旅游的影响不同于其他科学技术，数字化不仅作为技术手段发挥作用，还具备平台属性和思维属性，能够深刻改变旅游的营销、运营和消费方式。数字化对旅游超越技术层面的影响已成为研究的重点。最后，数字化对旅游的影响机制尚需进一步探讨。尽管已有研究分析了数字化在旅游中的应用及其影响，但尚未深入挖掘数字化对旅游经济与消费行为的深远变革，这为数字化与旅游关系的理论解释和实证研究提供了广阔的探索空间。

第二节　数字化与旅游消费的文献综述

一、数字化对消费影响的研究

在理论机制研究方面，学者们从数字化技术的特征、功能以及数字化与消费市场的互动等多个角度，阐释了数字化促进消费的作用机制。例如，Armstrong 等（2000）分析了线上市场供需平衡的变化机制，指出互联网通过提高交易效率和降低交易成本，能够推动供需曲线的平衡点向外移动，增加消费者剩余，从而促进有效消费需求的提升。何明升（2002）强调了网络开放共享的本质特征，指出网络的信息共享优势丰富了消费者选择，降低了交易成本，进而促进了消费。Nakayama（2009）从宏观层面指出，数字化通过降低消费成本、改善交通物流和完善金融体系,能够推动国民消费的增长。Ferguson 等(2010)从产业链视角出发,阐述了数字技术在商品生产、流通和销售环节的积极作用,能够帮助企业开拓市场和提高竞争力,进而促进消费增长。杜丹清(2017)探讨了互联网在提升消费内容、转变消费方式以及维护消费者主权方面的作用,阐释了互联网推动消费升级的理论机制。金晶等(2024)基于市场一般均衡理论,解释了数字经济通过创造新的供需动态平衡以及追求市场最优,从而实现消费升级的微观机制。

在实证研究方面,学者们探讨了数字化对国民消费总量或家庭消费水平的影响。一些研究认为,数字化对居民消费的促进作用有限。例如,Wang 等(2013)认为,在线平台对居民消费的影响主要表现为"替代效应",即数字化更多地取代了传统消费路径,而未显著增加消费总量。然而,大多数研究肯定了数字化对居民消费的正向影响。Wendner(2011)和董晓松(2016)从社会互动效应的视角指出,互联网等数字化应用能够通过增强社会互动发挥消费促进作用,并利用微观数据实证检验了这一结论。方福前等(2015)基于省级面板数据的研究表明,电子商务在发展初期对居民消费的积极作用并不显著,但随着电子商务的快速发展,其推动消费增长的效果逐渐显现。张红伟等(2016)、刘长庚等(2017)、张家平等(2018)的研究也以国民消费总水平为因变量,得出了类似的结论。祝合良等(2023)利用地级市面板数据和中国家庭追踪调查(CFPS)微观数据,检验了数字经济、流通效率与居民消费增长的关系,研究表明数字经济显著促进了居民消费的增长。王瑶瑶等(2024)基于 2011—2019 年 232 个城市的数据,研究发现数字经济通过"收入效应"和"创新效应"提振了居民消费,这一结论在排除内生性问题后仍然成立。黄卫东等(2016)的研究从包容性创新角度验证了数字化对消费增长的积极作用。此外,祝仲坤等(2017)、杨光等(2018)研究发现,使用互联网的家庭具有更高的消费水平。李睿等(2024)基于 CFPS 数据的分析表明,数字能力的提升显著促进了家庭消费水平的提高。刘筱凡(2024)的研究进一步发现,随着居民数字素养水平的提升,家庭消费水平也随之增长。

此外,学者们还深入探讨了数字化推动消费结构升级的机制与效应。孙浦阳等(2017)指出,电子商务通过影响产品市场的价格体系,引发了消费结构的变化。刘湖等(2016)基于省级面板数据和动态 GMM 模型,证明了互联网对农村消费结构升级的正向影响及其区域异质性。程名望等(2019)利用CGSS数据和省级面板数据,基于城乡二元经济模型的实证研究发现,互联网不仅通过消费净效应促进消费增长,还通过收入效应推动消费结构升级,并缩小城乡消费差距。曾洁华等(2021)利用广东省城市消费搜索指数的实证研究表明,互联网的发展能够释放居民消费潜力,优化消费结构,进而促进消费升级。顾雨辰等(2022)结合省级面板数据,采用似不相关回归法实证分析了互联网普及对城乡居民消费结构的影响效应,研究结果显示,互联网普及显著推动了消费结构的调整与优化。尹振东等(2022)从动态均衡的视角,指出随着数字化转型的深入发展,行业与企业利润将先下降后上升,而消费者福利则先增加后减少。

二、数字化对旅游消费影响的研究

针对数字化对旅游消费影响的现有研究相对较少,相关研究主要集中在三个方面:一是分析数字化应用对旅游者行为决策的影响,得出与旅游消费决策相关的结论;二是分析旅游网络信息搜集行为的特征;三是分析在线旅游消费的主要特征与规律。

在旅游者行为决策方面,众多研究深入探讨了数字化应用如何通过影响旅游者的信息搜集过程,进而对旅游者行为决策产生作用效应。Patrick(1998)指出,旅游目的地需要高度重视虚拟社区及其用户群体建设,通过"推进式"服务模式提高旅游信息网站的点击率,借助数字化手段深入掌握消费者的需求并迅速回应。Klein等(2003)认为,媒体形式会显著影响消费者的信息搜索行为,因此在消费者信息搜集和计划购买阶段进行行为干预是必要的。国内学者也关注数字化在旅游决策中的功能作用。曾超等(2005)通过对网络辅助型旅游者的分析发现,网络旅游信息不仅能够有效降低旅游决策的风险与难度,还为消费者提供了更多的选择空间,进而增强了旅游者的消费意愿。苗学玲等(2007)采用质性研究方法,运用扎根理论对旅游虚拟社区进行了研究,认为通过在旅游虚拟社区上发布信息的方式,旅行者可以通过组队自助旅游,从而可免除许多决策上的困扰。韩剑磊等(2021)分析了抖音短视频平台作为旅游信息的生产者、传播者和欣赏者,如何通过情感信任和认知信任等机制影响用户的旅游决策行为。这些研究共同表明,数字化应用不仅在信息搜集过程中起到了关键性作用,还通过提升信息的可获得性和可靠性,优化了旅游者的决策体验,从而促进了旅游消费的增长。

在旅游网络信息搜集行为方面,岑成德等(2007)通过问卷调查研究了我国青年旅行者的网络信息搜集行为,发现高校学生获取旅游信息的首要途径是互联网。李君轶等(2010)进一步指出,消费者最常使用的旅游信息搜索平台是谷歌和百度,尤其是通过视频、动画和图片等形式展示的产品信息内容,更容易被消费者接受。胡兴报等(2012)将旅游者在搜索旅游网络信息时的目的归纳为消遣、娱乐、体验、计划和交易等五种,并通过因子分析发现,旅游者最看重的是关键性旅游信息,其次是辅助性旅游信息,而网络口碑信息的重要性相对较低。李莉等(2013)通过指标评价和问卷调查,从信息表达、信息质量和信息渠道三个维度分析了互联网平台对旅游者出行决策的影响。朴志娜等(2018)指出,旅游网站所展示信息的友好程度直接影响消费者的最终旅游决策,并提出了建立吸引外国游客的长期网络营销模式的建议。孙琼等(2023)的研究证实了旅游信息赋权在老年人旅游决策中的重要性。上述研究揭示了旅游信息的展示形式、平台选择和信息质量等因素对旅游者行为决策的深刻影响,同时进一步说明了数字化平台在提升旅游信息搜集效率和改善用户体验中的关键作用。

此外,部分研究探讨了在线旅游消费的主要特征与规律。早在20世纪末,Weber等(1999)的研究指出,在线旅游消费者在性别上没有显著差异,主要集中在25~55岁、高收入和高学历群体中。Chen(2006)认为,高学历群体对旅游电子商务网站的信任度相对较低,而王兆峰等(2013)认为,高学历游客对网站信息的依赖程度更高,访问率也更高。在收入方面,Young等(2004)的实证研究发现,高收入群体更偏向选择数字化消费渠道,但Li等(2006)围绕中国的研究发现,收入水平对选择数字化消费渠道的影响不显著。在年龄方面,Law等(2008)认为年长群体更倾向于使用在线旅游消费方式,而Lachapelle等(2019)则认为年龄对在线旅游消费行为没有显著影响。肖燕玲(2024)指出,随着大众旅游的发展和在线旅游平台服务的完善,年轻群体的在线旅游渗透率日益提升,用户年轻化趋势愈加明显。除了人口统计学特征外,研究还揭示了在线旅游消费的行为规律。Law等(2004)发现,旅游目的对是否选择在线旅游有重要影响,探亲访友的游客较少使用在线旅游,而商务旅行者更倾向于在线消费。Wen(2010)的研究表明,旅游者使用数字化平台的主要目的是进行信息搜索,但这未必直接导致在线消费行为。总体来看,上述研究揭示了在线旅游消费行为的复杂性,表明人口特征、旅游目的和信息获取方式等因素在在线消费决策中发挥着重要作用。

三、研究述评

通过梳理国内外文献可以发现,伴随电子商务的发展以及数字化应用的广泛渗透,数字消费已成为重要的研究课题。大多数研究肯定了数字化在促进居民消费和消费结构升级中的积极作用,并从不同角度探讨了其在降低交易成本、转变消费方式、丰富消费内容等方面的积极影响。但是,关于数字化对旅游消费影响的实证研究仍较为有限,理论机制分析也相对匮乏,亟须进一步的研究来探讨数字化对旅游消费的具体影响效应及其背后的作用机制。

第三节 数字化与旅游经济增长的文献综述

鉴于旅游统计的特殊性,目的地的旅游消费收入与旅游经济之间存在一致性。因此,关于旅游经济增长的相关研究实际上也涵盖了目的地旅游消费收入的研究。本节将从数字化对经济增长的影响、旅游经济增长方式及其影响因素,以及数字化对旅游经济影响等几个方面进行综述,旨在为数字化与目的地旅游消费收入的研究奠定基础。

一、数字化对经济增长影响的研究

经济增长一直是经济学研究的核心问题之一。过去几十年间,数字技术的创新发展和广泛应用带来了显著的经济影响,吸引了众多经济学者的关注。综合国内外相关研究,学者们主要从直接和间接两个视角探讨了数字化对经济增长的影响机制及其效应。

一方面,部分研究集中于数字化对经济增长的直接影响。例如,Jorgenson等(2000)指出,互联网的广泛应用显著提升了信息传递效率,一定程度上缩短了个人与企业、国家与国家之间的距离。Lee(2004)的研究进一步表明,尽管信息技术使用带来了监管成本和安全成本的增加,但信息技术的成本节约效应大于成本增加效应,能够降低信息搜寻成本、信息转移成本,从而提高经济运行效率并促进经济增长。Anusua 等(2004)、Koutroumpis(2009)基于 OECD 国家的实证研究,验证了电信基础设施与经济增长之间的显著正相关关系。此外,徐升华等(2004)以 1989—2001 年的数据进行分析发现,信息要素对中国经济增长有显著促进作用,当增加信息丰裕系数 e 单位之后,相应地经济增长指数将会提升 $e^{0.2527}$ 个单位。蔡跃洲等(2015)则讨论了信息与通信技术(ICT)对经济增长的渗透和替代效应,发现 2010—2012 年,ICT 对经济增长的平均贡献达到了 9.8%。郑健壮等(2024)通过构建一个有调节的中介模型并利用我国 28 个省份的 2011—2020 年的面板数据进行了实证检验,发现数据要素对地区经济增长具有显著的促进作用。

另一方面,部分研究聚焦于数字化对经济增长的间接影响,探讨了技术创新、产业结构调整和区域贸易等因素在这一过程中所发挥的中介作用。一些学者基于内生经济增长理论,强调知识传播与积累能够推动技术创新,从而促进经济的快速增长(Romer,1986;Aghion et al.,1992;Grossman et al.,1993)。在此过程中,信息传播效率对知识扩散和技术创新至关重要。互联网通过降低信息传播成本、提升效率,促进了劳动者素质提升,加速了技术创新、扩散与应用的进程,进而对经济增长产生积极影响(Benhabib et al.,2005)。程立茹(2013)指出,创新是数字经济的核心特征,数字网络中的企业创新能力远超单一企业。程显宏等(2024)验证了数字经济对区域经济增长的积极作用,发现区域创新在数字经济与经济增长之间发挥了重要的中介效应。此外,产业集聚与结构升级在数字化促进经济增长的过程中也起到了关键作用。Cumming 等(2007)认为,互联网作为企业间沟通的有效渠道,不仅增进了区域经济联系,还强化了产业集聚效应,从而推动了经济增长。彭丹等(2024)发现,数字经济通过促进产业结构优化和提升创新活力,增强了经济增长质量;数字化通过促进就业成为推动经济增长的重要渠道(Katz et al.,2010)。詹新宇等(2024)基于 A 股上市企业数据和高维固定效应模型,发现数字经济整体上扩大了就业规模。吴茜等(2023)的研究表明,数字经济的商业模式和数字普惠金融对区域经济增长具有显著促进作用,且数字普惠金融的影响尤为显著。

二、旅游经济增长方式及影响因素的研究

学术界对经济增长的研究主要涵盖宏观经济、制造业、工业、农业和金融服务业等领域。相比之下,针对旅游经济增长的研究相对较少。现有的旅游经济增长研究主要集中在旅游经济增长方式以及影响旅游经济增长的因素等方面。

(一)旅游经济增长方式的研究

在全球旅游经济发展的同时,许多负面问题和影响也在各国旅游经济增长的过程中逐渐显现,这引发了众多学者对旅游经济增长方式的深入研究。陈向红等(2010)指出,旅游经济增长方式涵盖增长机制、增长结构和旅游经济增长源三个方面,其本质是对一个地区或国家在特定周期内旅游经济增长过程中动力机制和要素投入的高度概括。吴玉鸣(2014)通过对我国2001—2009年旅游经济的研究表明,我国旅游经济每增长0.36%,固定资产需要增长1%,旅游经济每增长0.18%,劳动力需要增长1%。宋子千等(2013)以2005—2009年全国重点旅游城市为样本的研究发现,劳动力和基础设施等要素对我国旅游经济增长的贡献相对较小,而技术进步和资本投入等要素对旅游经济增长的影响更为显著。对于旅游经济增长而言,资本要素被认为是其增长的关键驱动要素。徐琼等(2024)核算了中国省级ICT资本和旅游绿色发展效率,并采用SYS-GMM模型和空间杜宾模型验证了ICT资本对旅游绿色发展效率的持续积极影响。王金伟等(2024)认为,新质生产力通过科技创新优化资源配置,不仅提升了旅游业的生产效率和增长质量,而且还有效催生出了旅游发展新模式和新业态,不断释放出驱动经济社会高质量发展的新动能。这些研究表明,尽管劳动力和基础设施等要素的作用在某些情况下较为有限,但资本和技术进步依然是推动旅游经济持续增长的核心动力。

尽管关于旅游经济增长模式的表述方法多种多样,但从增长方式转变的角度来看,学者们的观点趋于一致,即采用集约型经济增长方式是实现可持续发展的关键。基于这一认识,许多学者针对如何实现旅游经济增长方式的转变提出了各自的见解,认为采取优化旅游产品结构、强化旅游经济增长点以及加大旅游购物板块等举措有助于实现这一目标。例如,向艺等

(2012)通过对我国省际旅游经济增长的空间性分析发现,增加旅游基础设施、提升居民消费能力以及促进省域间的竞合发展都能够有效推动旅游经济的增长。赵金金(2016)的研究也支持了这一结论,指出我国区域旅游经济增长具有显著的空间依赖性,邻近省份对本省旅游经济的增长产生了积极的正向作用。李志远等(2024)研究表明,要充分运用数字化、智能化科技推动旅游集约化、低碳化、绿色化发展,着力推动中西部地区由资源驱动向创新驱动的绿色发展模式转变。这些研究表明,尽管各地旅游经济的具体发展路径存在差异,但通过集约化的资源利用和区域协同发展,可以有效推动旅游经济的持续增长。这种集约型增长方式将通过优化资源配置和提高生产效率,助力旅游产业实现长期可持续发展。

(二)旅游经济增长影响因素的研究

关于影响旅游经济增长的因素,学术界存在多种不同观点。左冰(2011)认为,可以将影响旅游经济增长的因素分为五种,即人力资本、技术的不断改进、制度的完善、要素的投入以及有关旅游业的独特性(旅游资源的持有量、地势的可进入情况、物价水平和地方经济发展情况)等。郑天翔(2014)通过分析上海市举办世博会发现,世博会的举办不仅对入境旅游产生了影响,同时也对国内接待指标产生了影响,且影响都具有持续性和显著性的特点。詹军(2018)发现,地区经济发展状况、经济结构和旅游资源条件对旅游收入有显著影响。Gao等(2019)、王新越等(2022)深入研究了高铁建设对我国旅游经济的影响,结果表明高铁建设对旅游业经济发展具有显著的积极作用。学者们不仅详细研究了影响旅游经济的各类要素,还分析了这些要素对经济增长的作用机制及实际成效。例如,生延超(2012)指出,改变旅游业结构能够显著促进旅游经济增长,且在不同阶段对旅游业结构调整的贡献程度也会有所不同。邓爱民等(2022)通过因子分析发现,国内生产总值、城镇居民可支配收入、社会固定资产投资等影响因子对旅游经济的促进作用显著。

三、数字化对旅游经济影响的研究

通过梳理数字化与旅游经济关系的研究脉络可知,相关研究可追溯至20世纪90年代初,互联网的出现推动了信息技术在旅游业中的广泛应用,同时激发了学者对信息技术与旅游经济增长关系的深入探讨。

在国外的研究中,学者早期主要聚焦于数字化带来的旅游企业变革及其对提升企业竞争力的作用,提供了信息技术影响旅游经济增长的微观层面的理论依据。Poon(1988)指出,信息技术对旅游业的影响集中于信息密集型领域,例如服务、营销、产品、组织及管理等方面。Buhalis(1998)提出,旅游目的地借助信息技术能够加强合作、降低成本并提升可见性,从而增强竞争力。Buhalis(2000)进一步运用业务流程重组理论(BPR)探讨了信息技术在旅游业中的应用机制,重点分析了消费者、组织内部及组织之间的关联。随后,Buhalis(2002)指出,采用互联网技术将催生新型旅游电子媒介,进而加剧行业内企业间的市场竞争。Garcés等(2004)探讨了电子商务对西班牙部分酒店的影响,研究表明电子商务的应用促进了组织构建、员工培训、管理体系及战略管理等方面的提升。Tsai等(2005)研究发现,我国台湾地区旅游业受电子商务影响显著,只有采用合理电商模式的企业才能维持竞争优势并得以生存发展。Aldebert等(2011)通过分析欧洲旅游交易年会中的创新项目,发现数字化技术支持旅游产品、服务、流程及营销的多方面创新。Yang等(2012)在对我国341个城市的旅游溢出效应实证研究中发现,电信基础设施水平对入境旅游增长具有显著影响。综合来看,数字化变革在全球范围内对旅游业产生了深远的影响,从企业层面的变革到行业竞争格局的重塑,再到旅游经济整体的增长,均显示出数字化变革不可忽视的推动力。

国内的旅游数字化进程起步较晚,目前国内学者关于数字化对旅游经济影响的研究主要集中在旅游网站建设、旅游网络营销、信息技术应用及信息化评价等多个方面。近年来,部分学者开始尝试从数字技术与旅游经济互动的视角出发,运用定量研究方法探讨二者间的关联关系。例如,范继刚等(2014)以四川省为研究对象,发现旅游业与信息产业之间存在良性互动关系,二者呈现出正向耦合关系。贾诗威等(2015)基于2004—2013年省级面板数据,选择旅游资本投入和旅游劳动力投入作为控制变量,采用格兰杰因果关系检验和面板向量自回归模型,分析了信息化与旅游业发展的互动关系。随后,金鹏等(2016)深入地分析了2001—2013年的省级面板数据信息,通过分位数回归模型以及协整检验的方法探讨了旅游业受到信息化的影响,其结果显示后者对前者增长的主要贡献水平始终较高,超过了劳动力与资本所带来的贡献,由此表明旅游业的增长将会受到信息化的巨大影响。冀雁龙等(2022)利用省级层面数字经济综合指标与旅游分行业数据相匹配,通过固定效应非线性模型、调节效应模型实证检验发现,数字经济与旅游经济增长之间呈现倒"U"形关系,各省份数字经济发展对旅游经济增长具有正向促进作用。陈卫洪等(2024)利用我国省级面板数据进行实证分析表明,乡村数字经济发展对生态旅游具有正向促进作用。

四、研究述评

旅游经济通常以目的地的旅游消费收入作为衡量指标,旅游经济研究与目的地旅游消费研究在研究对象上具有等价性。通过梳理相关文献,本书总结了数字化对旅游经济影响的研究成果。首先,尽管关于数字化与经济增长的研究较为丰富,涵盖了数字化对经济增长的直接影响和间接影响,但关于数字化对旅游经济影响的研究仍相对较少。旅游作为信息密集型产业,数字化对旅游经济活动的作用应当得到更多关注。其次,现有关于旅游经济增长的研究主要集中于旅游经济增长方式和影响因素,缺乏对数字化如何促进旅游经济增长的深层次理论分析。本书基于旅游目的地的视角,构建了同质性市场与异质性市场情境下的理论模型,以探讨数字化对目的地旅游消费收入的影响机制。最后,在数字化与旅游经济增长的实证研究中,现有研究多关注数字化"是否"产生影响,较少探讨数字化"如何"影响旅游经济。因此,本书在现有基础上,分析了数字化对目的地旅游消费收入的网络效应及要素协同效应,并进一步探讨了数字化推动目的地旅游消费增长的具体路径。这些问题的解答将为制定数字化驱动旅游消费增长的政策提供重要依据。

第四节　数字化与旅游流的文献综述

一、旅游流及影响因素的研究

Pearce(1987)首次提出了旅游流的概念,但未对其内涵作出明确界定。保继刚(1993)提出,旅游流是客源地与目的地之间的一种互动方式。唐顺铁等(1998)进一步指出,旅游客流只是旅游流的一种形式,旅游流是一个包含旅游客流、旅游信息流、旅游物流、旅游资金流等多维内容的复杂系统。马耀峰(2000)强调了旅游流内容的多样性,并指出旅游流具有方向性,是一个矢量。

旅游流的空间结构是旅游流研究的核心内容之一。Hamilton(1988)指出,无论是国内旅游流还是国际旅游流都不是随机分布的,通过构建旅游流模型可以预测未来的旅游流变化趋势。部分学者通过游客数据分析旅游流的空间分布规律。例如,Visser(2017)通过分析南非入境旅游流,发现城市地区是旅游流空间结构的中心节点。牛亚菲等(2005)以北京市183个景区为样本,分析了中心城区和郊区旅游流的时空分布特征。薛莹(2006)通过对江浙沪地区的研究,发现旅游流在空间上呈现"区域内聚"的形态。钟士恩等(2009)总结了旅游流空间结构理论,提出了圈层结构理论、空间扩散理论和核心—边缘理论,并将旅游流空间分布划分为区域内旅游流和区域间旅游流两种类型。吴中堂等(2016)通过分析大陆居民赴台湾地区自由行的数据,发现旅游流的网络规模与行程数量成正比相关。王录仓等(2017)利用新浪微博位置服务(LBS)签到数据,发现旅游流具有明显的时间节律性,并呈现出核心—边缘的空间结构特征。查晓莉等(2020)通过实地调研,分析了上海迪士尼度假区游客的旅游流空间集聚特征及扩散趋势。李屹等(2023)基于去哪儿网的在线游记数据,分析了三亚市旅游流的空间结构,并总结了不同类型游客在不同时间尺度下的游览特征。陈文婷等(2024)以淄博市旅游热潮为例,利用百度迁徙和百度指数大数据,构建了以淄博市为中心的假期客流和旅游信息流,分析淄博市旅游热潮的空间格局特征。

旅游流的影响因素分析是旅游流研究的另一重要领域。部分学者根据研究需求,重点关注单一因素或多个因素对旅游流的影响。例如,Kim等(2005)分析了国际旅游流的双向不平衡结构,探讨了外交与贸易等因素对双边旅游流的影响。Artal等(2016)发现,签证限制对发展中国家的旅游流产生负面影响,但对发达国家的旅游流影响不显著。郭晓东等(2008)指出,我国休假制度的调整对旅游流的时空分布特征有显著影响。方世巧等(2012)通过分析西安A级景区的百度指数数据发现,A级景区越丰富的地区,旅游流量越集中。此外,部分学者通过构建框架模型,系统分析了旅游流的影响机制。杨兴柱等(2011)构建的旅游流驱动力模型包括旅游者动力、旅游需求动力、旅游供给动力、惯性力、距离阻力和空间结构力等因素。高军等(2011)针对来华英国旅客的问卷调查,将影响旅游流的因素归纳为八大推力因素、九大拉力因素和七大阻力因素。闫闪闪等(2019)认为市域内的旅游流动力机制由旅游者推力、目的地拉力以及两地之间的阻力因素构成。杨钊等(2021)以长三角三大游乐型主题公园为例,指出经济联系强度、居民人均可支配收入和交通距离是影响客流量的主要因素。刘培学等(2022)认为景区等级、创建年限、所在城市及与市中心的距离等因素显著影响了游客的移动方式选择。

二、数字化对旅游流影响的研究

伴随数字化发展,网络成为旅游目的地的重要营销工具,也成为旅游者重要的信息搜索工具,这一实践进展有助于促进学者们关注数字化与旅游流的关联关系。Adams等(2003)分析了互联网发展对印度向美国移民的影响作用,是较早有关数字化技术与空间流动现象的研究。Davidson等(2004)探讨了互联网在旅游活动中的主要作用,指出网络信息对旅游流产生引导作用。刘春亮等(2007)分析了城市信息网络节点在空间上的辐射区域,得出数字化信息流对人流产生引导作用的空间范围。杨敏等(2012)根据澳大利亚关注度指数筛选出10个热点中国旅游城市,分析网络推荐信息与澳大利亚入境旅游流强度关系,发现高推荐网络信息会产生高强度的旅游流。冯娜等(2014)以美国和加拿大为样本的研究也发现,中国城市的旅游信息外向流出与入境旅游流之间存在耦合关系。

基于网络虚拟信息与旅游流真实信息的相关性,学者们借助数字化工具对旅游流进行了预测分析。黄先开等(2013)以故宫博物院为例的研究发现,景区关键词的百度指数与景区客流量之间存在显著相关性,利用滞后1~2天的百度指数可以有效预测景区客流。孙烨等(2017)通过对三清山景区的研究验证了百度指数与景区客流的正相关关系。秦梦等(2019)通过构建数理模型,进一步提高了使用数字化信息进行旅游流预测的准确性。徐菁等(2020)运用百度指数分析了中国省际旅游空间结构特征,发现互联网虚拟空间与地理距离空间的共同作用产生了旅游流的空间异质性。杜家祺等(2021)以长江三角洲为研究对象,基于百度指数构建了O-D虚拟旅游流矩阵,探究了区域虚拟旅游流的流动特征,并利用地理加权回归(GWR)模型,从流入和流出两个方面分析了虚拟旅游流的影响因素。韩剑磊等(2021)基于百度指数所表征的旅游信息流,运用社会网络分析和地理探测器方法,对中国省域旅游信息流网络的空间结构特征及其影响因素进行分析,结果表明中国省域旅游信息流的空间网络整体关系呈弱化趋势,且核心—边缘结构明显。

三、研究述评

通过梳理相关文献可以发现,大多数学者支持广义的旅游流概念,认为旅游流不仅限于旅游客流,还包括旅游资金流、旅游物流、旅游信息流等方面,是一个内容广泛的旅游流系统。尽管如此,现有研究主要聚焦于旅游客流,对旅游信息流的关注有所增加,但对其他类型旅游流的研究相对较少。旅游消费流作为旅游经济和资金的空间流动形式,理应成为旅游流研究中的重要内容。

在旅游流的空间结构及其影响因素方面,现有研究逐渐从单一因素研究转向系统驱动机制研究,主要探讨了客源地的推力因素、目的地的拉力因素以及两地间的阻力因素对旅游流的影响。然而,系统驱动机制中既缺乏对数字化等新兴技术因素的充分考量,也忽视了宏观环境因素对旅游流的潜在影响。此外,关于数字化对旅游流的研究,现有研究成果大多集中在数字化如何引导和预测旅游客流上,较少深入探讨数字化对旅游流的具体影响机制。本书通过对数字化影响国内旅游消费流的理论分析和实证研究,旨在为数字化与旅游流的研究提供更丰富的理论框架和实证支持。

第三章
Chapter 3

旅游消费的数字化革新：
新兴技术的融合应用

第三章　旅游消费的数字化革新：新兴技术的融合应用

从在线预订系统的兴起到移动互联网的普及,再到人工智能、大数据、虚拟现实等前沿技术的应用,每一次技术革新都推动了旅游消费方式的演进。数字化不仅让旅游预订和规划变得更为便捷和高效,也使得旅游产品和服务的个性化、定制化成为可能。消费者能够通过智能手机或其他移动设备,随时随地访问大量的旅游信息,比较不同的旅游产品和服务,分享他们的旅行体验,这种前所未有的信息透明度和互动性,极大地增强了消费者的决策能力和满意度。

数字技术的应用为旅游企业带来了新的挑战和机遇。一方面,旅游企业需要适应数字化趋势,通过技术革新来提升服务质量和效率,满足消费者对个性化、多样化服务的需求;另一方面,数字化也为旅游企业开拓新市场、创新商业模式提供了可能,使其能够更精准地定位目标客户,有效地维护客户关系,增强竞争力。从旅游预订与规划、目的地体验、反馈与社交分享、消费行为变革等多个维度,系统分析数字时代旅游消费的发展概况,对旅游业更好地适应数字化转型的趋势,把握未来发展机遇具有重要意义。

第一节　旅游预订与规划的数字化革命

一、在线旅游预订平台的革新与前沿

在线旅游预订平台的发展始于20世纪90年代中后期,最早的在线预订服务主要集中于实现基础的机票或酒店预订功能。进入21世纪,随着数字技术的不断进步和消费者需求的多样化,综合性旅游预订平台逐渐崭露头角,提供从预订到支付的一站式服务。近年来,移动互联网的广泛应用以及人工智能和大数据技术的快速发展,使在线旅游预订平台在用户体验方面得到进一步优化,提升了服务的个性化和智能化水平。

根据所提供的服务类型,在线旅游预订平台分为三种主要类别。一是综合性旅游平台。例如,成立于1996年的Booking.com(缤客)是全球领先的在线旅游预订平台之一,在超过220个国家和地区提供酒店、民宿、度假公寓、别墅等住宿预订服务,同时也涵盖航班、租车和旅游活动的预订服务,形成了一站式的旅游预订解决方案。二是旅游专项服务平台。例如,Airbnb(爱彼迎)专注于住宿分享服务,Skyscanner(天巡)致力于航班搜索和

比较,为特定需求的消费者提供深度服务。三是旅游目的地服务平台。该类服务平台侧重于提供特定旅游目的地的全面服务,从住宿到活动,为用户提供定制化的旅行体验。例如,TripAdvisor(猫途鹰)基于用户生成内容,提供了丰富的旅游产品评价和目的地攻略,帮助用户作出更为明智的旅行决策。

在线旅游预订平台具有便捷性、信息丰富性、价格透明性和服务个性化等特征,为用户提供了一个便捷且集成化的网络环境,使其能够轻松地浏览、比较和预订各类旅游相关产品和服务,包括住宿、航班、旅游套餐和租车服务等。这些平台通过简化预订流程、提供详尽的旅游产品信息和用户评价、实现价格透明化以及利用大数据和人工智能技术进行个性化推荐,显著提升了用户的预订体验和满意度(刘益 等,2021)。对于旅游者而言,这种便捷、高效且用户友好的预订方式,不仅使其能够更加灵活和自由地规划旅游行程,还能基于丰富的评价信息作出更加明智的消费选择(邹光勇 等,2023)。

二、利用大数据实现个性化旅游推荐

个性化推荐系统的历史可追溯至20世纪90年代末期,亚马逊和Netflix(奈飞)等公司在推荐算法方面的创新应用,例如,亚马逊的"购买此商品的顾客还购买了其他商品"功能。随着信息技术的发展,尤其是21世纪初智能手机和社交媒体的普及,旅游大数据概念逐渐兴起。在技术进步的驱动作用下,大数据的概念及应用逐渐被引入旅游业。当前,大数据分析与个性化推荐已成为推动旅游消费市场发展与变革的力量。大数据技术的应用不仅改变了旅游企业的运营模式,也极大丰富了旅游者的体验。

旅游大数据分析是指在旅游行业中收集、整理和分析复杂数据的过程,旨在提取有价值的信息和洞察,以支持旅游消费决策(潘冰,2017)。这些数据可来源于社交媒体、在线预订平台、顾客反馈及位置数据等多种渠道。个性化推荐则是基于旅游者的偏好、历史行为及相关数据,通过算法模型为其推荐旅游产品或服务(张凌云 等,2012)。这种基于数据驱动的个性化服务能够帮助旅游者在海量信息中快速找到符合其消费需求的选项,这不仅丰富了旅游者的选择和提高了旅游者的决策效率,也为旅游目的地及服务提供商带来了更多曝光机会(李仁杰 等,2011)。例如,热爱海滩度假的旅游者可通过个性化推荐发现不太知名但风景独特的海岛,获得全新的旅行体验。

旅游大数据分析与个性化推荐的主要特征包括数据的多样性、实时性和预测性。数据的多样性意味着来自不同来源和格式的数据可被综合利用,实时性是指数据分析和推荐能够及时进行以适应旅游者的需求,预测性则体现在通过分析历史数据预测未来趋势和指导旅游者决策的能力。旅游大数据分析与个性化推荐不仅限于旅游产品信息,还涵盖旅行过程中的各项服务,例如住宿、餐饮和交通等。在这一领域中,Booking.com(缤客)和Airbnb(爱彼迎)等企业利用用户行为数据和机器学习技术,为用户提供个性化住宿推荐。TripAdvisor(猫途鹰)则通过用户评价和行为数据,向旅游者推荐目的地、餐厅和活动。这些平台通过大数据分析与个性化推荐提供了细致的个性化服务,显著增强了旅游者的体验满意度,使其能够根据预算和偏好作出最合适的消费选择。

三、数字技术推动旅游智能行程规划

旅游智能行程规划系统综合了个性化推荐、动态调整、社区共享和虚拟体验等多种功能,旨在为旅游者提供一站式、高效便捷的旅游规划解决方案。其中,个性化推荐功能基于旅游者的旅行历史、评价及个人偏好,智能化地推荐相关的旅行产品和服务;动态调整功能通过实时反馈天气、交通等外部变化,灵活调整旅行计划,以适应实际情况;社区共享功能允许用户分享旅行经验与建议,从而帮助其他旅游者优化规划决策;虚拟体验功能利用虚拟现实等手段,为旅游者提供目的地的虚拟游览,增强规划的直观性与决策的准确性。通过这些功能的有机结合,旅游智能行程规划系统旨在提升旅游者的旅行体验与满意度。

旅游智能行程规划的发展历程体现了从手工规划到自动化,再到个性化服务的逐步转变(乔向杰 等,2014)。早期的旅游规划主要依赖旅行社的人工操作,随着互联网技术的普及和在线旅行代理的崛起,旅游规划逐渐实现电子化和网络化。近年来,伴随大数据、云计算及人工智能等技术的进步,旅游智能行程规划服务已能够提供个性化推荐和实时调整等高级功能,从而显著提升服务效率与用户体验(Kitamura et al.,2021)。在旅游智能行程规划领域,Google Trips(Google旅行)、TripAdvisor(猫途鹰)以及马蜂窝等平台作为典型代表,凭借其强大的数据处理能力和算法,提供了包括目的

地选择、交通安排、住宿预订以及景点推荐在内的全方位服务,能够根据实时信息和用户反馈进行动态调整,以满足用户个性化的旅行需求。这一转变标志着旅游规划服务的智能化与个性化进入了新的阶段。

旅游智能行程规划对旅游者产生了深远的影响,首先,它显著提升了旅行的便捷性和效率,使旅游者能够在较短时间内完成复杂的旅行规划,这对于时间紧张的现代人来说尤为重要。其次,个性化的旅行推荐使每次旅行都更加契合用户的个人喜好与需求,极大地提升了旅行的满意度和整体体验。最后,实时调整功能增强了旅行计划的弹性与应变能力,即使面临突发情况,旅游者也能够迅速调整行程,减少旅行中的不确定性与风险。同时,社区共享和虚拟体验等功能不仅丰富了旅游者的旅行决策信息,还让旅游者提前感受到了旅行的乐趣,从而激发了旅行热情。随着旅游消费的不断增长,这些智能化服务的普及,不仅提升了旅游者的消费体验,也推动了整个旅游业的转型与升级,促进了个性化与高质量旅游消费的实现。

随着数字技术的不断进步与旅游消费市场的日益成熟,旅游智能行程规划将持续向更加智能化和个性化的方向发展。未来的旅游智能行程规划将更加注重旅游者的消费体验,通过精准的数据分析与学习,提供更加丰富和深入的旅行内容。此外,随着虚拟现实技术的发展,未来的旅游规划可能会更加立体和互动,为旅游者提供更加生动和真实的游览体验。旅游智能行程规划技术的进步不仅提升了旅游者的消费体验,也为个性化和高质量的旅游消费创造了新机会。总体而言,旅游智能行程规划技术的发展正在不断推动旅游业的创新与变革,为全球旅游者带来更加美好和便捷的旅行体验,促进了旅游消费的持续增长与多样化。

综合来看,旅游预订与规划的数字化革命已彻底改变了旅游者的决策方式与消费体验。在线旅游预订平台的崛起、个性化旅游推荐和旅游智能行程规划工具的广泛应用,使得旅游者能够在家中便捷地获取丰富的旅游信息、比较各类消费价格、享受更为定制化的服务并进行即时预订。这一过程不仅提升了旅游消费的灵活性与效率,还丰富了旅游者的选择范围与决策过程,从而有效增强了消费体验。然而,这场数字化革命也对旅游者的互联网使用能力提出了要求。在信息丰富而多样化的环境中,旅游者需要掌握基本的互联网操作技能,具备有效识别、分析和利用在线资源的能力。只有这样,才能充分发挥数字技术的优势,最终实现理想的旅行消费体验。

第二节　旅游目的地体验的数字化转型

一、智慧旅游景区建设及未来构想

智慧旅游景区的概念源于 21 世纪初信息技术的迅速发展和旅游业对高质量服务的追求。最初,智慧旅游景区的建设主要集中在提升信息化水平上,例如建立旅游景区官网和开发手机应用程序等。随着技术的进步和旅游市场的不断变化,智慧旅游景区的建设逐渐向更加全面和深入的方向发展,涵盖了旅游景区管理、服务提供、营销推广和游客体验等多个领域(周波 等,2016)。近年来,智慧旅游景区建设成为旅游业发展中的一大趋势,旨在通过集成应用物联网、大数据、云计算、人工智能等现代信息技术,实现对景区内外环境、资源、服务和管理的全方位智能化感知、分析与综合应用。这种转型不仅提升了旅游景区的管理效率,还显著提高了游客的满意度(于漪 等,2023)。

在智慧旅游景区建设中,各类景区在数字化转型过程中展现出不同的侧重点。自然景区重视运用数智技术,以实现生态环境保护与生态教育体验。例如,九寨沟景区利用数字技术监控生态环境以确保旅游活动对自然景区的影响最小化,利用虚拟现实技术和增强现实技术为游客展示九寨沟的自然景观和文化,增强游客对生态保护的认知与责任感(黄萍,2007)。文化景区侧重于通过智慧化手段对文化遗产进行保存与展示,并提供沉浸式的文化体验(白晓晴,2024)。例如,故宫博物院利用数字化技术,不仅保存和展示珍贵文物,还提供虚拟导览与增强现实体验,使游客深入体验文化遗产的丰富内涵。在主题公园方面,智慧技术的应用主要体现在游乐设施的管理与运营优化上,以提升游客的互动体验。例如,上海迪士尼乐园运用RFID(射频识别)手环和移动应用,优化游乐设施的管理,提升游客的互动体验,实现无现金支付及个性化服务。城市旅游景区通过智慧化解决方案,整合城市旅游资源并提升游客服务。例如,杭州市依托大模型技术推出文旅数字人"杭小忆",集成了 3 000 余种旅游产品、16 285 个特色兴趣点和超过 10 万条旅游活动信息,旨在为游客提供创造性与个性化的旅游体验。这种综合性的智慧化建设,促进了各类景区的可持续发展与文化传播。

智慧旅游景区建设的特征体现在技术集成、个性化服务、资源优化和交互体验等多个维度。通过融合物联网、大数据和云计算等先进技术,智慧景区实现了全方位的智能化管理与服务。这种智能化的管理与服务,不仅通过对游客行为和偏好的深入分析,提供了个性化的体验,还通过优化资源配置,增强了游客与景区之间的互动,推动了旅游业的可持续发展。智慧旅游景区的建设对游客产生了深远的影响,主要表现在提升访问效率和增强体验满意度方面。借助在线预订、实时信息更新和智能导览等服务,智慧旅游景区显著减少了游客的排队等待时间,使其能够更加轻松地享受旅游体验,从而提升旅游消费的效率和满意度(徐菲菲 等,2018)。此外,个性化推荐、互动体验以及虚拟现实技术和增强现实技术的应用,进一步丰富了游客的感受,显著提升了游客的整体满意度。同时,智慧旅游景区通过智能监控和资源管理,有效减少了游览活动对自然环境和文化遗产的负面影响,促进了旅游资源的可持续利用,增强了游客在旅游消费过程中的环保意识。先进的信息技术,例如,实时监控系统和紧急响应机制,不仅提升了游客的安全保障,降低了旅游安全事故的发生率,也为游客创造了更加安心和愉悦的消费环境,从而增强了游客在智慧旅游景区的整体体验。

二、旅游数字化管理及数字化营销

旅游数字化管理及数字化营销深受互联网普及和电子商务发展的影响。早期阶段,人们主要把旅游网站和电子邮件作为传播工具,发布旅游信息以及开展营销活动。进入21世纪,随着社交媒体、智能手机、电子支付、地理信息系统等数字化应用的迅速普及,旅游的数字化管理与营销进入了一个快速发展期。

旅游数字化管理的应用主要体现在对旅游目的地、景区和旅游企业的管理优化上。通过数字化技术,旅游目的地能够整合文化与旅游资源,建设智能化交通、住宿和信息服务系统,提供全方位的智能化游客服务,从而提升游客体验、资源配置和运营效率(陈曦 等,2023)。例如,新加坡推出的"Visit Singapore"应用程序,能够提供实时景点信息、地图导航和个性化推荐,同时利用大数据分析游客流量与偏好,以优化景区管理和公共交通调度。智慧旅游景区管理依赖物联网和大数据技术,使得景区能够实时监测游客流动和环境变化,便于进行动态调整。旅游企业的数字化转型通过建立在线服务平台和游客关系管理系统(CRM系统),能够提升运营效率和客户满意度,并借助数据分析制定产品的供给方案和营销策略,进一步增强了旅游企业的市场竞争力。

在旅游营销与推广方面,数字化工具的广泛应用彻底改变了传统的营销方式。社交媒体、自媒体、直播、短视频、搜索引擎及社群平台等新媒体矩阵,成为提升目的地知名度和营销有效性的重要手段(张跃先 等,2023;夏杰长 等,2024;罗卉 等,2024)。例如,TripAdvisor(猫途鹰)通过用户评论和评分推动内容营销,提高目的地和服务的可信度,而 Airbnb(爱彼迎)则结合社交媒体和内容营销,利用卓越的用户体验设计成功塑造了旅游特色品牌形象。与传统营销相比,数字化营销具有高度互动性、数据驱动、内容为王以及成本效益等显著优势,使旅游企业能够以更低的成本实现更广泛的市场覆盖,从而有效满足不断变化的旅游消费需求。

三、旅游服务中的数字化转型实践

旅游服务中的数字化转型始于互联网的普及与在线预订系统的引入,初期的数字化旅游服务主要聚焦于线上信息查询和预订功能。随着智能手机和移动互联网的迅速发展,旅游服务逐渐实现了移动化转型,显著提高了用户获取信息与服务的便利性。近年来,随着大数据、云计算和人工智能技术的不断成熟,旅游服务的数字化转型进入了新阶段,重心转向个性化服务的提供、用户体验的优化以及对价值创造的再定义(党红艳,2022)。数字化旅游服务内容涵盖了在线预订与支付、虚拟体验与导览、个性化旅游推荐、智能客服和导游以及社交媒体营销等多个应用场景。

旅游服务的数字化转型方式可分为三种模式:嵌入性数字化转型模式、系统性数字化改造模式和共享性数字化整合模式(张莹 等,2023)。首先,嵌入性数字化转型模式强调将数字技术深度融入旅游服务及运营环节,关注的是技术应用场景的构建而非单纯的技术引入。例如,博物馆和景区借助移动应用或 AR 技术,提供数字导览服务,游客能够通过智能手机实时获取历史背景信息并进行互动,这种方式显著增强了游客的参与感与沉浸感。

其次,系统性数字化改造模式要求旅游企业从整体角度出发,综合考量各个环节的旅游体验,通过系统化的技术集成和服务优化,致力于全面提升旅游服务的内容与效率,更好地满足消费者日益增长的需求。典型代表例如 TripAdvisor(猫途鹰)、携程和 Booking.com(缤客)等在线平台,整合了机票、酒店、租车及活动预订于一体。用户能够在单一平台上完成整个旅游行程的规划,从而提升旅游服务的便捷性和一致性。

最后,随着共享经济的不断发展,旅游运营主体之间的互动愈加频繁,这一趋势推动了旅游数据的互联互通和旅游资源的整合共享,从而有效促进了旅游服务供给方式的变革,出现了共享性数字化整合模式。旅游运营主体能够更好地协作,提高服务质量,满足消费者多样化和复杂化的需求。例如,2016年日本的白马谷滑雪度假群落,由10家滑雪度假村联合构成,利用数字技术创建了联合运营模式,通过引入自动检票设备,实现一卡通行111条索道,滑行面积达956公顷,奠定了白马谷作为日本最大滑雪场的地位。再如,Airbnb(爱彼迎)平台的出现,使个人能够出租自己的房屋或房间,促进资源共享,满足游客对多样化住宿的需求。

第三节 旅游反馈与社交分享的数字实践

一、网络平台反馈和评价机制

旅游在线反馈与评价是指游客基于个人的旅游体验,通过互联网平台,例如社交媒体和旅游评论网站等,发布关于旅游产品和服务的评价信息。这一现象的兴起与互联网技术的发展密切相关。最初,旅游评价主要依赖于口碑传播,覆盖范围及影响力相对有限。随着互联网的普及,尤其是 Web 2.0 技术的出现,用户生成内容得以广泛传播,个体观点和评价信息可达到前所未有的曝光(吴茂英 等,2014)。特别是在社交媒体和专业旅游评价网站的崛起之后,消费者对旅游产品和服务的反馈与评价愈加即时且便捷,推动了旅游在线反馈的快速发展。

在线旅游评价平台的典型代表马蜂窝、猫途鹰等不仅提供了用户对酒店、餐厅和景点的评价,还通过汇聚大量用户反馈,帮助其他旅行者作出更为明智的决策。例如,Yelp 网站虽然主要关注本地商家的评价,但是在餐饮和旅游景点评价方面也展现出显著的影响力。通过在线旅游评价平台,消费者的感受和声音得以快速传播,提高了旅游信息的多样性、丰富性和透明度。旅游在线反馈与评价不仅深刻影响了其他消费者的决策过程,同时也推动了旅游服务提供者不断改进和提升服务质量。

尽管在线旅游评价平台为旅游消费市场带来了显著的积极影响,但也面临着诸多现实挑战。其中,最为突出的是评价信息的真实性与公正性。一方面,游客数字世界中的旅游形象具有一定的超真实性,与现实形象并非完全一致(孙九霞 等,2022)。另一方面,一些商家可能通过编造虚假评价来提升自身声誉,或通过负面评价来打击竞争对手(张思豆 等,2016;魏瑾瑞 等,2022)。为了应对这一问题,各大平台纷纷引入更为严格的验证机制,例如验证评价者身份和算法检测异常评价行为,以增强评价信息的真实性和可靠性,保障消费者权益。此外,随着评价数量增加,信息过载和信息茧房问题也愈发显著(黄英辉 等,2022),消费者在筛选有价值内容时往往面临困难。因此,部分平台开始利用人工智能和大数据分析技术,引入智能化推荐系统,从而提高信息的针对性与有效性。

未来,旅游在线反馈和评价机制的演变将更加注重提高评价质量、增强用户互动以及利用先进技术改善服务。随着数字技术不断进步,可以预见更多创新应用的出现。例如,运用区块链技术确保评价的不可篡改性,运用大数据与人工智能进行深度分析,运用虚拟现实技术让潜在旅游者提前体验评价中的旅游目的地等。这些发展将进一步推动旅游消费环境的健康发展,促进服务质量的提升,形成一个更加良性、可持续的旅游消费生态环境。

二、社交媒体平台角色与影响

社交媒体是支持用户创建内容、分享内容、进行社交互动和社群构建的网络应用。社交媒体的历史可追溯到21世纪初,当时的博客(网络日志)和论坛是早期形式。专业分享平台作为一种特殊类型的社交媒体,专注于用户之间分享特定类型或特定领域的内容,例如图片、视频或旅游故事。随着Facebook(脸谱网)、Twitter(推特)和Instagram(照片墙)等分享平台的推出,社交媒体快速发展成为人们日常生活中不可或缺的一部分。对于旅游业而言,在21世纪初成立的TripAdvisor(猫途鹰),标志着专业旅游分享平台的诞生。随后,更多专注于旅游分享的平台,例如Lonely Planet(孤独星球)社区论坛、TripAdvisor(猫途鹰)平台、马蜂窝等,成为人们分享旅游经历和获取旅游灵感的主要渠道。

对于旅游者而言,社交媒体平台不仅改变了旅游者的信息获取方式,还深刻影响着旅游者的旅游决策过程和消费行为模式(Hudson et al.,2013)。一方面,社交媒体平台通过提高信息的丰富度、交流效率以及降低信息不对称,从而帮助游客更便捷地获取旅游相关信息。另一方面,社交媒体平台通过构建虚拟旅游社区,为游客提供了归属感,最直接的效应就是提高了目的地访问量(Zehrer et al.,2012;Xiang et al.,2010)。不同类型的旅游者在使用社交媒体工具时展现出不同的行为模式。例如,商务旅游者虽然使用搜索引擎和在线旅游中介了解酒店信息,但通常倾向于依赖公司推荐的酒店。休闲旅游者在选择酒店时则首要关注朋友和同事的推荐,其次才是旅游网站和搜索引擎的信息。

对于旅游目的地而言,社交媒体自应用于旅游领域伊始,就被视为能够为旅游企业及旅游目的地营销带来重大变革(金准,2006)。社交媒体在旅游目的地营销方面展现出的巨大潜力,甚至导致了对传统旅游营销方式的信任危机(Sigala,2012)。实证研究表明,社交媒体营销显著促进了目的地旅游经济发展,无论是本地游客还是外地游客的数量及消费量都有明显增长(Richard,2012)。大多数国家和地区,鼓励旅游目的地积极应用多种社交媒体工具,以增强与潜在游客的沟通与互动。但也有少数国家和地区,例如瑞士,因关注到新型沟通工具对传统组织结构的挑战以及可能面临的文化冲突,而对社交媒体策略在旅游营销中的应用持相对谨慎的态度(Milwood,2013)。

总体来看,社交媒体不仅改变了旅游者的信息获取方式,还深刻影响了旅游者的决策过程和行为模式,同时促进了信息的传播与交流,对旅游目的地营销产生了深远影响。未来的发展趋势表明,社交媒体及分享平台将持续探索与虚拟现实、增强现实、人工智能等新兴技术的融合,并更加关注可持续旅游的发展理念,以提供更加丰富和个性化的旅游体验。同时,微影响力营销和用户生成内容的重要性将日益提升,这表明旅游目的地和品牌将越来越依赖社交媒体上的真实声音及用户互动,以吸引和影响潜在游客。这些趋势不仅预示着旅游分享和营销的未来方向,也反映出旅游业与数字化社交平台日益紧密的结合。

第四节　数字时代的旅游消费行为变革

一、个性化旅游需求的市场响应

2016年被视为中国定制旅游的"元年",各大旅游平台纷纷加大对定制旅游市场的投入。伴随着数字技术的广泛应用,旅游消费行为发生了显著转变,尤其是在个性化旅游需求增长方面。2023年以来,随着疫情后的旅游复苏,旅游需求的个性化特征愈加明显。途牛《2023年度旅游消费报告》显示,旅游消费主力日趋年轻化,"80后"和"90后"分别占出游人次的31%和24%,"00后"的比例也已上升至16%。旅游企业必须提供个性化、差异化和多元化的旅游产品与体验,推出定制化的旅游线路、产品和服务,以满足年轻旅游者日益增长的个性化旅游需求。个性化旅游需求强调旅游体验的独特性和差异性,不仅体现在旅游者对目的地、住宿和体验等具体需求上,还反映在获取旅游信息、决策以及分享旅游体验的方式上。

个性化旅游需求的发展受到了技术进步、消费者行为变化及市场竞争加剧的决定性影响。首先,随着数字技术,尤其是大数据和人工智能等先进技术的快速发展,旅游服务提供商能够更精准地分析和理解消费者需求,从而提供更个性化和贴合消费者的服务。其次,年轻一代对个性化和独特性有更高的追求,他们希望旅行能够反映个人的个性和偏好,并愿意为此支付更多。这一趋势促使旅游企业必须加强创新,以提供更为定制化的产品和服务,满足不断变化的消费者需求(于佳 等,2024)。最后,市场竞争的加剧使得旅游企业在吸引和留住顾客方面展开了激烈竞争。在这样的市场环境中,提供个性化服务成为旅游企业的重要竞争优势。通过差异化的服务和体验,企业不仅能够吸引更多顾客,还能够提高顾客忠诚度,从而在竞争中占据有利地位。

定制化旅游产品与服务、智能化旅游推荐以及互动性提升,共同构成了满足个性化旅游需求的三大支柱,塑造出一种新的旅游消费模式。首先,定制化旅游产品与服务是个性化旅游需求的基础。旅游企业通过深入分析消费者行为数据、旅游偏好和反馈信息,设计出符合游客独特需求的个性化旅游方案。这些方案包括个性化的旅行路线、住宿、交通、餐饮及活动安排,使每次旅行都成为独特体验。其次,借助人工智能和机器学习,旅游平台能够根据消费者的旅行历史、浏览习惯及消费偏好,智能推荐目的地、住宿和活动,从而提高旅游推荐信息的相关度和有效性,节省旅行者筛选信息的时间,简化旅行准备过程。最后,在社交媒体和在线旅游平台的推动下,旅游者能够直接参与旅游产品的设计与定制,及时反馈意见以优化旅游服务。旅游者之间的交流与分享为个性化体验提供了更多灵感与可能性(何畅 等,2023)。这些要素共同促进了旅游业的创新与发展,推动了以游客为中心的新型旅游消费模式的形成。

数字化变革推动旅游业朝着个性化服务发展的同时,旅游企业也面临着一系列挑战,包括隐私保护、成本控制以及服务标准化与个性化的平衡等。这些挑战要求旅游企业不仅要能够把握技术和市场趋势,还要在服务设计、数据管理和成本控制等方面进行持续创新与改进,以提供既安全又高效、同时兼顾个性化与经济性的旅游服务。

二、"体验至上"的旅游消费倾向崛起

在数字时代,"体验至上"的旅游消费倾向使旅游消费行为呈现出多样化和复杂化的特点。这一趋势不仅重塑了旅游产品服务的供给结构,也在很大程度上改变了旅游市场的竞争格局。"体验至上"的旅游消费倾向背后,是数字技术的快速发展和社会文化的变迁。互联网、移动支付及社交媒体等数字技术的普及,极大地便利了信息的获取和分享,使得旅游者能够轻松地通过网络获取丰富的旅游信息,并向他人分享旅游体验,这促进了消费者对个性化和独特性旅游体验的追求。同时,随着社会经济水平的提高和生活节奏的加快,人们对精神文化生活的需求增强,旅游作为一种重要的休闲方式,其体验价值被赋予了更高的期待。这一切因素共同推动了旅游消费行为的转变,促使旅游企业在提供服务时更加注重消费者的体验需求(黎玲 等,2023)。

一方面,"体验至上"的旅游消费倾向表现为消费者对旅游体验的重视程度日益增加,他们不再仅是追求到达目的地的物理移动,而是更多地寻求精神层面的满足和情感上的共鸣。这种趋势促使旅游产品和服务从传统的以景点游览为主向提供全方位、深层次、个性化的体验转变。旅游者愈发青睐那些能够提供独特体验、促进文化交流以及实现个性化服务的旅游形式,

例如深度游、主题游和定制游等。这种转变不仅反映了旅游者消费需求的变化,也推动了旅游业的创新与发展。

另一方面,"体验至上"的旅游消费倾向对旅游供给市场产生了深远的影响。为了满足消费者的需求,旅游企业和目的地管理者不断创新服务模式和产品设计,注重提升旅游体验的质量和深度。这不仅包括景区的环境改善和服务提升,还涉及旅游活动的创新和文化内涵的挖掘。"体验至上"的旅游消费倾向促进了旅游市场向更加细分化和专业化的方向发展,形成了一系列以提供特色体验为主的新兴旅游形式,例如生态旅游、农家乐、工艺体验等。

展望未来,"体验至上"的旅游消费倾向将持续深刻地影响旅游市场的发展。随着虚拟现实、增强现实等新兴数字技术的广泛应用,旅游体验将愈加丰富多彩,更能满足消费者对新奇化和个性化旅游的追求,个性化和定制化的旅游服务将成为市场的主流(徐若然,2021)。此外,旅游企业将更加关注消费者体验的整体设计,覆盖从旅行前的规划与预订,到旅行中的实际体验,再到旅行后的回忆与分享,实现全方位、无缝连接的服务,这将是提升旅游体验的关键所在。此种趋势不仅促进了旅游产品的创新,也为消费者创造了更为多元和深刻的旅游体验。

三、共享经济与去中心化的趋势

共享经济作为数字化时代的一种崭新商业模式,正在重新定义旅游业的资源配置和服务模式。共享经济的兴起得益于数字技术的迅猛发展,特别是互联网的普及应用催生了一种以共享和交换闲置资源为核心的平台经济模式。该模式通过互联网平台促进了闲置资源共享与交换,有效提升了未被充分利用资源的利用效率,其涵盖了商业性和非商业性的共享活动(Richardson,2015)。共享经济模式问世以来,其对各个行业均产生了显著影响,特别是对旅游业和酒店业带来了深刻的变革(Heo,2016)。

共享经济通过整合闲置资源、提供灵活的资源利用和个性化服务,深刻影响了旅游消费。例如,Airbnb(爱彼迎)、Uber(优步)等数字化平台,使消费者能够以更低的成本获取多样化的住宿和交通选择,满足其对独特体验和灵活安排的需求。这不仅提高了资源的使用效率,还为游客提供了更加多元化的选择,并通过与当地居民的互动,丰富了游客的文化体验与情感共鸣,使旅行体验更加个性化和多样化(Richardson,2015)。这一趋势推动了旅游市场的多元化发展,同时也加剧了市场的去中心化,使得个体消费者和小型服务提供者在旅游生态系统中占据了更加重要的地位。

共享经济的崛起不仅带来了显著的经济效益,也打破了传统旅游市场的中心化结构,为市场注入了更多灵活性与创新动力(张文明 等,2018)。与大型旅游企业和酒店相比,个体房东、私家车主等小型服务提供者可以通过共享平台直接参与旅游服务供给,减少了中间环节,降低了交易成本。这种去中心化趋势推动了旅游业的创新,使旅游市场更加多元和灵活。同时,随着数字技术的不断进步,旅游市场中的去中心化趋势将愈加明显。未来,更多个体和小型企业将通过数字平台参与旅游服务供给,进一步形成分散化、灵活化的市场生态。

新兴数字技术的进步将为旅游的共享经济特征带来更强的推动力。例如,区块链技术可以更好地保障旅游共享平台的交易安全和透明性,提升游客的信任度(杨振之 等,2019)。虚拟现实和人工智能等新兴技术的应用,也将为共享经济中的旅游服务带来更多创新,能够进一步提升旅游体验的质量和深度(妥艳婗 等,2023;宋晓 等,2024)。然而,共享经济的快速发展带来了新的市场规范和监管挑战,需要加强对该经济模式的监管,以确保市场的公平性和消费者的权益保护,这对旅游治理的现代化提出了更迫切的要求(宋瑞,2022)。例如,在 Airbnb(爱彼迎)模式下,如何平衡短期租赁与城市住房供应之间的关系,以及如何应对大量游客涌入对当地社区管理的压力,都是共享经济模式面临的核心问题。

展望未来,共享经济将在旅游业中继续发挥关键作用,并带来持续的创新与变革。在数字技术的支持下,旅游者和服务提供者之间的互动将更加直接,市场交易也将更加透明。同时,消费者的个性化需求将得到更全面的满足,旅游体验的深度和广度都将大幅提升。随着去中心化趋势的增强,旅游市场中的创新机遇将愈发频繁地出现,为旅游业的可持续发展提供源源不断的动力。

四、即时反馈和互动机制的增强

在数字时代,即时反馈和互动的强化成为旅游消费行为深刻变革的重要特征。伴随社交媒体和在线平台的普及,旅游消费者能够在旅行的各个阶段——旅行前、中、后——实时分享旅游体验、意见和评价,同时也能够迅速接收到来自其他旅行者或服务提供者的反馈。这种即时性和互动性不仅丰富了旅游体验,也对旅游业的营销策略、服务质量以及产品开发产生了深远影响。

即时反馈和互动机制为旅游消费者提供了一个实时沟通和分享的平台,使他们能够即时传递旅游体验、发布评价,同时也能够从其他用户处获得反馈和建议。这一机制增强了消费者之间的信任感和社区归属感,促成了信息的快速传播和社交影响力的扩展。随着大量用户反馈的旅游文字、照片和视频等,消费者可以更直接、更真实地了解旅游目的地、住宿和活动的信息,这往往比传统的旅游广告和营销信息更具可信度和说服力。因此,旅游决策过程变得更加依赖于这些实时生成的信息,而不是仅凭旅游商家提供的内容。

数字化即时反馈和互动机制深刻影响了消费者的旅游决策过程(黄潇婷,2022)。通过浏览他人分享的评价文字、照片与视频,旅游者能够对旅游目的地和相关服务形成更加直观的认知,这些信息相较于传统广告具有更强的真实性和公信力。同时,实时互动让旅行者能够即时解决行程中的问题,例如,寻找推荐的餐馆或调整行程,这提升了旅行计划的灵活性和个性化。消费者不再仅仅依赖于提前安排好的行程,而是能够根据实时反馈动态调整,进一步提高了旅游体验的满意度。

对于旅游企业而言,即时反馈和互动则提供了宝贵的市场信息和消费者洞察。通过监测社交媒体上的评论和反馈,酒店、航空公司及旅游运营商能够快速识别并解决服务中的问题,实时调整服务质量和优化客户体验。游客的即时反馈能够帮助旅游企业捕捉市场变化趋势,为产品创新和定制化服务的开发提供有力支持(马斌斌 等,2023)。更为重要的是,反馈机制还为旅游企业提供了一个直接响应消费者需求的平台,从而建立良好的品牌形象,增强消费者的信任和忠诚度。

技术的进步是即时反馈和互动发展的重要推动力。社交媒体平台、移动应用和即时通信工具的普及,使得消费者能够随时随地分享和获取信息。此外,人工智能和大数据技术,例如聊天机器人和情感分析工具,也提升了旅游企业与消费者之间的互动效率。这些技术手段的应用,不仅提高了旅游企业的响应速度和服务质量,还能够通过对海量数据的分析,精确识别消费者的需求和偏好,进而提供更加个性化的服务。展望未来,随着技术的不断进步,即时反馈和互动将在旅游业中扮演更为重要的角色。旅游企业也将利用这些即时互动不断提升服务质量、增强客户忠诚度,并推动定制化旅游产品的创新开发。

第四章
Chapter 4

数字驱动的国内旅游消费变革：理论机制探索

本章首先提出数字化与旅游消费研究的一些理论基础,继而从旅游客源地、目的地、客源地—目的地视角分别构建理论模型,通过模型推导分析数字化对旅游消费的作用机理,并提出研究假设。

第一节 理论框架概述

一、数字经济理论

(一)边际收益递增规律

Romer(1986)强调,知识在推动经济增长中扮演关键角色,超越了资本和劳动力的传统角色。在经济发展中,创新思想和技术发明起到了核心推动作用,且知识是唯一不遵循边际效益递减规律的因素。这一观点强调了知识在经济活动中的独特性和重要性。Metcalfe 等(1976)提出,互联网作为一种特殊的科学技术,其价值并不随用户数量的增加而减小,反而呈现出显著的正反馈效应。Metcalfe 等提出公式 $V=K-N^2$,其中,V 代表互联网价值,K 为系数,N 代表互联网用户数,这一规律被称为梅特卡夫法则。梅特卡夫法则表明,数字化的网络资源不会因用户数量的增加而稀缺,反而会因用户的参与而放大其网络价值。这意味着,每增加一个互联网用户,网络所提供的价值就会相应提升,从而形成强大的网络外部性和正反馈机制。

Flanagin 等(2000)、Bennett 等(2000)的研究,进一步深入探讨了互联网作为平台的特性和知识属性。这些特性引发了网络外部性和正反馈机制,从而打破了传统因用户增加而导致的边际效益递减规律。当大量用户接入互联网平台并参与活动时,其边际效用不仅不降低,反而随着用户基数的增加显著增强,展现出边际收益递增的特征。

因此,在分析数字化对旅游消费的影响时,必须重视网络效应规律。数字化不仅是一种技术手段,更是促进国内旅游消费增长的重要力量。通过对这一规律的深入探讨,可以更好地理解数字化如何在经济和社会各个层面上产生深远影响,从而为政策制定和行业发展提供有力依据。

(二)边际成本递减规律

1965年,英特尔创始人之一摩尔在《电子学》杂志发表了一篇描述集成电路技术发展趋势的文章,指出最低元件成本下半导体芯片中集成电阻器和晶体管的复杂度大约每年增加一倍,即摩尔定律。摩尔在提交给IEEE国际电子元件大会的一篇论文中对摩尔定律进行了修正,指出集成在半导体芯片中的电阻器和晶体管数量应每两年翻一番。这一修订使得摩尔定律更具普遍适用性。当前,关于摩尔定律最普遍的表述是,随着技术进步,集成电路在相同成本下的性能和功能将以较快速度增长,集成电路的最大组件数量及性能通常是在18~24个月实现倍增。

摩尔定律准确反映了信息技术的发展速度,在信息技术领域产生了深远影响。随着集成电路性能的不断提升,计算能力显著增强,推动了计算机、通信和消费电子等各个行业的快速发展。根据摩尔定律,数字技术本身具有较高的更新速度,导致其边际成本不断下降。在数字时代背景下,旅游市场的信息成本在下降,企业能够根据游客需求迅速调整产品,展现出更强的适应性和更低的边际成本,从而在激烈的市场竞争中占据优势地位。

(三)长尾市场理论

长尾市场理论是由美国学者Anderson(2007)提出的,主要论点为:当商品具备足够多的流通和存储渠道时,即便是销售不佳的商品,其市场份额总和也可能与主流产品的市场份额接近。在数字化环境下,消费者获得丰富选择的可能性显著提升,冷门产品的获取变得更加便捷。这一现象在数字化平台的集聚效应下尤为显著,冷门产品通过在线渠道的传播和销售,逐渐积累起相对可观的市场份额。这种动态不仅反映了消费者需求的多样化,也促使市场结构向更加细分和多元化的方向发展,从而形成了一种新的市场格局。在此背景下,冷门产品的市场表现不仅对传统的"二八定律"形成挑战,也为企业制定更为精准的营销策略提供了重要依据。

学者基于自身研究对长尾市场理论进行解释。余博(2007)指出,"二八定律"是企业家们一直奉行的一条真理,然而这一定律可能会因为数字技术发展与应用而被打破,主要是因为超过99%的产品借助数字化获得了向外销售的机会,即长尾效应。唐海军等(2009)认为,内外部范围经济的结合即长尾经济,长尾经济包含了多种经济形式。在网络化和电子数据管理背景下,企业以最低成本进行生产、宣传和销售等活动,然后以最高的效率被消费者所熟知,这样就可以通过边际成本收益对潜在的长尾市场产生影响,从而对市场实施差异化营销策略,以达成异质化目标。

旅游消费是一项高度依赖信息的活动,且其本身信息密集度较高。在传统旅游商业模式中,由于供给与需求之间的信息不对称,旅游市场往往只重视开发头部市场,而忽视了数量庞大的小规模立基市场。然而,众多小规模立基市场的汇聚形成了尾部市场,其市场规模实际上与头部市场相当。数字技术的引入有效降低了旅游供给与需求之间的信息不对称,使得旅游企业能够开发更符合小众需求的产品和服务,从而为消费者提供了更广泛的选择空间。由此形成的长尾市场不仅能够释放居民的旅游消费潜力,还能够显著提升旅游目的地的消费质量。因此,长尾市场在数字化赋能国内旅游消费的作用机制中,展现出不可忽视的重要性。通过理解这一机制,企业能够更精准地把握市场动态,实现更具针对性的营销策略。

二、旅游消费行为理论

消费理论的研究长期以宏观经济学框架为基础,主要围绕收入与消费之间的关系展开。英国经济学家凯恩斯创造性地发展了绝对收入消费理论,指出当期绝对收入与消费水平之间存在紧密关联,高收入水平通常伴随高消费倾向及消费水平。基于凯恩斯理论,Duesenberry(1949)提出相对收入假说,认为家庭消费与收入的关系并非线性,家庭收入的波动不会立即引起消费的等比例变化,而是表现出滞后效应,因此,需要从消费行为的角度深入研究消费与收入的关系。

消费者行为学强调将个体行为习惯融入消费研究,指出消费者的消费支出不仅受到当期收入的影响,还会受到其以往积累的可支配资金的影响,从而形成棘轮效应。此外,消费者在消费过程中受当地其他消费者行为的影响,即存在人际关系和社会群体对消费行为的影响,这被称为示范效应。持久收入假说和生命周期假说,从不同角度论证了家庭消费活动的客观性与现实性,两种假说均认为家庭消费的主要目的是保障生活的正常延续,因此不会将所有收入用于消费,体现出对收入的理性控制与管理能力。

20世纪70年代后期,关于消费理论的研究得到了进一步地丰富与发展。Hall(1978)将理性预期理论引入消费研究领域,认为消费是一种具有随机性的行为,无法单纯依据收入水平的高低进行预判,并将这一观点称为随机游走假说。随后,Flavin(1981)的研究发现,预期收入对居民消费的影响显著,而不可预期收入对消费的影响则相对不显著,这一现象被称为迪顿悖论。Zeldes(1989)进一步提出了预防性储蓄消费理论,探讨了风险偏好、未来收入预期与储蓄及当期消费之间的关系。Deaton(1992)认为,消费者的行为既受到家庭储蓄和支出结构的影响,同时也受到外部流动性约束的制约。Deaton(1992)指出,在没有外部干扰的情况下,家庭内部的消费习惯倾向于理性,但外部干扰的影响越大,消费行为的规律性预测就越难以实现。综合这些理论的深入探讨,能够更好地理解消费行为的复杂性及其多维影响因素。

目前,关于旅游消费行为的研究已经相当广泛,涵盖了经济学、社会学、心理学等多个视角,核心内容主要集中在旅游者的旅游动机与购买动机上。"刺激—反应"模式强调,旅游者的需求和动机并非单纯内生,而是由外部环境因素与内部心理状态相互作用所形成的。当消费者受到外部刺激时,需要结合所获取的信息和自身特征进行决策。在这种情况下,影响需求和动机的因素会促进购买行为的产生。Becker(2001)指出,消费的内涵远比购买更为丰富,购买仅是消费过程中的一个环节。相较于购买本身,反馈和效果评价的重要性则更为突出。

各种形式的消费函数理论虽然侧重点各异,但是都强调了收入水平对居民消费的重要作用。在旅游消费相关研究中,学者们大多基于凯恩斯消费函数,认为旅游消费主要受到旅游者当期收入的影响(庞世明,2014),这一观点为构建居民旅游消费函数奠定了坚实的理论基础。此外,旅游消费行为理论还为旅游消费研究提供了社会学和心理学层面的研究视角。这不仅丰富了对居民旅游消费影响因素的理解,也为分析数字化如何影响旅游消费的效应机制提供了重要的理论依据。通过将不同学科的理论结合,研究者能够更全面地探讨旅游消费的动态特征与变化驱动,从而为相关政策和实践提供指导。

三、熊彼特创新理论

熊彼特在《经济发展理论》中提出了创新理论,研究了技术创新对经济发展的影响(Schumpeter et al.,2021)。根据熊彼特的创新理论,技术创新活动被理解为对现有技术组合进行拆分与重组,从而优化技术产出效果的过程。创新活动被划分为五种类型:新的生产方式、新的产品、新的市场、新的生产资料来源和新的组织结构。企业是技术创新的主体,具备对生产技术进行创新的内在动力。企业借助技术创新可以提升经济效益,改善资源的投入产出比,从而获取更大利润。本书基于熊彼特创新理论解释数字化如何赋能旅游市场供给创新的作用机制,为数字化背景下的旅游产品创新及旅游消费选择扩展提供了理论依据。

当前,数字化对旅游市场创新的积极作用得到了学者的广泛认可。蒋军锋等(2008)、徐岸峰(2010)对旅游业中的数字技术创新进行了深入探讨,为数字旅游研究奠定了理论基础。杨彦锋(2012)指出,信息技术的变革使得旅游业的变革过程更加高效快速,促进了旅游业技术的进步、创新制度的完善以及管理体制的高效运作。周波等(2016)指出,在旅游业运行体制下,数字技术发展为我国旅游市场运营提供了新的模式与理念。孙九霞等(2024)基于"技术-地方"互动的视角,探讨了旅游目的地新质生产力发展的模态、路径以及新质生产力如何驱动新质旅游目的地塑造。王琼等(2024)认为,新质生产力可以通过技术创新效应、产业融合效应、资源配置效应以及绿色低碳效应等四种机制赋能文化和旅游业高质量发展。

第二节　客源地居民旅游消费的数字化影响机制探究

旅游客源地是旅游消费需求的发源地。数字化技术在旅游客源地的发展应用,对居民旅游消费需求产生驱动作用,进而促进居民旅游消费支出。本节以客源地为单元进行理论分析,揭示数字化对居民旅游消费支出的影响效应与路径机制。

首先阐述数字化影响旅游消费市场的价格效应和范围效应,继而借鉴Kongsamut等(2001)的研究,联立非位似偏好消费效用函数与预算约束函数以构建方程组模型。通过求解居民消费最优化问题,解释数字化促进居民消费结构升级的理论机制,从而提出数字化促进客源地居民旅游消费的研究假设。进一步地,考虑到数字化具有技术、社会和经济等多重属性,因此从技术、社会、经济的视角探究数字化影响居民旅游消费的渠道效应、同群效应及收入效应(见图 4-1)。

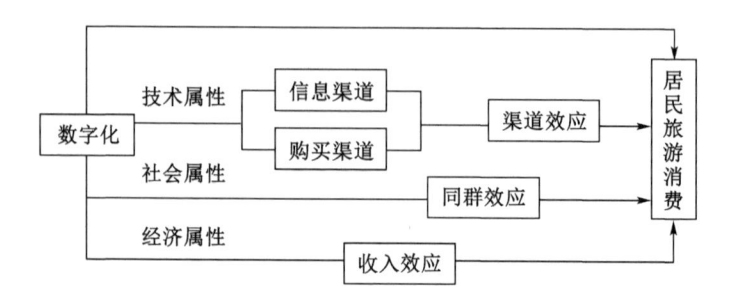

图 4-1 数字化影响居民旅游消费的路径假设

一、居民旅游消费支出的数字化理论模型

首先,将居民日常消费划分为生存性消费$\left(\int l_s\right)$与发展享受性消费$\left(\int l_d\right)$两种,旅游消费(T_i)满足$T_i \in \int l_d$。若在某时刻,居民购买生存性消费品与发展享受性消费品的数量为$\left\{\int n_s, \int n_d\right\}$,由此获得瞬时效用$U_i(\cdot)$:

$$U_i = f\left(\int n_s, \int n_d\right)$$
$$= \int_0^{l_s} \varphi_s \ln(n_s - \alpha_s) dl_s + \int_0^{l_d} \varphi_d \ln(n_d + \beta_d) dl_d \quad (4-1)$$

其中,φ_s、φ_d分别表示居民对生存性消费品、发展享受性消费品的偏好程度,两者均为大于零的常数;α_s表示居民满足最基本生存需要时的消费品数量;β_d表示由家庭自给自足而非市场购买的发展享受性消费品数量;$U_i(\cdot)$采用柯布-道格拉斯效用函数形式,具有较强的普适性与可信度。

基于Keynes(1976)的绝对收入假说,居民消费决策还受当期收入水平(Y_i)与消费品市场价格$\left(\left\{\int p_s, \int p_d\right\}\right)$的限制,即面临预算约束$Y_i(\cdot)$:

$$\int_0^{l_s} p_s n_s dl_s + \int_0^{l_d} p_d n_d dl_d \leqslant Y_i \quad (4-2)$$

进一步地,将消费市场划分为传统市场和数字化市场。数字化通过降低交易成本、发展平台经济,对居民消费产生两种主要影响。一是价格效应。Bakos(1997)指出,搜寻成本的变动引起市场均衡价格同向变动。数字化平台让交易双方的搜寻效率提高、交易成本降低,从而推动市场均衡价格下降。Spulber等(2019)研究表明,不同地域的供给者在数字平台汇集,能够增加同质产品的集聚度,从而有效地降低市场均衡价格。二是范围效应。Young(1928)的研究表明,社会分工深化能够内生性地创造出新的产品市场,从而丰富产品种类。杨小凯等(2003)指出降低交易成本是劳动分工深化的重要因素。数字经济使消费突破了时空局限,消费者借助数字化平台随时随地购买产品和服务,有效拓展了消费品的选择范围。

假设在未接入数字化应用的情况下,居民完全依赖传统市场进行消费,所面临的产品价格为 $\left\{\int p_s^0, \int p_d^0\right\}$,消费选择空间为 $\left\{\int \eta_s^0, \int \eta_d^0\right\}$;在接入数字化应用的情况下,居民可通过传统市场或数字化市场进行消费,面临的产品价格为 $\left\{\int p_s, \int p_d\right\}$,消费选择空间为 $\left\{\int \eta_s, \int \eta_d\right\}$。根据以上分析可知,有 $p_s < p_s^0$,$p_d < p_d^0$,$\eta_s > \eta_s^0$,$\eta_d > \eta_d^0$ 成立。

基于数字化影响消费市场的价格效应,假设居民消费价格 $\left\{\int p_s, \int p_d\right\}$ 与数字化应用情况(Dig_i)的关系表达式如下:

$$p_s = p_s^0 - \gamma Dig_i \quad \gamma > 0 \tag{4-3}$$

$$p_d = p_d^0 - \gamma Dig_i \quad \gamma > 0 \tag{4-4}$$

将式(4-3)、式(4-4)代入式(4-2),形成新的预算约束函数:

$$\int_0^{l_s} (p_s^0 - \gamma Dig_i) n_s dl_s + \int_0^{l_d} (p_d^0 - \gamma Dig_i) n_d dl_d \leqslant Y_i \tag{4-5}$$

基于数字化影响居民消费的范围效应,假设居民自给自足的产品数量(α_s、β_s)与数字化应用情况(Dig_i)的关系表达式如下:

$$\alpha_s = \alpha_s^0 - \chi Dig_i \quad \chi > 0 \tag{4-6}$$

$$\beta_s = \beta_s^0 - \chi Dig_i \quad \chi > 0 \tag{4-7}$$

将式(4-6)、式(4-7)带入式(4-1)中,形成新的效用函数:

$$U_i = \int_0^{l_s} \varphi_s \ln(n_s - \alpha_s^0 + \chi Dig_i) dl_s + \int_0^{l_d} \varphi_d \ln(n_d + \beta_d^0 - \chi Dig_i) dl_d \tag{4-8}$$

联立效用函数 $U_i(\cdot)$ 和预算约束函数 $Y_i(\cdot)$,构建方程组模型:

$$\begin{cases} U_i = \int_0^{l_s} \varphi_s \ln(n_s - \alpha_s^0 + \chi \mathrm{Dig}_i) dl_s + \int_0^{l_d} \varphi_d \ln(n_d + \beta_d^0 - \chi \mathrm{Dig}_i) dl_d \\ s.t. \\ Y_i = \int_0^{l_s} (p_s^0 - \gamma \mathrm{Dig}_i) n_s dl_s + \int_0^{l_d} (p_d^0 - \gamma \mathrm{Dig}_i) n_d dl_d \end{cases} \quad (4\text{-}9)$$

运用求解消费需求函数最优化的常用方法,构建拉格朗日方程 L:

$$L = \int_0^{l_s} \varphi_s \ln(n_s - \alpha_s^0 + \chi \mathrm{Dig}_i) dl_s + \int_0^{l_d} \varphi_d \ln(n_d + \beta_d^0 - \chi \mathrm{Dig}_i) dl_d - \lambda Y_i \\ + \lambda \int_0^{l_s} (p_s^0 - \gamma \mathrm{Dig}_i) n_s dl_s + \lambda \int_0^{l_d} (p_d^0 - \gamma \mathrm{Dig}_i) n_d dl_d \quad (4\text{-}10)$$

求得最优解时的马歇尔需求函数:

$$n_s^* = \int_0^{l_s} \frac{\varphi_s Y_i + \varphi_d (\alpha_s^0 - \chi \mathrm{Dig}_i)(p_0^s - \gamma \mathrm{Dig}_i)}{(\varphi_s + \varphi_d)(p_0^s - \gamma \mathrm{Dig}_i)} \\ + \int_0^{l_s} \frac{\varphi_s (\beta_d^0 - \chi \mathrm{Dig}_i) \int_0^{l_d} (p_d^0 - \gamma \mathrm{Dig}_i)}{(\varphi_s + \varphi_d)(p_s^0 - \gamma \mathrm{Dig}_i)} \quad (4\text{-}11)$$

$$n_d^* = \int_0^{l_d} \frac{\varphi_d Y_i - \varphi_s \varphi_d (\beta_d^0 - \chi \mathrm{Dig}_i)}{(\varphi_s + \varphi_d)(p_d^0 - \gamma \mathrm{Dig}_i)} - \\ \int_0^{l_d} \frac{(\alpha_s^0 - \chi \mathrm{Dig}_i) \int_0^{l_s} (p_s^0 - \gamma \mathrm{Dig}_i)(p_d^0 - \gamma \mathrm{Dig}_i)}{(\varphi_s + \varphi_d)(p_d^0 - \gamma \mathrm{Dig}_i)} \quad (4\text{-}12)$$

进而,计算最优化时生存性消费品、发展享受性消费品的消费水平 C_s^*、C_d^*:

$$C_s^* = n_s^* p_s = \int_0^{l_s} \frac{\varphi_s Y_i}{\varphi_s + \varphi_d} + \int_0^{l_s} \frac{\varphi_d (\alpha_s^0 - \chi \mathrm{Dig}_i)(p_s^0 - \gamma \mathrm{Dig}_i)}{\varphi_s + \varphi_d} + \\ \int_0^{l_s} \frac{\varphi_s (\beta_d^0 - \chi \mathrm{Dig}_i) \int_0^{l_d} (p_d^0 - \gamma \mathrm{Dig}_i)}{\varphi_s + \varphi_d} \quad (4\text{-}13)$$

$$C_d^* = n_d^* p_d = n_d^* (p_d^0 - \gamma \mathrm{Dig}_i) = \int_0^{l_d} \frac{\varphi_d Y_i}{\varphi_s + \varphi_d} - \int_0^{l_d} \frac{\varphi_s \varphi_d (\beta_d^0 - \chi \mathrm{Dig}_i)}{\varphi_s + \varphi_d} - \\ \int_0^{l_d} \frac{(\alpha_s^0 - \chi \mathrm{Dig}_i) \int_0^{l_s} (p_s^0 - \gamma \mathrm{Dig}_i)(p_d^0 - \gamma \mathrm{Dig}_i)}{\varphi_s + \varphi_d} \quad (4\text{-}14)$$

结合 $\gamma > 0$、$\chi > 0$,有 $\partial C_s / \partial \mathrm{Dig}_i < 0$,$\partial C_d / \partial \mathrm{Dig}_i > 0$,$\partial [C_d / (C_s + C_d)] /$

$\partial \mathrm{Dig}_i > 0$ 成立。由于 $T_i \in \int l_d$,因此有 $\partial T_i / \partial \mathrm{Dig}_i > 0$, $\partial [T_i/(C_s + C_d)]/\partial \mathrm{Dig}_i > 0$ 成立。

根据以上分析,提出研究假设 H_1。

H_1:数字化应用能够提高客源地居民的旅游消费水平和旅游消费比重。

二、路径机制:数字化如何重塑居民旅游消费

(一)数字化影响居民旅游消费支出的渠道效应

1. 数字化信息渠道提升旅游信息搜寻能力

旅游消费属于高度信息依赖型消费,旅游信息搜寻是产生旅游消费行为的首要步骤。信息搜寻过程及结果既会影响居民的旅游目的地选择,也会影响居民的旅游消费决策。在传统信息媒介环境中,旅游管理部门和旅行社等是旅游信息的主要传播者,经由旅游管理部门和官方媒体核定和发布的旅游信息才会进入大众视野并开始传播。无论是报纸、杂志等纸质媒体,还是广播、电视等电子媒体,往往因缺乏社会互动性而存在信息不对称的风险。旅游者作为信息接收方处于相对弱势地位,旅游市场的信息模糊性与不确定性增加了旅游者的信息搜寻成本,让旅游计划及消费决策缺乏主动性和积极性,对居民旅游消费造成负面影响。

从纸质媒体、电子媒体到数字媒体,数字化对居民信息搜寻的影响不是简单提供了一种新的信息传播媒介,而是从根本上变革旅游信息的来源系统与传播结构。携程、去哪儿网、马蜂窝、途牛等众多国内数字化旅游平台,搭建起开源式的旅游信息生态圈,游客、摄影爱好者、旅游服务商、旅游网站、社交媒体等均成为旅游信息的供给者,有效地减少了旅游信息壁垒与信息不对称问题,为旅游者选择旅游目的地、制订旅游方案和进行旅游消费等提供信息支持。

一方面,数字化信息因方便快捷的特征受到旅游者的青睐,旅游者对报刊、广播、电视等传统媒介的依赖性逐渐降低,旅游者的信息搜寻效率显著提高,信息搜寻成本显著下降。另一方面,旅游者对数字化旅游信息的需求,反过来促进了数字化旅游信息渠道的发展。旅游服务商通过数字化渠道为旅游者提供更丰富、优质和个性化的旅游信息资源,旅游者的消费观念

与消费行为习惯也正悄然改变。旅游者更加擅长借助数字化信息资源去制定适宜的个性化旅游方案,从而使潜在的旅游消费需求得到有效释放。

2. 数字化购买渠道降低旅游消费交易成本

传统旅游销售渠道以目的地旅游产品为基础,主要通过中间商模式解决旅游消费者集中度低的难题。首先,目的地供应商整合本地区"吃、住、行、游、购、娱"旅游资源,制定包价式的标准旅游产品团;其次,由旅游中间商加入大交通费用,转包给客源地旅游零售商;最后,客源地居民通过本地区旅行社等零售商购买旅游产品服务。可以发现,在传统的旅游销售模式中,旅游产品通过目的地供应商、旅游中间商、客源地零售商等多个环节实现层层分包与价值传递。传统的链式流通模式中间环节复杂,存在旅游交易效率低且交易成本高的困境。并且,传统的旅游消费模式"以产定销",较难满足旅游者多样化和个性化的旅游消费需求,对释放居民旅游消费需求产生阻碍。

20世纪90年代,数字化技术开始综合应用于我国商业贸易活动中。1999年,我国正式开通B2C电子商务网站,数字化平台作为交易渠道进入实际运用阶段。从那时起,我国开始建立各类旅游专业网站以及基于数字化应用的旅游订购服务商。随着携程、艺龙等互联网旅游企业迅速发展,旅游电子商务平台日益成为旅游者实现旅游交易的重要渠道。

基于数字化应用的旅游销售渠道中,在线旅游服务商统一取代了传统的旅游供应商、旅游分销商及旅游零售商,传统的链式旅游销售模式也转向了以数字化应用为中心的网状旅游销售模式。当旅游信息流、人员流、商品流、资金流与信任流在数字化平台的作用下实现点对点的汇集与流通,能够大大降低旅游产品因层层中转而产生的信息不对称与交易成本问题(朱镇等,2018),这意味着居民通过数字化渠道购买旅游产品服务比在线下渠道购买具有更低的交易成本。因此,在居民接入并使用数字化应用的情况下,既会产生线上旅游交易对线下旅游交易的替代效应,也会因数字化应用降低交易成本而产生促进居民旅游消费的溢出效应。

以上分析可知,数字化应用作为旅游信息渠道或购买渠道时,能够提高旅游者的信息搜寻能力、降低旅游消费的交易成本,即式(4-3)、式(4-4)成立。联立旅游消费效用函数(4-1)和预算约束函数(4-5),形成如下方程组模型:

$$\begin{cases} U_i = \int_0^{l_s} \varphi_s \ln(n_s - \alpha_s) dl_s + \int_0^{l_d} \varphi_d \ln(n_d + \beta_d) dl_d \\ s.t. \\ Y_i = \int_0^{l_s} (p_s^0 - \gamma \mathrm{Dig}_i) n_s dl_s + \int_0^{l_d} (p_d^0 - \gamma \mathrm{Dig}_i) n_d dl_d \end{cases} \quad (4\text{-}15)$$

通过构建拉格朗日方程求解消费需求函数的最优解 n_s^*、n_d^*，最终计算居民的生存性消费品、发展享受性消费品的消费水平 C_s^*、C_d^*，表达式如下：

$$C_s^* = \int_0^{l_s} \frac{\varphi_s Y_i}{\varphi_s + \varphi_d} + \int_0^{l_d} \frac{\varphi_d \alpha_s (p_s^0 - \gamma \mathrm{Dig}_i) + \varphi_s \beta_d \int_0^{l_d} (p_d^0 - \gamma \mathrm{Dig}_i)}{\varphi_s + \varphi_d} \quad (4\text{-}16)$$

$$C_d^* = \int_0^{l_d} \frac{\varphi_d Y_i - \varphi_s \varphi_d \beta_d - \alpha_s \int_0^{l_s} (p_s^0 - \gamma \mathrm{Dig}_i)(p_d^0 - \gamma \mathrm{Dig}_i)}{\varphi_s + \varphi_d} \quad (4\text{-}17)$$

结合 $\gamma > 0$ 可知，$\partial C_s/\partial \mathrm{Dig}_i < 0$，$\partial C_d/\partial \mathrm{Dig}_i > 0$，$\partial [C_d/(C_s + C_d)]/\partial \mathrm{Dig}_i > 0$ 成立。由于 $T_i \in \int l_d$，又有 $\partial T_i/\partial \mathrm{Dig}_i > 0$，$\partial [T_i/(C_s + C_d)]/\partial \mathrm{Dig}_i > 0$ 成立。

根据以上分析，提出研究假设 H_2。

H_2：数字化应用作为信息渠道或购买渠道，对客源地居民旅游消费产生正向影响。

（二）数字化影响居民旅游消费支出的同群效应

按照社会经济学理论，个体的行为习惯会受到同伴或相同地位群体社会互动的影响，而同群效应恰是社会互动的内生性结果。Granovetter（1973）指出，居民消费往往表现出向周围较高消费水平靠近的攀比现象，该现象称为同群效应或示范效应。同群效应解释了消费现象具有的社会学特征，学者针对同群效应存在性及表现规律的研究较多。但很少有研究将居民消费、社会互动与技术进步结合起来，分析数字化产生的同群效应对居民旅游消费的影响机理。

技术进步给人类社会的互动方式及互动内容带来了深刻变革。从农业社会的飞鸽传书，到工业社会的电报、电话，再到信息社会的数字化平台，人类交流与交往的方式不断突破时间与空间限制。2003 年我国移动电话的用户数超过固定电话，2013 年平板电脑、智能手机等数字化移动设备的使用量超过笔记本电脑和台式电脑,说明数字化应用成为越来越重要的社会互动工具。以"两微一抖"(微信、新浪微博、抖音)为代表的数字化平台,提高了社会互动的频率与效率,也成为旅游推广营销的重要渠道。穷游、马蜂窝等专业性的数字化旅游平台,提供了基于旅游目的地的信息共享服务,数字化平台的旅游信息溢出效应显著。

Sacerdote(2011)认为,群体行为习惯对个体行为习惯的溢出效应,是一种特殊的网络外部性现象。韦伯伦效应指出消费的网络外部性通常表现为基于社会比较的竞争性消费,即穷人通过观察和模仿富人的消费行为习惯,建立一种更高层次的消费行为模式(Bagwell et al.,1996)。这意味着消费的同群效应存在于较高层次的消费需求中,而不体现在基础性或较低层次的消费需求中。

结合居民日常消费构成 $\left\{\int l_s, \int l_d\right\}$ 来看,数字化应用促进社会互动并增进同群效应,重点提高了居民对发展享受性消费的偏好程度 φ_d,而对生存性消费偏好程度 φ_s 的影响不大,即 $\partial\varphi_s/\partial \text{Dig}_i \approx 0, \partial\varphi_d/\partial \text{Dig}_i > 0$。由此假设居民对发展享受性消费的偏好程度 φ_d 与数字化应用情况(Dig_i)的关系表达式如下:

$$\varphi_d = \varphi_d^0 + \eta \text{Dig}_i \quad \eta > 0 \quad (4\text{-}18)$$

将式(4-18)带入式(4-1)中,得到消费效用函数 $U_i(\cdot)$:

$$U_i = \int_0^{l_s} \varphi_s \ln(n_s - \alpha_s) dl_s + \int_0^{l_d} (\varphi_d^0 + \eta \text{Dig}_i) \ln(n_d + \beta_d) dl_d \quad (4\text{-}19)$$

联立旅游消费效用函数(4-19)和预算约束函数(4-2),构建方程组模型:

$$\begin{cases} U_i = \int_0^{l_s} \varphi_s \ln(n_s - \alpha_s) dl_s + \int_0^{l_d} (\varphi_d^0 + \eta \text{Dig}_i) \ln(n_d + \beta_d) dl_d \\ s.t. \\ Y_i = \int_0^{l_s} p_s n_s dl_s + \int_0^{l_d} p_d n_d dl_d \end{cases} \quad (4\text{-}20)$$

进而,运用拉格朗日方程求解消费需求函数的最优解 n_s^*、n_d^*,并计算居民生存性消费品和发展享受性消费品的消费水平 C_s^*、C_d^*:

$$C_s^* = \int_0^{l_s} \frac{\varphi_s Y_i + \varphi_s p_d \beta_d + (\varphi_d^0 + \eta \text{Dig}_i) p_s \alpha_s}{\varphi_s + \varphi_d^0 + \eta \text{Dig}_i} \quad (4\text{-}21)$$

$$C_d^* = \int_0^{l_d} \frac{(\varphi_d^0 + \eta \text{Dig}_i) Y_i - \varphi_s p_d \beta_d - (\varphi_d^0 + \eta \text{Dig}_i) p_s \alpha_s}{\varphi_s + \varphi_d^0 + \eta \text{Dig}_i} \quad (4\text{-}22)$$

将式(4-21)、(4-22)变形可得:

$$C_s^* = \int_0^{l_s}\left[\frac{\varphi_s}{\varphi_s+\varphi_d^0+\eta\mathrm{Dig}_i}(Y_i+p_d\beta_d-p_s\alpha_s)+p_s\alpha_s\right] \quad (4\text{-}23)$$

$$C_d^* = \int_0^{l_d}\left[\left(1-\frac{\varphi_s}{\varphi_s+\varphi_d^0+\eta\mathrm{Dig}_i}\right)(Y_i-p_s\alpha_s)-\frac{\varphi_s}{\varphi_s+\varphi_d^0+\eta\mathrm{Dig}_i}p_d\beta_d\right] \quad (4\text{-}24)$$

根据 $\eta>0$ 可知,$\partial C_s/\partial \mathrm{Dig}_i<0$,$\partial C_d/\partial \mathrm{Dig}_i>0$,$\partial[C_d/(C_s+C_d)]/\partial \mathrm{Dig}_i>0$ 成立。由于 $T_i \in \int l_d$,因此 $\partial T_i/\partial \mathrm{Dig}_i>0$,$\partial[T_i/(C_s+C_d)]/\partial \mathrm{Dig}_i>0$ 成立。

根据以上分析,提出研究假设 H_3。

H_3:数字化应用通过增强消费同群效应,对客源地居民旅游消费产生正向影响。

(三)数字化影响居民旅游消费支出的收入效应

Krueger(1993)在研究中发现,使用互联网能够在 25%～30% 的水平上提升工资性收入。2000 年以来,互联网对我国居民收入的影响效应逐渐被学者关注,相关研究重点分析了互联网对居民工资性收入及经营性收入的影响机理。庄家炽等(2016)指出,互联网能够通过降低信息匹配成本提升劳动者获得工资溢价的能力。史晋川等(2017)证明,互联网使用提高了创业概率,从而对创业活动产生积极影响。李飚(2018)以北京青年为例的研究发现,在互联网使用与创业者具备中高技能的叠加作用下,互联网能够显著提高创业者的月收入水平。王元超(2019)基于 CFPS 调查数据的研究发现,互联网有促进工资增长的效应,该效应在社会阶层之间存在倒"U"形关系。崔兆财等(2020)从时间维度的研究发现,互联网普及的"替代效应"会在短期内摧毁部分就业岗位,但其"创造效应"在更大程度上也能发挥新增就业岗位的长期效应。尽管互联网与居民收入研究的基本假设与研究视角不断发生变化,行业、地域、城乡、教育等多方因素也逐渐被纳入考察范围(Molteni et al.,2003;耿同劲,2004;Goldin et al.,2007),但大多数研究肯定了互联网等数字化应用对居民收入水平的正向影响。由此可以推断,居民收入与数字化应用之间呈正相关关系,即 $\partial Y_i/\partial \mathrm{Dig}_i>0$ 成立。

为简化研究,假设居民预算约束(Y_i)与数字化应用情况(Dig_i)的关系表达式如下：
$$Y_i = Y_0 + \tau \text{Dig}_i \quad \tau > 0 \quad (4\text{-}25)$$

将式(4-25)带入式(4-2)中,得到新的预算约束 $Y_i(\cdot)$：
$$\int_0^{l_s} p_s n_s dl_s + \int_0^{l_d} p_d n_d dl_d \leqslant Y_0 + \tau \text{Dig}_i \quad (4\text{-}26)$$

进一步地,预算约束增加会提高居民对发展享受性消费品的偏好程度,由此进行假设：
$$\varphi_d = f(Y_i) = f(Y_0, \text{Dig}_i) = \varphi_d^0 + \xi \text{Dig}_i \quad \xi > 0 \quad (4\text{-}27)$$

将式(4-27)带入式(4-1)中,得到新的效用函数 $U_i(\cdot)$：
$$U_i = \int_0^{l_s} \varphi_s \ln(n_s - \alpha_s) dl_s + \int_0^{l_d} (\varphi_d^0 + \xi \text{Dig}_i) \ln(n_d + \beta_d) dl_d \quad (4\text{-}28)$$

联立效用函数(4-28)和预算约束函数(4-26),构建方程组模型：
$$\begin{cases} U_i = \int_0^{l_s} \varphi_s \ln(n_s - \alpha_s) dl_s + \int_0^{l_d} (\varphi_d^0 + \xi \text{Dig}_i) \ln(n_d + \beta_d) dl_d \\ s.t. \\ Y_0 = \int_0^{l_s} p_s n_s dl_s + \int_0^{l_d} p_d n_d dl_d - \tau \text{Dig}_i \end{cases} \quad (4\text{-}29)$$

运用拉格朗日方程求解消费需求函数的最优解 n_s^*、n_d^*,进而计算居民生存性消费品和发展享受性消费品的消费水平 C_s^*、C_d^*：
$$C_s^* = \int_0^{l_s} \frac{\varphi_s(Y_0 + \tau \text{Dig}_i) + \varphi_s p_d \beta_d + (\varphi_d^0 + \xi \text{Dig}_i) p_s \alpha_s}{\varphi_s + \varphi_d^0 + \xi \text{Dig}_i} \quad (4\text{-}30)$$

$$C_d^* = \int_0^{l_d} \frac{(\varphi_d^0 + \xi \text{Dig}_i)(Y_0 + \tau \text{Dig}_i) - \varphi_s p_d \beta_d - (\varphi_d^0 + \xi \text{Dig}_i) p_s \alpha_s}{\varphi_s + \varphi_d^0 + \xi \text{Dig}_i}$$

$$(4\text{-}31)$$

式(4-30)、式(4-31)经过变形与计算,得到发展享受性消费品的消费水平 C_d^* 与消费比重 $C_d^*/(C_s^* + C_d^*)$ 如下：
$$C_d^* = \int_0^{l_d} \left(1 - \frac{\varphi_s}{\varphi_s + \varphi_d^0 + \xi \text{Dig}_i}\right)(Y_0 + \tau \text{Dig}_i - p_s \alpha_s) -$$
$$\int_0^{l_d} \frac{\varphi_s}{\varphi_s + \varphi_d^0 + \xi \text{Dig}_i} p_d \beta_d \quad (4\text{-}32)$$

$$\frac{C_d^*}{C_s^* + C_d^*} = \left[1 - \frac{p_s \alpha_s}{Y_0 + \tau \text{Dig}_i}\right]\left[1 - \frac{\varphi_s}{\varphi_s + \varphi_d^0 + \xi \text{Dig}_i}\right] -$$
$$\frac{\varphi_s}{(\varphi_s + \varphi_d^0 + \xi \text{Dig}_i)(Y_0 + \tau \text{Dig}_i)} \quad (4\text{-}33)$$

根据 $\tau>0,\xi>0$ 可知,有 $\partial C_d/\partial \text{Dig}_i>0, \partial[C_d/(C_s+C_d)]/\partial \text{Dig}_i>0$ 成立。由于 $T_i \in \int l_d$,因此 $\partial T_i/\partial \text{Dig}_i>0, \partial[T_i/(C_s+C_d)]/\partial \text{Dig}_i>0$ 成立。

根据以上分析,提出研究假设 H_4。

H_4:数字化应用通过提高居民收入水平,对客源地居民旅游消费产生正向影响。

第三节 目的地旅游消费收入的数字化影响机制探究

旅游目的地作为旅游资源的所在地,是旅游消费的重要发生场所和集聚场所。数字化技术在旅游目的地的发展应用,是驱动旅游供给侧变革、影响旅游消费市场的重要因素。以旅游目的地为单元进行研究,能够揭示数字化影响旅游消费市场的机理、规律、路径等重要信息,对推动旅游目的地数字化建设、提高旅游目的地的市场竞争力具有重要意义。本书首先基于内生经济增长理论和熊彼特创新理论,论证数字化影响旅游目的地供给的成本效应和创新效应。其次,运用厂商均衡理论,分析同质化市场竞争及异质性市场竞争情景下,数字化推动目的地旅游消费增长的效应机理与路径机制,为实证研究奠定了理论基础。

一、数字化影响旅游消费收入的理论模型

(一)成本效应:数字化如何影响旅游运营成本

根据内生经济增长理论,数字化技术是旅游产业变革和旅游经济增长的内生性变量。数字化技术在旅游目的地的应用,产生了知识溢出、规模经济、管理变革等系列影响,从而达到旅游目的地供给效率提升和平均成本下降的效果。

1. 知识溢出

与一般生产要素不同,知识能够通过溢出产生正外部性,提高行业甚至社会的技术水平与生产效率。Aldieri(2011)指出,知识在产生之时即存在溢出效应,但空间距离构成知识传播的重要障碍。数字化技术发展让"世界变平",打破了信息传播的时间与空间限制。当知识信息通过数字化实现即

时、低成本地传播,"泛在化"的知识溢出过程随之发生(Ahmed,2017)。当目的地大多数旅游企业采用数字化技术时,少数不采用数字化技术的旅游企业也会因人员交流和知识共享而收获数字化红利。数字化技术在旅游目的地的发展应用,能够在整体上提升旅游生产服务的知识水平,推动旅游供给效率提升及成本下降。

2. 规模经济

基于地理距离临近的旅游业集聚研究表明,一定程度内的产业集聚能够发挥专业化分工、劳动力池、基础设施共享等正向功能(Feldman et al.,1999;Armstrong,2006),使得旅游企业在集聚网络中获得正外部性,从而提高旅游供给效率。但也有研究认为,超过一定规模的产业集聚会诱发拥塞效应,导致产业效率水平下降(Henderson,1996)。Billón 等(2008)认为基于互联网的虚拟集聚对企业发展影响显著,互联网距离是导致产业效率差异的重要原因。数字化虚拟集聚促进了规模经济效应,减少了要素不完全流动和距离成本障碍,企业间的协作成本几乎降低至零(陈小勇,2017)。

3. 管理变革

数字化具有实时性的巨大优势,这意味着管理者能够在短时间内掌握相关信息并作出判断性的处理,从而在很大程度上提高管理水平(罗春科,2017)。王德刚(2016)指出,将数字化技术应用到酒店预订、票务管理、商品购买等方面,原本需要人工完成的工作流程转化为自动化流程,对降低旅游管理成本、提升组织运营效率具有正向影响。

(二)创新效应:新技术在旅游产品服务的应用

基于熊彼特创新理论,数字化技术在旅游中的融合应用推动着旅游产品创新、服务创新及商业模式创新,由此产生的创新效应能够有效提升旅游目的地的吸引力和竞争力,推动旅游目的地长期稳定发展。

1. 产品创新

数字化技术向旅游业的渗透融合,给旅游产品创新带来了无限可能。旅游电子商务的发展愈演愈烈,旅游企业之间的竞争也在无形中变得越来越激烈,对旅游产品创新提出了更高要求。通过数字化技术及时把握和界定旅游市场需求,根据不同消费者的喜好设计出差异化的旅游产品。得益于这种差异化的旅游产品设计,游客即使身处同一旅游目的地、同一旅游景点,也可以拥有不同的旅游产品体验。伴随数字化虚拟旅游产品不断进入市场,旅游产品和服务对旅游者的吸引力不断增强。

2. 服务创新

旅游服务是指旅游从业人员在游客旅行过程中为其提供的、能够满足游客物质需要或精神需要,增进游客乐于消费和幸福感的一种行动。传统的旅游服务主要基于旅游从业人员的经验判断,旅游服务的主体也基本依靠人力。大数据、云计算、人工智能等数字技术为旅游服务的数字化和标准化提供了技术保障,不断扩大标准化旅游服务的覆盖范围。近年来,国内旅游需求向多样化和个性化方向发展,对个性化旅游服务提出了要求。数字化应用能够系统整合和深入开发旅游信息资源,及时把握各式各样的旅游服务需求,进而为旅游者提供定制化的贴心服务,提升目的地的游客满意度。

3. 商业模式创新

学者关于商业模式创新的理解各有不同,数字化对旅游商业模式的影响主要体现在市场主体、市场结构、关键资源能力、盈利模式等方面。传统的旅游商业模式以旅游供应商和中间商为主导,而在数字化旅游体系中,旅游市场的参与主体逐渐由单一走向多元,包括旅游者、旅游企业、中介机构和政府部门等。除劳动、资本等传统资源要素外,数字化商业模式还强调将数据作为战略性资源,将游客体验、游客满意度、用户黏性等作为旅游市场竞争的核心资产。数字化应用消解了旅游供需双方的信息不对称,多元主体间形成信息共享和价值共创,从而实现组合性的多元化盈利模式。

(三)同质性市场下数字化影响旅游消费收入的理论模型

假设在同质性旅游市场(如连锁酒店、餐饮等)中,存在大量的旅游需求者和旅游供给者,旅游市场流通的产品和服务是无差别的,任何市场主体都不能通过某种手段控制市场均衡价格。市场出清时,满足旅游者效用最大化和企业利润最大化原则。

参照 Hotelling 模型,假设两个旅游目的地 j_A、j_B,两地之间的空间距离为 1,两地的旅游消费价格水平分别 p_{jA}、p_{jB},旅游者到达目的地的单位交通

成本为 κ。假设大量旅游者在 A 地和 B 地之间均匀分布，旅游消费效用最大化时满足：

$$p_{jA}+\kappa x_{jA}=p_{jB}+\kappa(1-x_{jA}) \tag{4-34}$$

其中，x_{jA} 表示旅游者到达 A 地的距离，$(1-x_{jA})$ 表示旅游者到达 B 地的距离。结合前提假设可知，x_{jA} 和 $(1-x_{jA})$ 也分别代表 A 地和 B 地面临的旅游消费需求函数：

$$D_{jA}=x_{jA}=\frac{p_{jB}-p_{jA}+\kappa}{2\kappa} \tag{4-35}$$

$$D_{jB}=1-x_{jA}=\frac{p_{jA}-p_{jB}+\kappa}{2\kappa} \tag{4-36}$$

放松 Hotelling 模型中两地成本函数相同的假设，根据数字化影响旅游目的地供给的成本效应，假设 j 地的旅游供给成本（c_j）与该地的旅游数字化发展水平（Dig_j）负相关，表达式如下：

$$c_j=c_0-\alpha\text{Dig}_j \quad \alpha>0 \tag{4-37}$$

根据式(4-35)、式(4-36)和式(4-37)，计算旅游目的地的利润函数：

$$\pi_{jA}=(p_{jA}-c_{jA})x_{jA}=\frac{(p_{jA}-c_0+\alpha\text{Dig}_{jA})(p_{jB}-p_{jA}+\kappa)}{2\kappa} \tag{4-38}$$

$$\pi_{jB}=(p_{jB}-c_{jB})(1-x_{jA})=\frac{(p_{jA}-c_0+\alpha\text{Dig}_{jB})(p_{jB}-p_{jA}+\kappa)}{2\kappa} \tag{4-39}$$

利润最大化时，旅游目的地的定价策略满足：

$$\begin{cases} \dfrac{\partial \pi_{jA}}{\partial p_{jA}}=\dfrac{p_{jB}-2p_{jA}+\kappa+c_0-\alpha\text{Dig}_{jA}}{2\kappa}=0 \\ \dfrac{\partial \pi_{jB}}{\partial p_{jB}}=\dfrac{p_{jA}-2p_{jB}+\kappa+c_0-\alpha\text{Dig}_{jB}}{2\kappa}=0 \end{cases} \tag{4-40}$$

求得最优解：

$$\begin{cases} p_{jA}^{*}=\kappa+c_0-\dfrac{2\text{Dig}_{jA}+\text{Dig}_{jB}}{3} \\ p_{jB}^{*}=\kappa+c_0-\dfrac{2\text{Dig}_{jB}+\text{Dig}_{jA}}{3} \\ x_{jA}^{*}=\dfrac{\text{Dig}_{jA}-\text{Dig}_{jB}+3\kappa}{6\kappa} \\ x_{jB}^{*}=\dfrac{\text{Dig}_{jB}-\text{Dig}_{jA}+3\kappa}{6\kappa} \end{cases} \tag{4-41}$$

最后,分别计算流入两地的旅游消费量:

$$T_{jA}=p_{jA}^{*}x_{jA}^{*}=\left(\kappa+c_0-\frac{2\mathrm{Dig}_{jA}+\mathrm{Dig}_{jB}}{3}\right)\left(\frac{\mathrm{Dig}_{jA}-\mathrm{Dig}_{jB}+3\kappa}{6\kappa}\right) \quad (4\text{-}42)$$

$$T_{jB}=p_{jB}^{*}x_{jB}^{*}=\left(\kappa+c_0-\frac{2\mathrm{Dig}_{jB}+\mathrm{Dig}_{jA}}{3}\right)\left(\frac{\mathrm{Dig}_{jB}-\mathrm{Dig}_{jA}+3\kappa}{6\kappa}\right) \quad (4\text{-}43)$$

当 $\mathrm{Dig}_{jA}=\mathrm{Dig}_{jB}$ 时,$T_{jA}=T_{jB}$;当 $\mathrm{Dig}_{jA}>\mathrm{Dig}_{jB}$ 时,$T_{jA}>T_{jB}$。由此可知,在同质性市场条件下,旅游目的地的旅游消费流入量与数字化发展水平正相关。

(四)异质性市场下数字化影响旅游消费收入的理论模型

在异质性旅游市场(例如名胜古迹、旅游 IP 等)情景下,不同旅游目的地之间相互独立。由于不同旅游目的地提供的旅游产品服务在种类、数量或质量等方面具有非同一性,旅游产品和服务难以在不同旅游目的地间自由流动,因此假设游客对不同旅游目的地的偏好程度存在差异。

参照 Hotelling 模型,假设旅游目的地 j_A、j_B 之间的距离为 1,两地的旅游消费价格水平分别 p_{jA}、p_{jB},旅游者到达目的地的单位交通成本为 κ。根据数字化影响旅游目的地供给的创新效应,可知数字化发展能够提高旅游目的地吸引力,增进游客对旅游目的地的偏好程度和出游动机。有鉴于此,作出游客对 j 地偏好程度(φ_j)与 j 地旅游数字化发展水平(Dig_j)正相关的研究假设,表达式如下:

$$\varphi_j=\varphi_j^0+\beta\mathrm{Dig}_{jA} \quad (4\text{-}44)$$

假设有大量旅游者在 A 地和 B 地之间均匀分布,旅游者效用最大化时满足:

$$\frac{p_{jA}+\kappa x_{jA}}{\varphi_{jA}}=\frac{p_{jB}+\kappa(1-x_{jA})}{\varphi_{jB}} \quad (4\text{-}45)$$

其中,x_{jA} 表示旅游者到达 A 地的距离,$(1-x_{jA})$ 表示旅游者到达 B 地的距离。φ_{jA}、φ_{jB} 分别表示旅游者对前往 A 地、B 地旅游的偏好程度。将式(4-44)带入式(4-45),得到:

$$\frac{p_{jA}+\kappa x_{jA}}{\varphi_{jA}^0+\beta\mathrm{Dig}_{jA}}=\frac{p_{jB}+\kappa(1-x_{jA})}{\varphi_{jB}^0+\beta\mathrm{Dig}_{jB}} \quad (4\text{-}46)$$

结合假设可知,x_{jA} 和 $(1-x_{jA})$ 也分别代表 A 地和 B 地面临的旅游消费需求函数：

$$D_{jA}(p_{jA},p_{jB})=x_{jA}=\frac{(p_{jB}+\kappa)(\varphi_{jA}^0+\beta\mathrm{Dig}_{jA})-p_{jA}(\varphi_{jB}^0+\beta\mathrm{Dig}_{jB})}{[\varphi_{jA}^0+\varphi_{jB}^0+\beta(\mathrm{Dig}_{jA}+\mathrm{Dig}_{jB})]\kappa}$$

(4-47)

$$D_{jB}(p_{jA},p_{jB})=1-x_{jA}=\frac{(p_{jA}+\kappa)(\varphi_{jB}^0+\beta\mathrm{Dig}_{jB})-p_{jB}(\varphi_{jA}^0+\beta\mathrm{Dig}_{jA})}{[\varphi_{jA}^0+\varphi_{jB}^0+\beta(\mathrm{Dig}_{jA}+\mathrm{Dig}_{jB})]\kappa}$$

(4-48)

计算旅游目的地的利润函数：

$$\pi_{jA}=(p_{jA}-c_{jA})x_{jA}$$
$$=\frac{(p_{jA}-c_{jA})[(p_{jB}+\kappa)(\varphi_{jA}^0+\beta\mathrm{Dig}_{jA})-p_{jA}(\varphi_{jB}^0+\beta\mathrm{Dig}_{jB})]}{[\varphi_{jA}^0+\varphi_{jB}^0+\beta(\mathrm{Dig}_{jA}+\mathrm{Dig}_{jB})]\kappa}$$

(4-49)

$$\pi_{jB}=(p_{jB}-c_{jB})(1-x_{jA})$$
$$=\frac{(p_{jB}-c_{jB})[(p_{jA}+\kappa)(\varphi_{jB}^0+\beta\mathrm{Dig}_{jB})-p_{jB}(\varphi_{jA}^0+\beta\mathrm{Dig}_{jA})]}{[\varphi_{jA}^0+\varphi_{jB}^0+\beta(\mathrm{Dig}_{jA}+\mathrm{Dig}_{jB})]\kappa} \quad (4-50)$$

当 $\partial\pi_{jA}/\partial p_{jA}=\partial\pi_{jB}/\partial p_{jB}=0$ 时，旅游目的地实现利润最大化。求解利润最大化时的定价策略 $\{p_{jA}^*,p_{jB}^*\}$ 和接待游客数量 $\{x_{jA}^*,x_{jB}^*\}$：

$$\begin{cases} p_{jA}^*=\dfrac{(2c_{jA}+\kappa)}{3}+\dfrac{(c_{jB}+2\kappa)(\varphi_{jA}^0+\beta\mathrm{Dig}_{jA})}{3(\varphi_{jB}^0+\beta\mathrm{Dig}_{jB})} \\[6pt] p_{jB}^*=\dfrac{(2c_{jB}+\kappa)}{3}+\dfrac{(c_{jA}+2\kappa)(\varphi_{jB}^0+\beta\mathrm{Dig}_{jB})}{3(\varphi_{jA}^0+\beta\mathrm{Dig}_{jA})} \\[6pt] x_{jA}^*=\dfrac{(c_{jB}+2\kappa)(\varphi_{jA}^0+\beta\mathrm{Dig}_{jA})+(c_{jA}+\kappa)(\varphi_{jB}^0+\beta\mathrm{Dig}_{jB})}{[\varphi_{jA}^0+\varphi_{jB}^0+\beta(\mathrm{Dig}_{jA}+\mathrm{Dig}_{jB})]\kappa} \\[6pt] x_{jB}^*=\dfrac{(c_{jA}+2\kappa)(\varphi_{jB}^0+\beta\mathrm{Dig}_{jB})+(c_{jB}+\kappa)(\varphi_{jA}^0+\beta\mathrm{Dig}_{jA})}{[\varphi_{jA}^0+\varphi_{jB}^0+\beta(\mathrm{Dig}_{jA}+\mathrm{Dig}_{jB})]\kappa} \end{cases}$$

(4-51)

为方便计算，假设 $c_j=c_{jA}=c_{jB}$。由数字化成本效应 $c_j=c_0-\alpha\mathrm{Dig}_j|\alpha>0$ 可知，设置 $c_j=c_{jA}=c_{jB}$ 相当于收紧了数字化影响旅游供给成本的条件，不会影响模型的推理结果。由此计算得到流入 A 地和 B 地的旅游消费量 T_{jA} 和 T_{jB}：

$$T_{jA}=p_{jA}^*x_{jA}^*=\left[\frac{(3c_j+k)}{3}+\frac{2\kappa(\varphi_{jA}^0+\beta\mathrm{Dig}_{jA})}{3(\varphi_{jB}^0+\beta\mathrm{Dig}_{jB})}\right]\times$$

$$\left[\frac{\varphi_{jA}^{0}+\beta\mathrm{Dig}_{jA}}{\varphi_{jA}^{0}+\varphi_{jB}^{0}+\beta(\mathrm{Dig}_{jA}+\mathrm{Dig}_{jB})}+1+\frac{c_{j}}{\kappa}\right] \tag{4-52}$$

$$T_{jB}=p_{jB}^{*}x_{jB}^{*}=\left[\frac{(3c_{j}+k)}{3}+\frac{2\kappa(\varphi_{jB}^{0}+\beta\mathrm{Dig}_{jB})}{3(\varphi_{jA}^{0}+\beta\mathrm{Dig}_{jA})}\right]\times$$

$$\left[\frac{\varphi_{jB}^{0}+\beta\mathrm{Dig}_{jB}}{\varphi_{jA}^{0}+\varphi_{jB}^{0}+\beta(\mathrm{Dig}_{jA}+\mathrm{Dig}_{jB})}+1+\frac{c_{j}}{\kappa}\right] \tag{4-53}$$

当 $\mathrm{Dig}_{jA}=\mathrm{Dig}_{jB}$ 时，$T_{jA}=T_{jB}$；当 $\mathrm{Dig}_{jA}>\mathrm{Dig}_{jB}$ 时，$T_{jA}>T_{jB}$。由此可知，在异质性市场条件下，流入目的地的旅游消费量与该地的旅游数字化发展水平正相关。

基于对同质性市场以及异质性市场的分析，提出研究假设 H_5。

H_5：目的地的旅游数字化发展水平越高，流入目的地的旅游消费量越大。

二、数字化影响旅游消费收入的网络效应与协同效应

（一）数字化推动旅游消费增长的网络效应

数字技术作为现代旅游发展的重要技术支撑，与传统生产要素的一个本质区别是其具有网络效应。Katz 等（1985）最早给出网络效应的定义，即某类需求存在互联的内在机制，单一既定用户所获效用会随用户人数的增加而提高。不同于供给方规模效应，网络效应来源于需求方的规模经济，Shapiro（1999）将之称为需求方规模经济。Röller 等（2001）进一步指出，数字化和通信设施均对经济活动的影响产生网络效应。

结合网络效应的定义，数字化对旅游消费市场的影响产生直接的网络效应。当仅有少数用户接入在线旅游平台时，旅游者能分享到的由数字化平台带来的信息共享红利、产品多样性红利等尚未形成，数字化能够带动旅游消费的作用十分有限。伴随数字技术向旅游行业的深度渗透，不仅传统旅行社企业通过数字化平台实现了旅游运营模式的转型，百度、阿里巴巴、腾讯等互联网巨头也纷纷成立旅游电商平台或投资入股旅游企业进军在线旅游市场。数字化旅游平台汇聚了越来越多的流量，用户节点网络不断增长，由此形成需求方规模经济，能够提升每个旅游平台用户的获得效用。数字化促进目的地旅游消费增长的网络效应见图 4-2。

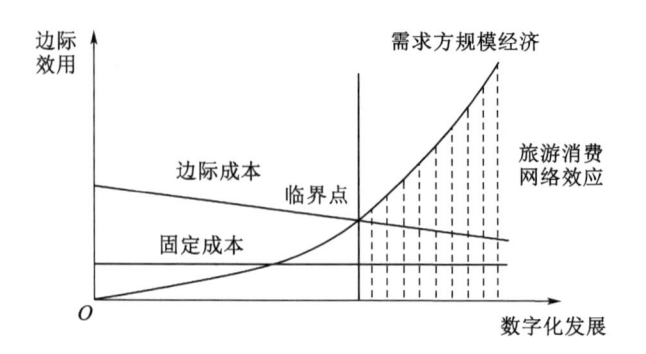

图 4-2 数字化促进目的地旅游消费增长的网络效应

如图 4-2 中的需求曲线所示,旅游者的边际效用随着数字化发展呈指数型增长,数字化发展水平越高,能够释放的旅游消费需求越大。同时,数字化经济的边际成本递减规律,为数字化促进旅游消费增长创造了更大空间。根据西方经济学理论,厂商生产的边际成本呈现出递增、递减和不变三种变化趋势。当产量达到一定程度后,边际成本递增被作为一条基本假设,但这并不适用于数字经济。Armstrong 等(2007)和 Kelly(2014)阐述了数字经济中边际成本递减规律及边际成本近乎为零的现象。在旅游电子商务、旅游社交平台、智慧酒店、智慧景区、智慧交通、移动支付等数字化旅游应用场景中,用户数累积到一定程度能够大大降低平台的边际运行成本。结合 $c_j = c_0 - \alpha \text{Dig}_j$ 可知,当数字化发展到一定程度后,衡量数字化成本效应大小的系数 α 发生变化。$c_j = c_0 - \alpha I(\text{Dig}_j, \varphi) \text{Dig}_j$,$I(\text{Dig}_j, \varphi)$ 代表示意函数,当 $\text{Dig}_j > \varphi$ 时,$I(\text{Dig}_j, \varphi) > 1$。

综合来看,伴随数字化的发展,旅游需求侧规模经济增强与供给侧边际成本递减相互叠加。当数字化发展水平超过一定门槛后,游客边际效用大于旅游供给边际成本,数字化促进目的地旅游消费增长的网络效应便显现出来。

基于以上分析,提出研究假设 H_6。

假设 H_6:由于存在网络效应,数字化对目的地旅游消费增长的影响是非线性的,当目的地旅游数字化水平超过临界水平,数字化推动旅游消费增长的效应更加显著。

（二）数字化推动旅游消费增长的要素协同效应

数字化对旅游目的地消费的影响，是基于数字化影响旅游目的地供给侧变革产生的。根据协同学理论，要素之间相互协调配合，能够产生"1+1>2"的协同效应从而达到经济增长的倍增效果（潘昱庭 等，2016）。在目的地供给的视角上，数字化推动旅游消费增长的效应大小，受到数字化与其他旅游生产要素之间协同效应的影响。在旅游生产要素达到一定水平的情况下，数字化推动目的地旅游消费增长的作用将得到更好地发挥。

人力资本是协同技术创新与经济发展之间的重要因素。赖明勇等（2005）从宏观视角的研究表明，人力资本积累不仅能够提升科学研究的综合水平，而且能够提高技术吸收与技术外溢的能力。在数字化发展与经济增长的相关研究中，学者也大多关注到人力资本的重要作用。例如，毛宇飞等（2016）认为，互联网与人力资本的协同作用是农业经济增长的重要引擎。张家平等（2018）指出，人力资本的提高增强了互联网推动经济增长的效果。在旅游经济研究领域，金鹏等（2016）重点分析了信息化对目的地旅游收入增长的贡献大小。王兆峰（2014）指出，不同区域间人力资本的差距是造成旅游收入或目的地旅游消费差距的重要因素。

既有研究忽略了数字化与人力资本协同效应对旅游消费增长的影响。实际上，无论是数字化成本效应还是数字化创新效应，都离不开人力资本的协同作用。一方面，在人力资本水平较高地区，旅游从业者吸收新知识和接纳新技术的能力更强，数字化在旅游目的地引发的知识溢出和管理变革等方面的作用更加突出，数字化降低旅游供给成本的效应更加显著。另一方面，无论是旅游产品创新、服务创新还是商业模式创新，都必须以高质量的知识型人力资本为前提。地区人力资本水平是影响创新效率的重要因素（牛雄鹰 等，2018），这一判断在旅游业等服务产业中同样适用（王兆峰，2015；毕斗斗 等，2015；李宪印 等，2022）。反之，在人力资本相对落后地区，数字化影响旅游目的地供给的成本效应和创新效应受到限制，数字化促进目的地旅游消费增长的作用也受到影响。

基于以上分析，提出研究假设 H_7。

假设 H_7：在数字化推动目的地旅游消费增长的过程中，地区人力资本要素发挥协同作用。旅游目的地的人力资本水平越高，数字化推动旅游消费增长的正向作用越显著。

三、路径机制：数字化如何促进旅游消费收入增长

Hotelling模型的理论分析结果显示,无论在同质性市场还是在异质性市场条件下,旅游数字化促进目的地旅游消费增长的正向效应均有异曲同工之处。但若是从作用机理对比分析,数字化成本效应和创新效应对旅游消费增长的影响路径截然不同。

式(4-41)描述了数字化成本效应作用下的旅游市场均衡状态。由式(4-41)对数字化发展水平(Dig_j)求导,有$\partial p_j^*/\partial \text{Dig}_j=-2/3<0$且$\partial x_j^*/\partial \text{Dig}_j=1/6\kappa>0$成立,说明旅游数字化通过降低旅游产品服务价格和吸引更多的游客数量来促进目的地旅游消费增长,显示出数字化促进旅游消费增长的"流量"路径。

式(4-51)描述了数字化创新效应作用下的旅游市场均衡状态。将式(4-51)中的旅游价格(p_j^*)和A地接待游客数量(x_{jA}^*)对数字化发展水平(Dig_j)求导,得到：

$$\frac{\partial p_j^*}{\partial \text{Dig}_j}=\frac{\beta(c_j+2\kappa)}{3(\varphi_j^0+\beta\text{Dig}_j)} \tag{4-54}$$

$$\frac{\partial x_{jA}^*}{\partial \text{Dig}_{jA}}=\frac{\beta^2[(c_{jB}+2\kappa)(1-\text{Dig}_{jA})-(c_{jA}+\kappa)\text{Dig}_{jB}]}{\kappa[\varphi_{jA}^0+\varphi_{jB}^0+\beta(\text{Dig}_{jA}+\text{Dig}_{jB})]^2}$$

$$-\frac{\beta[\varphi_{jA}^0(c_{jB}+2\kappa)+\varphi_{jB}^0(c_{jA}+\kappa)]}{\kappa[\varphi_{jA}^0+\varphi_{jB}^0+\beta(\text{Dig}_{jA}+\text{Dig}_{jB})]^2} \tag{4-55}$$

由上式可知,有$\partial p_j^*/\partial \text{Dig}_j>0$成立,说明数字化发展赋能旅游目的地更大的定价权,数字化通过提高旅游产品服务价格,即提高旅游者在旅游产品服务上的人均消费量来促进目的地旅游消费增长,显示出数字化促进目的地旅游消费增长的"质量"路径。

此外,根据$\partial x_{jA}^*/\partial \text{Dig}_{jA}$的表达式可知,当旅游的数字化发展水平达到一定程度,数字化增加游客数量而促进旅游消费增长的路径效应将降低为零甚至为负。具体地,假设极端情境$\lim \text{Dig}_{jA}\to 1$,即A地的旅游数字化水平接近100%时,数字化通过增加游客接待数量促进旅游消费增长的效应$\partial x_{jA}^*/\partial \text{Dig}_{jA}$显然为负。由此可知,当数字化水平发展到一定程度后,数字化促进旅游消费增长的"流量"路径难以为继,"质量"路径才是数字化促进旅

游消费增长的可持续性路径机制。

基于以上分析,提出研究假设 H_8。

H_8:数字化促进旅游消费增长的路径包括增加游客接待数量的"流量"路径和提高人均旅游消费的"质量"路径。当数字化发展到一定程度后,数字化促进旅游消费增长的"流量"路径逐渐衰减,"质量"路径的作用逐渐加强。

第四节 数字化影响客源地—目的地旅游消费流的理论分析

一、数字化影响旅游消费流的理论模型

假设客源地 i 的代表性家庭对本地游的偏好系数为 φ_i、对外省 j 地游的偏好系数为 φ_{ij},则有客源地 i 的代表性家庭的旅游目的地选择效用函数 $U_i(\cdot)$:

$$U_i = \varphi_i \ln x_i + \int_{j=1}^{N} \varphi_{ij} \ln x_{ij} \tag{4-56}$$

设客源地 i 的居民收入水平为 Y_i,旅游消费弹性系数设为常数 δ,则可用于旅游消费的预算为 $y_i = \delta Y_i$,则有预算约束 $y_i(\cdot)$:

$$p_i x_i + \int_{j=1}^{N} p_{ij} x_{ij} \leqslant y_i \tag{4-57}$$

其中,$\left\{x_i, \int_{j=1}^{N} x_{ij}\right\}$ 为 i 地居民的旅游消费组合,x_i 表示在本地的旅游消费数量,x_{ij} 表示到 j 地的旅游消费数量;p_i 表示 i 地的旅游价格水平,P_{ij} 表示从 i 地到 j 地的旅游价格水平。

传统意义上的旅游价格水平是指旅游者在旅游活动中购买旅游产品与服务的消费价格,反映了旅游"吃、住、行、游、购、娱"的价格水平。但旅游是高度信息依赖性的活动,居民的旅游决策不仅受到旅游产品服务价格 $\left\{p_i, \int p_{ij}\right\}$ 和交通成本 $\left\{\gamma_i, \int \gamma_{ij}\right\}$ 的影响,还受到旅游信息成本 $\left\{\tau_i, \int \tau_{ij}\right\}$ 的影响。因此,旅游消费预算约束 y_i 的表达式变形如下:

$$(p_i + \gamma_i + \tau_i) x_i + \int_{j=1}^{N} (p_{ij} + \gamma_{ij} + \tau_{ij}) x_{ij} \leqslant y_i \tag{4-58}$$

其中,γ_i表示游客在本地旅游的交通成本,γ_{ij}表示游客从i地到达j地的交通成本;τ_i表示i地游客获取本地旅游信息的信息成本,τ_{ij}表示i地游客获取j地旅游信息的信息成本。

假设交通成本$\left\{\gamma_i,\int\gamma_{ij}\right\}$与出游距离成正比,信息成本$\left\{\tau_i,\int\tau_{ij}\right\}$由信息获取便捷性程度、信息供给丰富度和信息交易摩擦水平共同决定。假设信息获取便捷性程度与客源地数字化发展水平正相关,信息供给丰富度与目的地数字化发展水平正相关,信息交易摩擦水平与客源地和目的地数字化发展水平差距正相关。当信息获取便捷性越强、信息供给丰富度越大、信息交易摩擦越小时,旅游信息成本越小,因此可得:

$$\gamma_i = \theta\ln r_i ; \gamma_{ij} = \theta\ln r_{ij} \quad \theta > 0 \tag{4-59}$$

$$\tau_i = \tau_i^0 - (\alpha+\beta)\text{Dig}_i \quad \alpha > 0, \beta > 0 \tag{4-60}$$

$$\tau_{ij} = \tau_{ij}^0 - \alpha\text{Dig}_i - \beta\text{Dig}_j + \gamma\text{DigGap}_{ij} \quad \gamma > 0 \tag{4-61}$$

其中,θ表示单位交通成本,$\ln r_i$表示游客在本省旅游的平均通行距离,$\ln r_{ij}$表示游客从i地到达j地的通行距离,α、β、γ为大于零的常数。

将式(4-59)、式(4-60)、式(4-61)带入式(4-58),得到新的旅游消费预算约束$y_i(\cdot)$:

$$\begin{aligned} y_i = & [p_i + \theta\ln r_i - (\alpha+\beta)\text{Dig}_i]x_i + \\ & \int_{j=1}^{N}(p_j + \theta\ln r_{ij} - \alpha\text{Dig}_i - \beta\text{Dig}_j + \gamma\text{DigGap}_{ij})x_{ij} \end{aligned} \tag{4-62}$$

联立效用函数$U_i(\cdot)$与预算约束函数$y_i(\cdot)$,构建拉格朗日函数L:

$$\begin{aligned} L = & \varphi_i\ln x_i + \int_{j=1}^{N}\varphi_{ij}\ln x_{ij} - \lambda y_i + \lambda[p_i + \theta\ln r_i - (\alpha+\beta)\text{Dig}_i]x_i + \\ & \lambda\int_{j=1}^{N}(p_j + \theta\ln r_{ij} - \alpha\text{Dig}_i - \beta\text{Dig}_j + \gamma\text{DigGap}_{ij})x_{ij} \end{aligned} \tag{4-63}$$

求得最优解:

$$x_i^* = \frac{\varphi_i y_i}{(\varphi_i+\varphi_{ij})[p_i + \theta\ln r_i - (\alpha+\beta)\text{Dig}_i]} \tag{4-64}$$

$$x_{ij}^* = \frac{\varphi_{ij} y_i}{(\varphi_i+\varphi_{ij})(p_j + \theta\ln r_{ij} - \alpha\text{Dig}_i - \beta\text{Dig}_j + \gamma\text{DigGap}_{ij})} \tag{4-65}$$

进而计算i地居民在本地区进行的旅游消费量T_i和由i地流向j地的旅游消费量T_{ij}:

$$T_i = p_i x_i^* = \frac{\varphi_i p_i y_i}{(\varphi_i + \varphi_{ij})[p_i + \theta \ln r_i - (\alpha + \beta)\mathrm{Dig}_i]} \quad (4\text{-}66)$$

$$T_{ij} = p_j x_{ij}^* = \frac{\varphi_{ij} p_j y_i}{(\varphi_i + \varphi_{ij})(p_j + \theta \ln r_{ij} - \alpha \mathrm{Dig}_i - \beta \mathrm{Dig}_j + \gamma \mathrm{DigGap}_{ij})} \quad (4\text{-}67)$$

由 $\alpha > 0$、$\beta > 0$ 可知,有 $\partial T_i/\partial \mathrm{Dig}_i > 0$、$\partial T_{ij}/\partial \mathrm{Dig}_i > 0$ 成立,说明当地区的数字化发展水平提高时,居民的旅游消费 $\{T_i, \int T_{ij}\}$ 增加,这与关于数字化影响客源地居民旅游消费的理论分析结果(假设 H_1)相一致。由 $\alpha > 0$、$\beta > 0$、$\gamma > 0$ 可知,有 $\partial T_{ij}/\partial \mathrm{Dig}_i > 0$、$\partial T_{ij}/\partial \mathrm{Dig}_j > 0$、$\partial T_{ij}/\partial \mathrm{DigGap}_{ij} < 0$ 成立,说明由 i 地流向 j 地的旅游消费量与 i 地和 j 地的数字化发展水平正相关,与 i 地和 j 地间的数字化发展水平差距负相关。

基于以上分析,提出研究假设 H_9。

H_9:两地间旅游消费流量与客源地数字化发展水平和目的地数字化发展水平正相关,与客源地和目的地的数字化发展差距负相关。

二、数字化影响旅游消费流的效应机制

(一)数字化影响旅游消费流的空间压缩效应

"诗和远方"是居民对美好旅行生活的向往和追求,然而空间距离往往是影响居民旅游决策的重要变量。一般来讲,距离对居民旅游决策的影响既表现出积极的激励作用也存在消极的阻碍作用。一方面,"距离产生美",人们往往对不熟悉的风土人情心生向往,从而产生"舍近求远"的远游动机。另一方面,距离越远的旅行机会成本越大,所承担的代价和不确定性又是阻碍居民远游的重要原因。

式(4-56)给定了居民旅游消费效用函数的形式,φ_{ij} 呈现了旅游距离对居民旅游决策的激励作用。进一步地,引入表示旅游机会成本和不确定性的变量 Uncer_{ij},构建旅游目的地选择效用函数 $U_i(\cdot)$:

$$U_i = \max\left\{\varphi_i \ln x_i + \int_{j=1}^{N} \varphi_{ij} \ln x_{ij}\right\} - \int \mathrm{Uncer}_{ij} \quad (4\text{-}68)$$

Uncer_{ij} 表示从 i 地到 j 地旅游的机会成本和不确定因素。假设 Uncer_{ij} 与两地旅游距离($\ln r_{ij}$)成正比,即:

$$\mathrm{Uncer}_{ij} = \kappa_{ij} \ln r_{ij} \quad (4\text{-}69)$$

κ_{ij} 表示从 i 地到 j 地的旅游风险系数。假设风险系数 κ_{ij} 与信息成本 τ_{ij} 成正比，那么 κ_{ij} 与客源地和目的地数字化发展水平（Dig_i、Dig_j）负相关，与客源地和目的地数字化发展差距（DigGap_{ij}）正相关，即：

$$\kappa_{ij} = \kappa_{ij}^0 - \xi \mathrm{Dig}_i - \zeta \mathrm{Dig}_j + \chi \mathrm{Dig}_{ij} \quad \xi > 0, \zeta > 0, \chi > 0 \tag{4-70}$$

将式（4-69）、式（4-70）带入式（4-68），得到新的旅游目的地选择效用函数 $U_i(\cdot)$：

$$U_i = \max\left\{\varphi_i \ln x_i + \int_{j=1}^{N} \varphi_{ij} \ln x_{ij}\right\} - \int (\kappa_{ij}^0 - \xi \mathrm{Dig}_i - \zeta \mathrm{Dig}_j + \chi \mathrm{Dig}_{ij}) \ln r_{ij} \tag{4-71}$$

联立效用函数式（4-71）和预算约束函数式（4-62），构建拉格朗日方程 L：

$$\begin{aligned} L &= \varphi_i \ln x_i + \int_{j=1}^{N} \varphi_{ij} \ln x_{ij} - \int (\kappa_{ij}^0 - \xi \mathrm{Dig}_i - \zeta \mathrm{Dig}_j + \chi \mathrm{Dig}_{ij}) \ln r_{ij} - \\ & \lambda y_i + \lambda [p_i + \theta \ln r_i - (\alpha + \beta) \mathrm{Dig}_i] x_i + \\ & \lambda \int_{j=1}^{N} (p_j + \theta \ln r_{ij} - \alpha \mathrm{Dig}_i - \beta \mathrm{Dig}_j + \gamma \mathrm{DigGap}_{ij}) x_{ij} \end{aligned} \tag{4-72}$$

基于拉格朗日方程求解最优化的旅游出行决策 $\left\{x_i^*, \int x_{ij}^*\right\}$，进而计算 i 地居民在本地发生的旅游消费量 T_i 和在 j 地发生的旅游消费量 T_{ij}：

$$T_i = p_i x_i^* = \frac{\varphi_i p_i y_i}{(\varphi_i + \varphi_{ij})[p_i + \theta \ln r_i - (\alpha + \beta) \mathrm{Dig}_i]} \tag{4-73}$$

$$T_{ij} = p_j x_{ij}^* = \frac{\varphi_{ij} p_j y_i}{(\varphi_i + \varphi_{ij})(p_j + \theta \ln r_{ij} - \alpha \mathrm{Dig}_i - \beta \mathrm{Dig}_j + \gamma \mathrm{DigGap}_{ij})} \tag{4-74}$$

根据客源地家庭的旅游消费决策 $\{T_i, T_{ij}\}$，计算客源地家庭加权平均出游距离 $\overline{R_i}$：

$$\overline{R_i} = \frac{T_i}{T_i + \int_{j=1}^{N} T_{ij}} r_i + \int_{j=1}^{N} \left(\frac{T_{ij}}{T_i + \int_{j=1}^{N} T_{ij}} r_{ij}\right) \tag{4-75}$$

将式（4-73）、式（4-74）带入式（4-75）中，得到 $\overline{R_i}$：

$$\begin{aligned} \overline{R_i} &= \frac{\varphi_i p_i}{(\varphi_i + \varphi_{ij})[p_i + \theta \ln r_i - (\alpha + \beta) \mathrm{Dig}_i]} r_i + \\ & \int_{j=1}^{N} \frac{\varphi_i p_j}{(\varphi_i + \varphi_{ij})(p_j + \theta \ln r_{ij} - \alpha \mathrm{Dig}_i - \beta \mathrm{Dig}_j + \gamma \mathrm{DigGap}_{ij})} r_{ij} \end{aligned} \tag{4-76}$$

由 $\alpha>0$、$\beta>0$、$\gamma>0$ 可知,有 $\partial \overline{R_i}/\partial \mathrm{Dig}_i>0$、$\partial \overline{R_i}/\partial \mathrm{Dig}_j>0$ 成立,说明居民的平均出游距离受数字化发展水平的影响。在数字化发展水平较高的地区,居民的平均出游距离也较远。

基于以上分析,提出研究假设 H_{10}。

H_{10}：数字化发展激励旅游者选择更遥远的旅游目的地进行旅游消费。

(二)数字化影响旅游消费流的长尾效应

在供给需求的角度上,数字化通过知识溢出、规模经济和管理变革影响旅游供给,降低了旅游供给的生产成本、宣传成本以及消费成本,从而推动旅游消费市场均衡从"近尾点"向"远尾点"变动(见图4-3)。传统的旅游供给曲线与旅游需求曲线相交于"近尾点",旅游消费市场呈现出更高的均衡价格和更少的消费数量。在数字化环境下,旅游供给曲线与旅游需求曲线相交于"远尾点",旅游市场表现出更低的均衡价格和更多的消费数量。对比"近尾点"和"远尾点"发现,数字化降低了旅游消费的准入门槛,让原本处于"近尾"市场均衡范围之外的旅游者进入了旅游目的地市场,从而推动旅游目的地消费收入增长,也提高了旅游目的地的客源多样性,推动旅游客源市场显现出长尾效应。

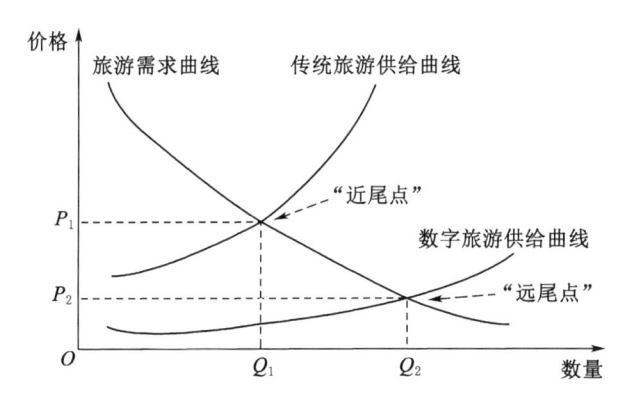

图4-3 基于供需关系视角的旅游市场长尾效应

随着数字化技术向旅游领域的融合应用,旅游客源市场开发变得更加高效。一方面,数字化推动了旅游营销方式和旅游信息服务的变革。传统的旅游目的地营销主要依赖于旅游产品推介和目的地形象宣传,花费较高而效果不理想。数字化平台作为连接旅游目的地与旅游客源地的现代化工具,能够通过网络营销、口碑营销和社群营销等多种形式,使得旅游产品与服务信息能够高效深入客源市场,有效挖掘潜在客源群体,从而显著提高了客源市场的多样性。

另一方面,数字化促进了旅游产品、服务及商业模式的创新,使小众化的冷门产品得以开发并投入市场,增强了旅游目的地对不同类型客源群体的吸引力。传统旅游市场开发通常遵循"二八定律",强调依靠20%的旅游产品争夺80%的市场空间,往往忽视了小众旅游产品与服务供给及小规模客源市场开发。在"头部"旅游市场中,固定的旅游路线设计和产品组合导致游客来源较为集中,缺乏多样性。实际上,由众多小众旅游产品和小规模客源地市场汇聚形成的长尾市场,具有与头部市场规模相当的市场份额。数字化通过产品创新和目标群体细分,将小规模的立基旅游产品汇聚成"长尾",有效提升了旅游客源市场的多样性。基于客源市场结构的旅游市场长尾效应见图4-4。

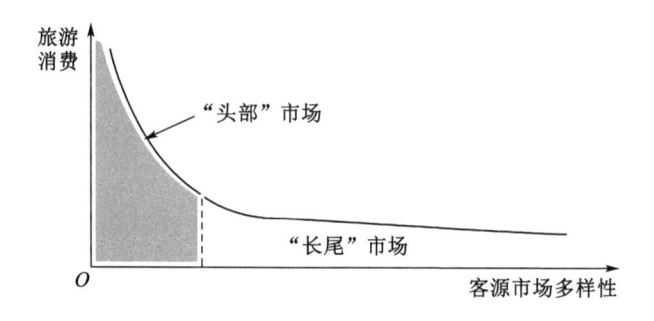

图 4-4 基于客源市场结构的旅游市场长尾效应

基于分析可知,数字化的长尾效应提高了旅游产品多样性和旅游客源多样性,据此提出研究假设 H_{11}。

H_{11}:数字化发展水平越高,旅游目的地的客源市场多样性越高。

(三)数字化影响旅游消费流的选择偏好效应

目的地选择是旅游研究中的一个热点问题。学者在这一领域的研究主要集中于目的地形象评价、目的地选择模型和目的地选择影响因素等方面(曹晶晶 等,2020)。旅游目的地选择受到多种因素的综合影响,其中距离因素是最基础且重要的影响因素。距离既可以引发美感,也可能形成障碍,因此对旅游目的地选择的影响存在"二律背反"的现象。

关于距离影响旅游目的地选择的研究重心,经历了从空间距离、感知距离到距离欲的发展过程。空间距离是指旅游客源地与目的地之间的客观地理距离,感知距离则是旅游者对空间距离远近的主观评估。距离欲的概念来自曹晶晶等(2020),是指旅游者对空间距离所产生的向往或逃避的情感认知距离欲对旅游目的地选择的影响是直接性的。

根据曹晶晶等(2020)的观点,距离与距离欲之间的关系遵循"二律背反"。随着客源地与目的地空间距离的增加,旅游者所感受到的"距离美"会激励旅游者产生逃离惯常环境、追求远方诗意的旅游需求,旅游者的距离欲也随空间距离的增加而增加。然而,当空间距离增加到一定程度后,旅游者面临的风险与挑战随之增加,旅游者的距离欲也逐渐下降。当空间距离超过某一阈值时,便超出了旅游者的目的地选择范围。这一复杂关系强调了距离在旅游决策过程中的重要性及其动态特征。距离与距离欲的"二律背反"(曹晶晶 等,2020)见图 4-5。

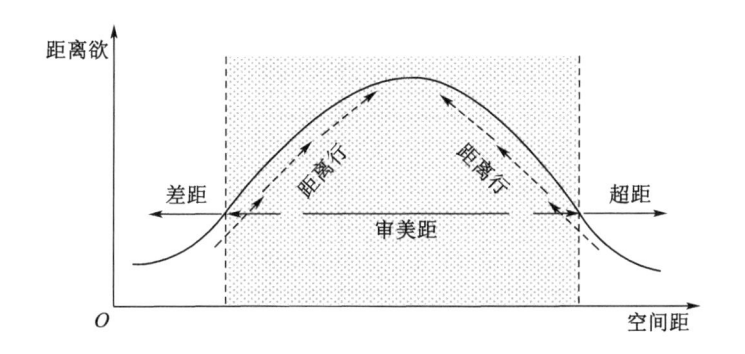

图 4-5 距离与距离欲的"二律背反"

除了空间距离外,信息距离、文化距离和社会距离等因素同样对旅游目的地选择产生重要影响。基于曹晶晶等(2020)提出的距离欲概念,本书将重点分析空间距离与信息距离共同影响旅游目的地选择的作用机制。在旅游目的地选择过程中,旅游者会综合考虑对旅游目的地的效用感知(距离欲)与风险成本感知,两者的差值决定了旅游者对旅游目的地的选择偏好程度。

一方面,根据距离与距离欲之间的"二律背反"关系,旅游者的距离欲随着空间距离的增加先上升后下降。距离欲的增加意味着旅游者对目的地的效用感知增强。另一方面,旅游者的风险成本感知与空间距离呈正相关,与两地的信息距离则成反比,如式(4-70)和式(4-71)所示。因此,当旅游客源地与旅游目的地之间的数字化发展水平差距(信息距离)降低时,游客的风险成本感知水平也会随之下降。这种关系表明,信息距离的缩小不仅能够提升旅游者对目的地的感知效用,也能降低其所面临的风险成本,从而在更大程度上激励游客作出旅游目的地选择。这为理解旅游目的地选择的复杂性提供了重要理论视角,有助于旅游企业和旅游目的地管理者更有效地制定旅游发展策略。

距离欲、数字化距离与旅游目的地选择偏好见图 4-6。如图 4-6 所示,旅游者的效用感知曲线与风险成本感知曲线相交于 A、B 两点,线段 AB 所在的区域为旅游者的旅游目的地选择空间。因此,可用线段 C_1C_2 的长度表示旅游者对旅游目的地 j 的选择偏好程度;当旅游客源地 i 与旅游目的地 j 之间的信息距离下降时,旅游者的风险成本感知曲线向下移动,旅游者的效用感知曲线与风险成本感知曲线相交于 A'、B' 两点,旅游目的地选择空间变为线段 $A'B'$ 所在的区域,线段 C_1C_3 的长度表示旅游者对旅游目的地 j 的选择偏好程度。

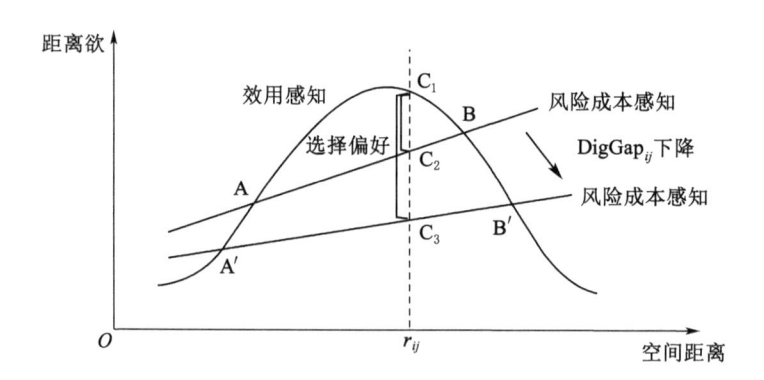

图 4-6 距离欲、数字化距离与旅游目的地选择偏好

由此可以发现,在控制其他因素不变的情况下,伴随旅游客源地 i 与旅游目的地 j 空间距离(r_{ij})的增加,旅游客源地 i 对旅游目的地 j 的选择偏好

程度(Pref_{ij})先增大后减小,即满足$\partial \text{Pref}_{ij}/\partial r_{ij}>0$且$\partial \text{Pref}_{ij}/\partial r_{ij}^2<0$;伴随两地数字化距离($\text{DigGap}_{ij}$)的下降,旅游客源地 i 对旅游目的地 j 的选择偏好程度(Pref_{ij})增大。但即使两地数字化距离下降为零,风险感知成本仍大于零,即旅游客源地 i 对旅游目的地 j 的选择偏好程度(Pref_{ij})不会趋于无穷大。因此,有$\partial \text{Pref}_{ij}/\partial \text{DigGap}_{ij}<0$且$\partial \text{Pref}_{ij}/\partial \text{DigGap}_{ij}^2>0$成立。

基于以上分析,提出研究假设 H_{12}。

H_{12}:旅游客源地对旅游目的地选择的偏好程度与两地空间距离成正比,与两地空间距离的平方项成反比;旅游客源地对旅游目的地选择的偏好程度与两地数字化距离成反比,与两地数字化距离的平方项成正比。

第五章

Chapter 5

客源地视角下数字化促进居民旅游消费的实证研究

第五章 客源地视角下数字化促进居民旅游消费的实证研究

旅游客源地是指旅游者的居住地。旅游消费源起于客源地,并最终回归于客源地。从"父母在,不远游"到"世界那么大,我想去看看"的观念转变,旅游消费已成为居民消费的重要构成部分。随着数字经济的蓬勃发展,数字化为国内旅游市场注入了强劲动力,新的旅游消费需求不断积累。因此,从客源地角度探讨数字化对居民旅游消费的影响机制尤为重要。

与宏观视角的研究相比,微观视角的研究能够揭示同一区域内个体的差异性,通过计量分析获得更多有效信息和更为稳健的分析结果。MacCannell(2013)指出,家庭是旅游消费的基本结构单元。该观点支持将"家庭"作为旅游决策和消费研究的基本单元。相关研究将家庭的人口特征、经济条件和成员结构等变量纳入考察范围(常金良,2009;段志民,2016;李代,2017),丰富了对旅游消费影响因素及其作用机制的理论解释。然而,这些研究往往缺乏对数字化等新兴技术要素的考量。因此,我们需要进一步探讨数字化如何塑造家庭旅游消费与决策及行为方式,以便更全面地理解现代旅游消费的新特征。

中国家庭追踪调查(CFPS,China Family Panel Studies)由北京大学中国社会科学调查中心主导,是一项能够全面反映中国经济、社会与人口变迁的超大型综合性社会调查。CFPS 自 2010 年启动基线调查以来,每两年进行一次全样本追踪,样本覆盖了中国 25 个省、市和自治区,代表了约 95% 的人口。因此,它提供了较为全面且高使用价值的家庭长期追踪数据。CFPS 调查不仅涵盖了家庭旅游消费,还涵盖了互联网使用情况等家庭数字化应用的相关信息,为研究数字化与居民旅游消费的关系提供了高质量的数据资料。

本章选取 2014 年、2016 年、2018 年和 2020 年 CFPS 追踪调查数据作为样本,通过构建旅游消费基准模型、基于拓展的 AIDS 模型、交叉项回归模型以及中介效应模型等,实证分析数字化对居民旅游消费支出水平及支出比重的影响效果及其群体异质性。此外,还将探讨数字化对居民旅游消费的渠道效应、同群效应和收入效应,从而验证第四章中提出的研究假设是否成立。

第一节 实证模型与变量设置

一、实证模型构建

(一)旅游消费基准模型

根据消费理论,收入水平是影响居民消费的关键因素。在此基础上,国内外学者逐渐将更多因素纳入消费研究框架,主要包括教育水平、年龄、职业等人口特征变量(Ameriks et al.,2007;石贝贝 等,2014;赵昕东 等,2016),家庭规模和家庭结构变量(Epp et al.,2008;李国景 等,2018;梁土坤,2019),以及资产数量与资产类型变量(李涛 等,2014)。

基于消费理论,参照黄静等(2009)、李晓嘉(2014)、潘敏等(2018)、贺达等(2020)的通常做法,本书将考虑家庭、户主及区域层面的控制变量,构建如下形式的基准模型,以考察数字化应用(Dig_{it})对居民旅游消费支出的影响效应:

$$\ln T_{it} = \alpha + \beta Dig_{it} + \int \lambda_\rho Z_{\rho it} + \delta_{it} + \theta_{it} + \varepsilon_{it} \tag{5-1}$$

式中,i 表示家庭编号,t 表示年份;$\ln T_{it}$ 表示 i 家庭在第 t 年旅游消费支出的对数;Dig_{it} 表示家庭数字化应用情况;$\int Z_{\rho it}$ 表示家庭、户主及区域控制变量的集合;δ_{it}、θ_{it} 分别表示个体和时间固定效应;α、β、λ_ρ 为待估参数。回归采用聚类稳健标准误。

(二)基于扩展的 AIDS 模型

几乎理想需求系统模型(AIDS,Almost Ideal Demand System)是经济学分析消费结构的主要模型之一。在 1954 年英国计量经济学家 R. Stone 提出线性支出系统函数(LES)的基础上,Deaton 等(1980)构建的几乎理想需求系统 AIDS 模型是消费需求系统模型的典型代表。

AIDS 模型因其独特优势而得到广泛应用。该模型基于既定的效用函数和消费价格系统,依据支出最小化原则,评估各类型消费品的价格弹性和收入弹性。AIDS 模型能够一阶逼近任何一种消费需求系统,从而有效估计各种因素对消费结构的影响效应。参照 AIDS 模型,构建家庭消费、效用水平及价格体系之间的关系方程:

$$\ln c(u,p)_{it} = \alpha_0 + \sum_{j}^{n} \alpha_j \ln p_{jt} + \frac{1}{2}\sum_{j=1}^{n}\sum_{k=1}^{n}\gamma_{jk}^* \ln p_{jt} \ln p_{kt} +$$

$$u\prod_{j=1}^{n} \ln p_{jt}^{\beta} \quad u \in (0,1) \tag{5-2}$$

其中,p_j、p_k 是第 j、k 种消费品的价格,u 为家庭消费的效用水平,$c(u,p)$ 为家庭消费支出函数,γ_{jk}^* 为消费品 k 价格变动对消费品 j 支出占比的影响系数。

支出函数 $c(u,p)_{it}$ 对 p_{jt} 一阶求导,计算消费品 j 的家庭需求量 $q_{jit} = \partial c(u,p)_{it}/\partial p_{jt}$。等式两边同时乘以 $p_{jt}/c(u,p)_{it}$,可得出第 j 种消费品支出占家庭总消费支出的比重 w_{jit}:

$$w_{jit} = \frac{p_{jt}q_{jt}}{c(u,p)_{it}} = \frac{\partial \ln c(u,p)_{it}}{\partial \ln p_{jt}} \tag{5-3}$$

结合支出函数 $\ln c(u,p)_{it}$ 表达式,可得 w_{jit}:

$$w_{jit} = \alpha_j + \frac{1}{2}\sum_{k=1}^{n}(\gamma_{jk}^* + \gamma_{kj}^*)\ln p_{kt} + u\prod_{j=1}^{n}\ln p_{jt}^{\beta} \tag{5-4}$$

假设家庭消费具备完全理性,那么家庭消费总支出 $c_{rit} = c(u_{rit}, p_{it})$ 与家庭消费总效用 u_r 相等。求得 $u_{rit}(p_t, c_{rit})$ 并将其带入式(5-4),得到:

$$w_{jit} = \alpha_j + \frac{1}{2}\sum_{k=1}^{n}(\gamma_{jk}^* + \gamma_{kj}^*)\ln p_{kt} + \beta_j \ln \frac{c_{rit}}{p_t^*} \quad j,k \in \{1,2,\cdots,n\} \tag{5-5}$$

p_t^* 为斯通(stone)价格指数,其计算公式如下:

$$\ln p_t^* = \sum_{j=1}^{n} w_{jit} \ln p_{jt} \tag{5-6}$$

进一步地,为分析家庭数字化应用对居民旅游消费比重的影响效应,在 AIDS 模型中纳入衡量家庭数字化应用情况的指标变量 Dig_{it}。此外,考虑到家庭、户主、城乡、年份等因素对居民消费结构的影响,纳入控制变量组 Z_φ,形成了扩展线性 AIDS 模型:

$$w_{jit} = \alpha_j + \frac{1}{2}\sum_{k=1}^{n}(\gamma_{jk}^* + \gamma_{kj}^*)\ln p_{kt} + \beta_j \ln \frac{c_r}{p_t^*} + \theta_j \text{Dig}_{it} + \int \lambda_{\varphi j} Z_\varphi + \varepsilon_j$$

$$j, k \in \{1, 2, \cdots, n\} \tag{5-7}$$

式中，α_j 是常数项，ε_j 是随机扰动项，β_j、θ_j、$\lambda_{\rho j}$ 是待估参数。要求模型满足以下约束(Talor，1986)：加和性，$\sum_{j=1}^{n} a_j = 1$、$\sum_{j=1}^{n} \gamma_{jk} = 0$、$\sum_{j=1}^{n} \beta_j = 0$；齐次性，$\sum_{k=1}^{n} \gamma_{jk} = 0$；对称性，$\gamma_{jk} = \gamma_{kj}$。

(三) 交叉项回归模型

研究假设 H_2 关注家庭数字化应用作为信息渠道和购买渠道对居民旅游消费产生的影响效应。验证假设 H_2 的关键在于如何进一步衡量数字化应用对家庭获取信息和商业购买的重要性。在 CFPS 问卷中，编号为 U8 的题目组调查了"请您根据自己的实际情况判断以下信息渠道对您的重要性"，编号为 Ku802 的题目将调查者认为互联网信息渠道的重要程度从"非常不重要"到"非常重要"划分为五个等级，分别赋值为"1、2、3、4、5"，用 $Info_{it}$ 表示。此外，编号为 Ku705 的题目调查了"一般情况下，您使用互联网络进行商业活动(例如使用网银、网上购物)的频率有多高?"对应"从不"到"几乎每天"的选项，分别将居地把互联网作为购买渠道的频率赋值为"1、2、3、4、5、6"，用 Buy_{it} 表示。$Info_{it}$ 和 Buy_{it} 这两个指标能够有效衡量数字化信息渠道和购买渠道对家庭的重要程度，数值越大意味着数字化应用作为信息渠道和购买渠道对家庭的重要程度越高。

为验证研究假设 H_2，在式(5-1)的基础上分别纳入家庭数字化应用水平(Dig_{it})与 $Info_{it}$ 和 Buy_{it} 的交叉项，构建如下形式的交叉项回归模型：

$$\begin{cases} \ln T_{it} = \alpha + \beta Dig_{it} + \gamma Dig_{it} Info_{it} + \int \lambda_{\rho} Z_{\rho it} + \delta_{it} + \theta_{it} + \varepsilon_{it} \\ w_{it} = \alpha + \beta Dig_{it} + \gamma Dig_{it} Buy_{it} + \int \lambda_{\rho} Z_{\rho it} + \delta_{it} + \theta_{it} + \varepsilon_{it} \end{cases} \tag{5-8}$$

$$\begin{cases} \ln T_{it} = \alpha + \beta Dig_{it} + \gamma Dig_{it} Buy_{it} + \int \lambda_{\rho} Z_{\rho it} + \delta_{it} + \theta_{it} + \varepsilon_{it} \\ w_{it} = \alpha + \beta Dig_{it} + \gamma Dig_{it} Buy_{it} + \int \lambda_{\rho} Z_{\rho it} + \delta_{it} + \theta_{it} + \varepsilon_{it} \end{cases} \tag{5-9}$$

式中，$\ln T_{it}$、w_{it} 分别表示家庭旅游消费支出水平和家庭旅游消费支出比重，Dig_{it} 表示家庭数字化应用情况；$\int Z_{\rho it}$ 为一系列控制变量；$Dig_{it} Info_{it}$ 和 $Dig_{it} Buy_{it}$ 的系数分别表示数字化应用与旅游信息渠道和旅游购买渠道的交叉项,δ_{it}、θ_{it}分别表示个体和时间固定效应;α、β、γ、λ_ρ为待估参数。

(四)中介效应回归模型

1. 收入效应的中介模型

Mincer(1974)基于人力资本理论提出了决定工资水平的明瑟方程,以分析教育等人力资本要素对个人收入的影响。该方程的基本形式如下:

$$\ln \text{Income}_{it} = f(edu_{it}, job_{it}, Z_{it}, \varepsilon_{it}) \tag{5-10}$$

式中,$\ln \text{Income}_{it}$表示收入水平,edu_{it}表示受教育水平,job_{it}表示工作情况,Z_{it}代表其他系列控制变量,ε_{it}是由不可控因素组合的残差项。

以家庭为单位的收入影响因素研究是经济学和社会学研究的重要议题。现有实证研究中重点考察了婚姻状况、子女数量、户主性别、户主年龄、家庭资产、所在地区等家庭特征变量以及地区变量(李代,2017;段志民,2016)。参照既有研究,构建如下形式的面板中介模型:

$$\begin{cases} \ln T_{it} = c_1 + \gamma \text{Dig}_{it} + \int \lambda_{\rho 1} Z_{\rho it} + \delta_{it1} + \theta_{it1} + \varepsilon_{it1} \\ \ln \text{Income}_{it} = c_2 + \alpha \text{Dig}_{it} + \int \lambda_{\rho 2} Z_{\rho it} + \delta_{it2} + \theta_{it2} + \varepsilon_{it2} \\ \ln T_{it} = c_3 + \gamma' \text{Dig}_{it} + \beta \ln \text{Income}_{it} + \int \lambda_{\rho 3} Z_{\rho it} + \delta_{it3} + \theta_{it3} + \varepsilon_{it3} \end{cases} \tag{5-11}$$

$$\begin{cases} w_{it} = c_1 + \gamma \text{Dig}_{it} + \int \lambda_{\rho 1} Z_{\rho it} + \delta_{it1} + \theta_{it1} + \varepsilon_{it1} \\ \ln \text{Income}_{it} = c_2 + \alpha \text{Dig}_{it} + \int \lambda_{\rho 2} Z_{\rho it} + \delta_{it2} + \theta_{it2} + \varepsilon_{it2} \\ w_{it} = c_3 + \gamma' \text{Dig}_{it} + \beta \ln \text{Income}_{it} + \int \lambda_{\rho 3} Z_{\rho it} + \delta_{it3} + \theta_{it3} + \varepsilon_{it3} \end{cases} \tag{5-12}$$

$\ln T_{it}$、w_{it}、$\int Z_{\rho it}$的含义与式(5-8)和(5-9)相同,$\ln \text{Income}_{it}$表示家庭收入水平。α、β、γ、γ'、$\lambda_{\rho 1}$、$\lambda_{\rho 2}$、$\lambda_{\rho 3}$为待估参数,γ表示数字化影响家庭旅游消费的总效应;α为数字化对家庭收入中介变量的影响效应;β是在控制数字化影响后家庭收入对家庭旅游消费的影响效应;γ'是在控制家庭收入水平影响后数字化对家庭旅游消费的直接影响,中介效应或间接效应为$\alpha \times \beta$。

2. 同群效应的存在性检验模型

识别同群效应是判断数字化是否通过同群效应影响家庭消费的必要前提。Manski(1993)指出,同群效应的准确识别常受到外生效应、自我选择问题、混淆问题和反向因果关系的干扰。在本书中,外生效应是指家庭旅游消费不仅受到群体旅游消费的影响,还受其他群体特征的影响;混淆问题是指同一群体在某一共同因素(例如社区发放旅游优惠券、组织旅游活动等)的影响下产生的旅游消费趋同现象;自我选择问题表明旅游消费偏好相似的家庭倾向于与有相似偏好的家庭居住在同一地区;反向因果则指群体旅游消费影响个体家庭的旅游消费,同时个体家庭的消费行为又反过来影响群体旅游消费。

为避免同群效应识别过程中的可能干扰,本书借鉴 Manski(1993)和晏艳阳等(2018)的研究方法,从以下几个方面进行干扰因素控制:首先,设置群体特征变量以控制其他特征对家庭旅游消费的影响,从而避免外生效应的干扰;其次,纳入城乡、省份和社区虚拟变量以控制群体共同因素对群体旅游消费的影响,解决混淆问题;再次,运用工具变量法来识别并解决自我选择问题和反向因果关系;最后,在计算同群效应时,采用去除家庭自身旅游消费后的社区平均旅游消费水平,以清晰界定群体对个体家庭消费的影响。

为验证同群效应的存在性,计算家庭所在社区旅游消费水平和旅游消费比重的同群效应变量 $\text{Peer}\ln T_{it}^c$ 和 $\text{Peer} w_{it}^c$,以及群体特征变量 $\text{Peer} Z_{pit}^c$:

$$\text{Peer}\ln T_{it}^c = \frac{(\sum_{N^c}\ln T_{it}) - \ln T_{it}}{N^c - 1};$$

$$\text{Peer} w_{it}^c = \frac{(\sum_{N^c} w_{it}) - w_{it}}{N^c - 1}; \quad (5\text{-}13)$$

$$\text{Peer} Z_{pit}^c = \frac{(\sum_{N^c} Z_{pit}) - Z_{pit}}{N^c - 1}$$

构建以旅游消费同群效应为主要解释变量的计量模型,具体形式如下:

$$\ln T_{it} = \alpha + \beta \text{Peer}\ln T_{it}^c + \int \lambda_p Z_{pit} + \int \lambda_p' \text{Peer} Z_{pit}^c + \delta_{it} + \theta_{it} + \varepsilon_{it}$$

$$(5\text{-}14)$$

$$w_{it} = \alpha + \beta \text{Peer} w_{it}^c + \int \lambda_\rho Z_{pit} + \int \lambda'_\rho \text{Peer} Z_{pit}^c + \delta_{it} + \theta_{it} + \varepsilon_{it} \qquad (5\text{-}15)$$

式中,$\text{Peer ln } T_{it}^c$、$\text{Peer} w_{it}^c$ 表示家庭所在社区的旅游消费同群效应;系数 β 表示同群效应的方向和大小;$\text{Peer} Z_{pit}^c$ 表示社区 C 控制变量的群体特征,N^c 表示社区 C 的家庭数量。回归采用以社区为单元的聚类稳健标准误,避免社区遗漏变量对回归结果的可能干扰。

3. 同群效应的中介模型

在基准模型的基础上,针对研究假设 H_3,构建如下形式的面板中介模型:

$$\begin{cases} \ln T_{it} = c_1 + \gamma \text{Dig}_{it} + \int \lambda_{\rho 1} Z_{pit} + \delta_{it1} + \theta_{it1} + \varepsilon_{it1} \\ \text{Peer ln } T_{it}^c = c_2 + \alpha \text{Dig}_{it} + \int \lambda_{\rho 2} Z_{pit} + \int \lambda'_{\rho 2} \text{Peer} Z_{pit}^c + \delta_{it2} + \theta_{it2} + \varepsilon_{it2} \\ \ln T_{it} = c_3 + \gamma' \text{Dig}_{it} + \beta \text{Peer ln } T_{it}^c + \int \lambda_{\rho 3} Z_{pit} + \int \lambda'_{\rho 3} \text{Peer} Z_{pit}^c + \delta_{it3} + \theta_{it3} + \varepsilon_{it3} \end{cases}$$

$$(5\text{-}16)$$

$$\begin{cases} w_{it} = c_1 + \gamma \text{Dig}_{it} + \int \lambda_{\rho 1} Z_{pit} + \delta_{it1} + \theta_{it1} + \varepsilon_{it1} \\ \text{Peer} w_{it}^c = c_2 + \alpha \text{Dig}_{it} + \int \lambda_{\rho 2} Z_{pit} + \int \lambda'_{\rho 2} \text{Peer} Z_{pit}^c + \delta_{it2} + \theta_{it2} + \varepsilon_{it2} \\ w_{it} = c_3 + \gamma' \text{Dig}_{it} + \beta \text{Peer} w_{it}^c + \int \lambda_{\rho 3} Z_{pit} + \int \lambda'_{\rho 3} \text{Peer} Z_{pit}^c + \delta_{it3} + \theta_{it3} + \varepsilon_{it3} \end{cases}$$

$$(5\text{-}17)$$

式中,$\ln T_{it}$、w_{it}、$\int Z_{pit}$、$\text{Peer ln } T_{it}^c$、$\text{Peer} w_{it}^c$、$\text{Peer} Z_{pit}^c$ 的含义如前所述,α、β、γ、γ'、$\lambda_{\rho 1}$、$\lambda_{\rho 2}$、$\lambda_{\rho 3}$ 为待估参数。其中,α 表示数字化对家庭收入中介变量的影响效应;β 表示在控制数字化影响后家庭收入对家庭旅游消费的影响效应;γ 表示数字化影响家庭旅游消费的总效应;γ' 表示在控制家庭收入水平影响后数字化对家庭旅游消费的直接影响,中介效应或间接效应为 $\alpha \times \beta$。

二、变量说明与数据来源

本书选择 CFPS 调查数据中 2014 年、2016 年、2018 年和 2020 年 CFPS 调查数据作为研究样本。对数据进行计算、清洗与匹配处理后,剔除缺失关键变量的样本。由于原始样本中家庭收入、现金及存款、住房和债务、旅游消费支出等指标存在一定的离群值,回归前对这些指标在1%的水平上进行右缩尾处理。通过数据处理得到2014年、2016年、2018年及2020年四期追踪的3 266户家庭面板数据,用于本书相关研究。

(一) 被解释变量

家庭旅游消费水平($\ln T$)。采用家庭旅游消费支出额的对数,来衡量家庭旅游消费水平。家庭旅游消费支出额数据来自家庭问卷中编号为fp503的访问题目"过去12个月,您家的旅游支出是多少"。

家庭旅游消费比重($W\_Tourism$)。采用家庭旅游消费支出额与家庭消费性支出总额的比值来衡量家庭旅游消费比重。家庭旅游消费支出额数据来源同上,家庭消费性支出总额数据对应家庭问卷中编号为pce的调查数据。

需要说明的是,根据国家统计局统计及CFPS调查口径,家庭消费性支出包括旅游、食品、衣着、居住、家庭设备及用品、交通通信、教育与文化娱乐、医疗、其他等类型。旅游及各项消费支出分别对应CFPS调查问卷中编号为fp503、food、dress、daily、trco、(eec-fp503)、med、other的调查数据。

(二) 核心解释变量

1. 是否数字化(Dig)

2014年数据来源于个人调查问卷中编号为KU2的访问题目,"您是否上网";2016年、2018年和2020年数据来源于个人调查问卷中编号为KU201和KU202的访问题目,"您是否使用移动设备比如手机、平板上网"和"您是否使用电脑上网"。以家庭为单元,若家中至少有一人使用移动设备或电脑上网,那么$Dig_{it}=1$;若家中所有成员均未使用移动设备或电脑上网,那么$Dig_{it}=0$。

2. 数字化应用强度(Time)

数据来自个人调查问卷中编号为U250M的访问题目,"一般情况下,您每周业余时间里有多少小时用于上网"。以家庭为单元,利用家中所有成员业余上网时间的平均值衡量家庭数字化应用的强度。

（三）家庭控制变量

参照余玲铮（2015）、周利等（2018）的做法，本书引入家庭财务类变量、规模结构类变量和健康变量。

1. 家庭收入（F_Income）

数据来源于家庭调查问卷，对应编号为FINC的访问题目，"过去12个月，包括经营性收入、工资性收入、财产性收入、政府的补助补贴或他人的经济支持等，您家各项收入加在一起的总收入有多少元？"

2. 家庭现金及存款（$F\_Savings$）

数据来源于家庭调查问卷，对应编号为FT1的访问题目，"您家目前所有家庭成员的现金及存款总额大概有多少？"

3. 家庭住房（$F\_Resivalue$）

采用现住房市场价值来衡量，数据来自家庭调查问卷，对应编号为FQ6CKP的访问题目，"您估计您家现在居住的这所房子当前的市场总价是多少万元？"

4. 家庭债务（F_Debit）

数据来自家庭调查问卷，对应编号为FT6的访问题目，"除购房或建房借款外，您家是否因其他原因欠亲戚朋友或银行以外其他组织或个人（例如民间信贷机构）的钱没有还清？"若"是"，则 $F\_Debit=1$；若"否"，则 $F\_Debit=0$。

5. 家庭规模（F_Size）

2014年和2016年家庭规模及结构状况数据来自家庭结构调查问卷，2018年和2020年相关数据通过合并个人调查问卷数据计算得出。

6. 少儿抚养比（F_Kid）

将周岁小于16岁的家庭成员归为少儿，16～60岁的成员归为劳动力，家中少儿占劳动力比值定义为少儿抚养比。

7. 老人抚养比（F_Old）

周岁大于60岁的家庭成员归为老人，16～60岁的成员归为劳动力，老人占劳动力比值定义为老人抚养比。

8. 家庭健康状况(F_Health)

数据来源于个人调查问卷,对应编号为 KZ202 的调查题目"受访者/少儿的健康状况",1~7 表示从"很差"到"很好"的健康水平序列。家庭健康水平使用家中所有成员健康状况的平均值来度量。

(四)户主控制变量

首先根据"财务回答人"来识别家庭户主,对应家庭调查问卷中编号为 RESP1 的题目。继而,参照刘晓欣等(2012)、王旭光(2017)的做法,选取户主年龄、性别、是否为中共党员、受教育水平、是否在婚以及现阶段是否有工作作为户主控制变量。

1. 户主年龄(H_Age)

数据来自成人调查问卷,计算方法为 CFPS_age = 调查年份 − CFPS_BirthY。

2. 性别(H_Gender)

数据来自成人调查问卷中的性别变量 CFPS_gender,若是"男性",则 $H\_Gender=1$;若是"女性",则 $H\_Gender=0$。

3. 是否为中共党员(H_Ccp)

数据来自成人调查问卷,对应编码为 QN4001 的题目,"是否是中共党员?"若"是",则 $H\_Ccp=1$;若"否",则 $H\_Ccp=0$。

4. 受教育水平(H_Edu)

数据来自成人调查问卷,对应编码为 CFPS_latest_edu 的题目,"已完成(毕业)的最高学历是?"若为"文盲",则 $H\_Edu=0$;若为"小学",则 $H\_Edu=6$;若为"初中",则 $H\_Edu=9$;若为"高中/中专/技校/职高",则 $H\_Edu=12$;若为"大专",则 $H\_Edu=15$;若为"大学本科",则 $H\_Edu=16$;若为"硕士",则 $H\_Edu=19$;若为"博士",则 $H\_Edu=22$。

5. 是否在婚($H\_Marriage$)

数据来源于成人调查问卷,对应编码为 EA0 的题目,"现在的婚姻状况是?"若"有配偶(在婚)",则 $H\_Marriage=1$;若"未婚"、"离婚"或"丧偶",则 $H\_Marriage=0$。

6. 现阶段是否有工作（H_Employ）

数据来自成人调查问卷，对应编码为 GB1 的题目，"农业工作、挣工资的工作、个体/私营经济活动都算工作，但不包括家务劳动和义务的志愿劳动。过去一周您是否工作了至少 1 个小时?"若"是"，则 H_Employ＝1；若"否"，则 H_Employ＝0。

（五）价格控制变量

价格控制变量包括旅游价格水平（Ln P_Tourism）、食品价格水平（Ln P_Food）、衣着价格水平（Ln P_Dress）、居住价格水平（Ln P_House）、设备用品价格水平（Ln P_Daily）、交通通信价格水平（Ln P_Trco）、教育文娱价格水平（Ln P_Eec）、医疗价格水平（Ln P_Med）、其他消费品价格水平（Ln P_Other）。数据来源于《中国统计年鉴》中各省市区居民消费品分类价格指数，以 2010 年为基年换算成可比价格。消费价格的整体水平采用 Stone 价格指数，计算方法如式（5-6）所示。

（六）调节变量

Info 和 Buy 分别表示数字化应用作为信息渠道和购买渠道的重要程度，数据来源于 CFPS 问卷中编号 Ku802 和 Ku705 的题目。重要程度从低到高，Info 为赋值 1～5 的非连续变量，Buy 为赋值 1～6 的非连续变量。

（七）同群效应变量

旅游消费水平同群效应（$Peer \ln T_{it}^c$）和旅游消费比重同群效应（$Peer w_{it}^c$）均根据式（4-13）计算得到。

（八）群体特征变量

群体特征变量（$\int PeerZ$），包括数字化应用群体特征变量、户主群体特征变量和家庭群体特征变量，根据式（5-13）计算得到。

（九）其他控制变量

为消除城乡、省份、年份和个体差异的可能影响，实证研究中纳入城乡、省份控制变量,并采用面板双向固定效应。为缩小数据绝对数值方便计算,减少数据异方差的影响,对家庭旅游消费支出额、家庭收入总额、家庭现金与存款总额及家庭住房现价值进行对数化处理。回归采用聚类稳健标准误。数字化与居民旅游消费变量的描述性统计见表5-1。

表 5-1 数字化与居民旅游消费变量的描述性统计

类别	变量	符号	均值	标准差	最小值	最大值
被解释变量	旅游消费水平	LnT	1.469	3.002	0.000	10.253
	旅游消费比重	$W\_Tourism$	0.947	3.259	0.000	58.594
	食品消费比重	W_Food	38.587	19.633	0.139	100.000
	衣着消费比重	W_Dress	5.304	4.875	0.000	59.809
	居住消费比重	W_House	13.674	14.991	0.000	100.000
	设备用品消费比重	W_Daily	9.453	12.469	0.000	96.200
	交通通信消费比重	W_Trco	9.952	8.171	0.000	83.218
	教育文娱消费比重	W_Eec	7.938	13.449	0.000	89.831
	医疗消费比重	W_Med	11.841	15.802	0.000	100.000
	其他消费比重	W_Other	1.222	2.323	0.000	57.812
核心解释变量	是否数字化	Dig	0.645	0.479	0.000	1.000
	数字化应用强度	$Time$	4.646	6.636	0.000	122.500
家庭控制变量	家庭收入	LnF_Income	10.644	1.110	0.000	16.248
	住房价值	$LnF\_Resivalue$	2.632	1.317	0.000	6.217
	现金及存款	$LnF\_Savings$	6.068	5.001	0.000	13.305
	家庭债务	F_Debit	0.149	0.356	0.000	1.000
	家庭规模	F_Size	3.781	1.811	1.000	19.000
	少儿抚养比	F_Kid	0.202	0.282	0.000	4.000
	老人抚养比	F_Old	0.326	0.502	0.000	4.000
	健康状况	F_Health	5.620	1.042	1.000	7.000
户主控制变量	年龄	H_Age	49.714	11.506	16.000	91.000
	性别	H_Gender	0.495	0.500	0.000	1.000
	中共党员	H_Ccp	0.067	0.250	0.000	1.000

表 5-1（续）

	变量	符号	均值	标准差	最小值	最大值
户主控制变量	受教育年限	H_Edu	7.251	4.358	0.000	19.000
	已婚	$H\_Marriage$	0.811	0.391	0.000	1.000
	工作	H_Employ	0.897	0.304	0.000	1.000
价格控制变量	旅游价格水平	$LnP\_Tourism$	4.792	0.062	4.578	4.890
	食品价格水平	LnP_Food	4.943	0.036	4.863	5.027
	衣着价格水平	LnP_Dress	4.709	0.039	4.584	4.799
	居住价格水平	LnP_House	4.776	0.030	4.717	4.904
	设备用品价格水平	LnP_Daily	4.683	0.033	4.630	4.795
	交通通信价格水平	LnP_Trco	4.588	0.023	4.501	4.628
	教育文娱价格水平	LnP_Eec	4.673	0.030	4.606	4.737
	医疗价格水平	LnP_Med	4.748	0.041	4.673	4.870
	其他价格水平	LnP_Other	4.779	0.019	4.745	4.821
	Stone 价格指数	LnP^*	4.741	0.321	0.461	7.106
同群效应变量	旅游消费水平	$lnPeerT$	1.362	1.695	0.000	10.033
	旅游消费比重	$PeerW\_Tourism$	0.795	1.543	0.000	23.781
群体特征变量	是否使用数字化	$PeerInternet$	0.673	0.214	0.000	1.000
	数字化应用强度	$PeerTime$	3.972	2.462	0.000	35.000
	平均年龄	$PeerH\_Age$	47.997	4.703	22.500	75.500
	性别比例	$PeerH\_Gender$	0.493	0.219	0.000	1.000
	中共党员比例	$PeerH\_Ccp$	0.019	0.045	0.000	0.667
	平均受教育年限	$PeerH\_Edu$	7.310	2.564	0.000	19.000
	已婚比例	$PeerH\_Marriage$	0.908	0.116	0.000	1.000
	在职比例	$PeerH\_Employ$	0.841	0.174	0.000	1.000
	平均收入	$lnPeerF\_Income$	3.790	0.825	1.000	8.000
	平均住房现值	$lnPeerF\_Resivalue$	0.247	0.178	0.000	2.000
	平均现金及存款	$lnPeerF\_Savings$	0.206	0.128	0.000	2.000
	借贷比例	$lnPeerF\_Debit$	10.635	0.589	5.861	14.338
	平均人口规模	$PeerF\_Size$	6.067	2.403	0.000	13.305
	少儿抚养比	$PeerF\_Kid$	0.157	0.133	0.000	1.000
	老人抚养比	$PeerF\_Old$	2.664	0.909	0.000	6.217
	健康状况	$PeerF\_Health$	5.646	0.575	2.500	7.000

第二节 实证结果分析

根据基准模型(5-1),采用线性面板回归法(Fe-OLS)和工具变量法(IV-2SLS)验证数字化对居民旅游消费水平的影响效应。根据基于扩展的 AIDS 模型(5-7),采用似不相关回归法(SUR,Seemingly Unrelated Regression),验证数字化对居民旅游消费比重的影响效应。

一、数字化提高居民旅游消费水平及比重

(一)基准回归结果分析

表 5-2 展示了面板数据线性回归的参数估计结果。结果表明,"是否数字化"(Dig)和"数字化应用强度"(Time)的估计系数均显著为正,验证了数字化促进居民旅游消费的积极效应。根据表 5-2 中的结果,控制家庭相关变量和户主相关变量后,结论依然有效;采用数字化应用的家庭旅游消费水平比未采用数字化应用的家庭提高了 40.7%。

表 5-2 基准(FE-OLS)回归结果

ln T	(1)	(2)	(3)	(4)
	(参照组)			
Dig	0.993***	0.407***		
	(0.036)	(0.040)		
Time			0.089***	0.051***
			(0.004)	(0.004)
LnF_Income		0.407***		0.378***
		(0.023)		(0.022)
Ln$F\_Resivalue$		0.297***		0.2818***
		(0.020)		(0.020)
Ln$F\_Savings$		0.040***		0.038***
		(0.004)		(0.004)
F_Debit		−0.044		−0.052
		(0.052)		(0.051)

表 5-2（续）

ln T	(1)	(2)	(3)	(4)
F_Size		−0.084***		−0.051***
		(0.012)		(0.012)
F_Kid		−0.039		0.011
		(0.076)		(0.074)
F_Old		0.234***		0.241***
		(0.048)		(0.047)
F_Health		0.082***		0.077***
		(0.018)		(0.018)
H_Age		−0.004		−0.003
		(0.002)		(0.002)
H_Gender		−0.270***		−0.263***
		(0.045)		(0.044)
H_Ccp		0.449***		0.449***
		(0.105)		(0.102)
H_Edu		0.132***		0.125***
		(0.006)		(0.006)
H_Marriage		−0.266***		−0.220***
		(0.076)		(0.074)
H_Employ		−0.232***		−0.182***
		(0.058)		(0.057)
时间效应	固定	固定	固定	固定
个体效应	固定	固定	固定	固定
常数项	0.931***	−4.560***	1.067***	−4.382***
	(0.025)	(0.275)	(0.029)	(0.265)
家庭观测值	3 266	3 266	3 266	3 266

注：*** 表示 $P<0.01$，** 表示 $P<0.05$，* 表示 $P<0.1$。

控制变量方面，绝大部分家庭变量及户主变量会显著影响家庭旅游消费水平。家庭收入（LnF_Income）、住房价值（LnF_Resivalue）、现金及存款规模（LnF_Savings）等都对家庭旅游消费产生显著影响，这与王克稳（2017）、张云亮等（2019）关于家庭财富与居民旅游消费的研究结论一致。

房贷之外的家庭债务(F_Debit)对家庭旅游消费产生显著"挤出"效应,该结论与马轶群(2016)的结论基本一致。老人抚养比(F_Old)的系数显著为正,说明人口老龄化是促进居民旅游消费的重要因素。数字化发展与人口老龄化的叠加作用,将成为旅游消费市场可持续发展的重要引擎。户主性别(H_Gender)对家庭旅游消费水平的影响显著为负,说明女性户主显出比男性户主更强烈的旅游消费意愿。户主受教育年限(H_Edu)对家庭旅游消费产生显著正向作用,且拥有中共党员身份的户主(H_Ccp)能够在更大程度上提高家庭旅游消费水平,这与王克稳(2017)、朱诗娥(2018)等研究关于教育水平、中共党员身份通过影响收入水平、社会资本对居民消费产生影响的结论一致。此外,户主已婚($H\_Marriage$)或户主工作(H_Employ)对家庭旅游消费存在抑制作用。考虑到研究问题需要,此处不对控制变量的结果展开过多的讨论。

(二)工具变量回归结果分析

测量误差、遗漏变量与反向因果常常困扰着实证研究的因果关系推断。针对测量误差问题,本书基于2014—2020年4期追踪3 266户家庭样本数据开展研究,高样本容量本身就是缓解内生性问题的有效方法,同时运用"是否数字化"(Dig)和"数字化应用强度"(Time)两项指标测度家庭数字化应用情况,再次增强了研究结论的稳健性。

关于遗漏变量问题,尽管本书参照既有文献纳入了家庭变量与户主变量来消除家庭特征对考察效应的影响,但是数字化应用以及旅游消费均是家庭成员根据个人或家庭意愿作出的决策,而决策过程很可能受到个人或家庭习惯、偶然事件等诸多因素的影响。由于相关变量信息难以衡量控制,可能产生遗漏变量问题。有鉴于此,本书在实证回归中采用了双向固定效应和聚类稳健性标准误,尽可能地减少遗漏变量对研究结论的干扰。

反向因果也是本书不能忽视的内生性问题。一方面,数字化应用减少信息不对称、降低交易成本的成本效应可以加速居民旅游消费的达成并促成新的旅游消费;另一方面,一些居民可能因旅游消费而产生对数字化应用的需求。由此存在的反向因果可能导致参数估计不一致,这需要进一步的检验。

Hausman检验结果显示 p=0.000,拒绝了家庭数字化应用状况为外生变量的原假设。为解决反向因果问题,本书采用家庭所在村(居)委的平均数字化应用状况(本户除外)(PeerDig、PeerTime)作为家庭"是否数字化"(Dig)和"数字化应用强度"(Time)的工具变量。从相关性来看,所选工具变量衡量的是家庭所在区域的平均数字化应用水平,区域数字化应用比例越高,家庭数字化应用的可能性越大;区域数字化应用强度越大,家庭数字化应用的强度越大。从外生性来看,区域数字化应用水平并不会直接影响家庭的旅游消费,可能影响路径往往是通过家庭数字化应用而间接影响家庭的旅游消费。因此,从关联关系判断,村(居)委(本户除外)平均"是否数字化"与"数字化应用强度"指标满足作为工具变量的相关性和外生性要求。

表5-3描述了工具变量方法的回归结果,弱工具变量检验(Cragg-Donald Wald)的F统计量分别为465.171和441.046,说明不存在弱工具变量现象。Sargan检验的P统计值为0.000,表明工具变量符合外生变量要求,能够有效缓解内生性问题困扰。根据工具变量方法的估计结果,"是否数字化"(Dig)和"数字化应用强度"(Time)均可以显著促进居民旅游消费,进一步说明了估计结果的稳健性和可靠性。

表5-3 工具变量(IV-2SLS)回归结果

$\ln T$	(1)	(2)	(3)	(4)
		(参照组)		
Dig	5.312***	3.758***		
	(0.314)	(0.542)		
Time			0.468***	0.346***
			(0.022)	(0.033)
LnF_Income		0.258***		0.228***
		(0.045)		(0.037)
$LnF\_Resivalue$		0.263***		0.195***
		(0.028)		(0.026)
$LnF\_Savings$		0.023***		0.022***
		(0.006)		(0.006)
F_Debit		−0.149**		−0.096
		(0.067)		(0.064)

表 5-3（续）

ln T	(1)	(2)	(3)	(4)
F_Size		−0.272***		−0.058***
		(0.039)		(0.016)
F_Kid		0.099		0.604***
		(0.094)		(0.112)
F_Old		0.419***		0.461***
		(0.057)		(0.057)
F_Health		−0.069*		−0.076***
		(0.036)		(0.029)
H_Age		0.015***		0.015***
		(0.005)		(0.004)
H_Gender		−0.053		−0.080
		(0.063)		(0.057)
H_Ccp		0.359***		0.435***
		(0.126)		(0.116)
H_Edu		0.079***		0.062***
		(0.010)		(0.009)
H_Marriage		−0.128		−0.181*
		(0.094)		(0.105)
H_Employ		−0.243***		−0.061
		(0.070)		(0.077)
常数项	−1.438***	−3.898***	−0.170**	−3.678***
	(0.151)	(0.441)	(0.068)	(0.387)
家庭观测值	3 266	3 266	3 266	3 266
Weak IV 检验	465.171***	441.046***		
Sargan 检验	P=0.000	P=0.000		

注：*** 表示 $P<0.01$，** 表示 $P<0.05$，* 表示 $P<0.1$。

（三）AIDS 回归结果分析

运用 Stata16.0 软件进行似不相关回归，各方程残差间的"同期无相关"检验结果如表 5-4 所示。Breusch-Pagan 检验的结果显示 $P_r=0.000$，说明各项消费方程之间的残差存在相关性,选择似不相关回归方法可以提高方程估计效果。由于可加性的限制,在似不相关回归时删除一个方程式以消除多重共线性,被删除方程的估计系统将通过加和性和齐次性约束条件计算得到。

表5-4 九类消费方程残差的相关性矩阵

相关系数	W_Tourism	W_Food	W_Dress	W_House	W_Daily	W_Trco	W_Eec	W_Med	W_Other
W_Tourism	1.000								
W_Food	−0.062	1.000							
W_Dress	0.074	−0.038	1.000						
W_House	−0.052	−0.353	−0.123	1.000					
W_Daily	−0.006	−0.295	−0.072	−0.117	1.000				
W_Trco	0.031	−0.077	0.110	−0.144	−0.045	1.000			
W_Eec	−0.009	−0.256	−0.065	−0.183	−0.169	−0.155	1.000		
W_Med	−0.016	−0.323	−0.077	−0.174	−0.140	−0.138	−0.144	1.000	
W_Other	0.114	−0.027	0.153	−0.046	−0.007	0.072	−0.043	−0.037	1.000

独立性检验：$Chi2(36)=9\ 082.287$；$Pr=0.000\ 0$

进而利用似不相关回归迭代500次估计方程相关系数,结果如表5-5所示。根据参数估计结果,可以分析家庭旅游消费支出的影响因素、价格弹性、收入弹性等。本部分重点关注数字化应用对居民旅游消费支出比重的影响,对其他消费支出不做展开。

从实证结果来看,在价格水平和家庭条件相同的情况下,采用数字化应用的家庭在表现出更高的旅游消费比重($W\_Tourism$)、家庭设备用品支出(W_Daily)、教育文娱支出(W_Eec)和其他服务支出(W_Other)方面均表现出更高的支出水平。同时,数字化应用家庭在食品支出(W_Food)、居住支出(W_House)和医疗支出(W_Med)方面的比重相较于未进行数字化应用的家庭更低。这一发现表明,数字化正在推动居民消费从生存型消费向享受型和发展型消费转变。该回归分析为杜丹清(2017)关于互联网推动消费升级的理论假设提供了家庭层面的实证支持。因此,数字化应用促进了客源地居民消费结构的转型升级,从需求端为推动居民旅游消费发挥了重要作用。

表 5-5 基于扩展 AIDS 模型的消费结构参数估计结果

参数估计值	W_Tourism	W_Food	W_Dress	W_House	W_Daily	W_Trco	W_Eec	W_Med	W_Other
Dig	0.002*** (−0.001)	−0.014*** (−0.004)	0.0001 (−0.001)	−0.013*** (−0.003)	0.005** (−0.003)	0.003 (−0.002)	0.034*** (−0.003)	−0.020*** (−0.003)	0.001*** (0.000)
LnP_Tourism	−0.003 (−0.006)	−0.264*** (−0.032)	0.015* (−0.009)	0.086*** (−0.026)	0.087*** (−0.022)	0.031** (−0.014)	0.031 (−0.028)	0.016 (−0.027)	−0.003 (−0.005)
LnP_Food	−0.069* (−0.042)	0.541*** (−0.148)	−0.104* (−0.058)	−0.591*** (−0.191)	0.505*** (−0.153)	0.088 (−0.097)	−0.799*** (−0.165)	0.345** (−0.161)	0.012 (−0.028)
LnP_Dress	−0.041*** (−0.012)	0.466*** (−0.062)	−0.051*** (−0.018)	−0.124* (−0.064)	−0.015 (−0.053)	−0.143*** (−0.034)	−0.209*** (−0.056)	0.103* (−0.055)	−0.010 (−0.009)
LnP_House	0.008 (−0.021)	0.783*** (−0.111)	−0.105*** (−0.035)	−0.840*** (−0.109)	0.311*** (−0.093)	−0.320*** (−0.061)	−0.179* (−0.100)	0.288*** (−0.107)	0.021 (−0.017)
LnP_Daily	0.024 (−0.018)	−0.079 (−0.090)	0.074*** (−0.026)	−0.169** (−0.080)	−0.053 (−0.073)	0.117*** (−0.040)	−0.048 (−0.063)	0.071 (−0.068)	0.031** (−0.014)
LnP_Trco	−0.027 (−0.020)	0.188** (−0.094)	0.016 (−0.027)	−0.302*** (−0.089)	0.087 (−0.080)	0.068 (−0.047)	−0.108 (−0.075)	0.031 (−0.080)	0.020 (−0.015)
LnP_Eec	−0.034*** (−0.013)	−0.110 (−0.075)	0.122*** (−0.021)	−0.248*** (−0.062)	0.267*** (−0.060)	−0.176*** (−0.034)	0.071 (−0.060)	0.066 (−0.063)	0.037*** (−0.010)
LnP_Med	−0.015 (−0.019)	−0.239*** (−0.079)	0.015 (−0.025)	−0.075 (−0.086)	0.053 (−0.061)	−0.002 (−0.044)	−0.114* (−0.059)	0.399*** (−0.067)	0.025** (−0.011)
LnP_Other	0.157 (−0.110)	−1.287*** (−0.432)	0.0191 (−0.154)	2.262*** (−0.504)	−1.242*** (−0.419)	0.338 (−0.263)	1.354*** (−0.418)	−1.319*** (−0.438)	−0.133* (−0.071)
LnP*	−0.021*** (−0.001)	0.273*** (−0.012)	−0.008*** (−0.001)	−0.042*** (−0.005)	−0.070*** (−0.006)	−0.017*** (−0.002)	−0.049*** (−0.004)	−0.041*** (−0.004)	−0.025*** (−0.001)
LnF_Income	0.002*** (0.000)	−0.000 (−0.002)	0.003*** (0.000)	0.002 (−0.002)	0.009*** (−0.001)	−0.003*** (−0.001)	−0.008*** (−0.001)	−0.008*** (−0.002)	0.001 (0.000)
LnF_Resivalue	0.001*** (0.000)	0.006*** (−0.001)	−0.001* (0.000)	0.003** (−0.001)	−0.001 (−0.001)	−0.001 (−0.001)	−0.007*** (−0.001)	−0.007*** (−0.001)	0.001 (0.000)
LnF_Savings	0.001*** (−0.000)	0.002 (−0.002)	0.001 (−0.001)	−0.002 (−0.001)	0.001 (−0.001)	0.000 (−0.001)	0.000 (−0.001)	−0.001*** (−0.002)	0.001*** (−0.001)
LnF_Debit	−0.003*** (−0.001)	−0.035*** (−0.005)	−0.008*** (−0.001)	−0.011*** (−0.004)	0.007* (−0.004)	−0.006*** (−0.002)	0.000 (−0.004)	0.046*** (−0.004)	0.001 (−0.001)
F_Size	−0.001*** (0.000)	−0.009*** (−0.001)	0.000 (0.000)	−0.004*** (−0.001)	−0.001 (−0.001)	0.003*** (0.000)	0.009*** (−0.001)	0.003*** (−0.001)	−0.001*** (0.000)
F_Old	0.002*** (−0.001)	0.005 (−0.003)	−0.004*** (−0.001)	0.004 (−0.003)	−0.003 (−0.002)	−0.006*** (−0.002)	−0.022*** (−0.002)	0.026*** (−0.003)	−0.001 (0.000)

表 5-5（续）

参数估计值	W_Tourism	W_Food	W_Dress	W_House	W_Daily	W_Trco	W_Eec	W_Med	W_Other
F_Kid	0.003*** (−0.001)	0.034*** (−0.007)	0.009*** (−0.002)	−0.008 (−0.006)	0.003 (−0.005)	−0.009*** (−0.003)	−0.026*** (−0.006)	−0.007 (−0.006)	0.003*** (−0.001)
F_Health	0.001** (0.000)	0.004** (−0.002)	0.003** (0.000)	−0.002 (−0.002)	0.0019* (−0.001)	0.002** (−0.001)	0.004** (−0.001)	−0.012*** (−0.002)	0.001** (0.000)
H_Age	0.000 (0.000)	0.001* (0.000)	−0.000* (0.000)	−0.000 (0.000)	−0.000 (0.000)	−0.001*** (0.000)	−0.001*** (0.000)	0.000 (0.000)	0.001*** (0.000)	0.000 (0.000)
H_Gender	−0.002*** (−0.001)	0.011*** (−0.003)	−0.003*** (−0.001)	0.007** (−0.003)	−0.002 (−0.002)	0.005** (−0.002)	−0.015*** (−0.003)	−0.001 (−0.003)	−0.0001* (0.000)
H_Ccp	0.004*** (−0.001)	−0.015*** (−0.005)	0.003* (−0.001)	−0.006 (−0.004)	0.003 (−0.004)	0.009*** (−0.002)	0.004 (−0.004)	−0.004 (−0.004)	0.000 (0.000)
H_Edu	0.001*** (0.000)	0.001* (0.000)	−0.001*** (0.000)	−0.001*** (0.000)	0.000 (0.000)	−0.001*** (0.000)	0.000 (0.000)	−0.001* (0.000)	0.000*** (0.000)
H_Employ	−0.002*** (−0.001)	−0.049*** (−0.004)	0.006*** (−0.003)	0.005 (−0.003)	0.021*** (−0.002)	0.012*** (−0.003)	0.026*** (−0.004)	−0.017*** (−0.004)	0.002*** (−0.001)
H_Marriage	−0.001 (−0.001)	−0.002 (−0.006)	−0.001 (−0.002)	0.000 (−0.004)	0.001 (−0.004)	−0.000 (−0.003)	0.004 (−0.004)	0.004 (−0.005)	−0.000 (−0.001)
固定效应	双向	双向	双向	双向	双向	双向	双向	双向	双向
常数项	−2.197* (−1.311)	13.26* (−6.838)	−0.254 (−1.886)	10.54* (−6.311)	−1.473 (−4.778)	−0.328 (−3.170)	−25.07*** (−5.330)	8.704 (−5.507)	−2.185** (−1.064)
家庭观测值	3 266	3 266	3 266	3 266	3 266	3 266	3 266	3 266	3 266

注：*** 表示 $P<0.01$，** 表示 $P<0.05$，* 表示 $P<0.1$。

综合以上实证分析，研究假设 H_1 得证。

二、数字化影响居民旅游消费的群体异质性

上述分析表明，数字化显著提高了家庭旅游消费水平及旅游消费比重。线性回归方法仅考察了数字化应用对家庭旅游消费平均意义上的影响效应，并未考察数字化应用对不同类型家庭的差异化影响。实际上，无论是宏观层面的城乡差异，还是微观层面的家庭特征差异与户主特征差异，都是影响居民数字化应用及居民消费选择的外生变量，为深入地解读数字化对居民旅游消费的影响提供了重要的分析视角。

(一) 群体异质性的划分标准

1. 城乡差异

长期以来,城乡二元结构是我国的基本国情之一。以本书所使用的 3 266 户 CFPS 追踪调查家庭为例,城乡的数字化发展水平具有显著差异。2014 年,72.85%的城市家庭接入互联网,仅有 49.15%的农村家庭接入互联网;2018 年,高达 83.81%的城市家庭接入互联网,有 75.46%的农村家庭接入互联网。同时,我国居民的旅游消费水平也呈现出典型的城乡二元结构特征(刁宗广等,2010)。以国内游客人均花费为例,2023 年城镇居民人均旅游花费 1 117.02 元/人/次,而农村居民人均旅游花费仅为 619.47 元/人/次。

2. 户主特征差异

户主作为家庭的"财务回答人",通常对家庭消费支出拥有较大的决策权和支配权。尹向飞等(2017)针对城镇家庭的实证研究表明,家庭户主特征会对家庭消费产生显著性影响。贺达等(2018)的实证研究发现,互联网对家庭旅游消费的影响程度同户主的互联网接受能力高度相关,而互联网接受能力主要受到个人的年龄和学历特征的影响。

在年龄和学历方面,图 5-1、图 5-2 绘制了 2007—2016 年我国不同年龄阶段及不同学历人群的互联网渗透率情况。从年龄来看,尽管各年龄段人

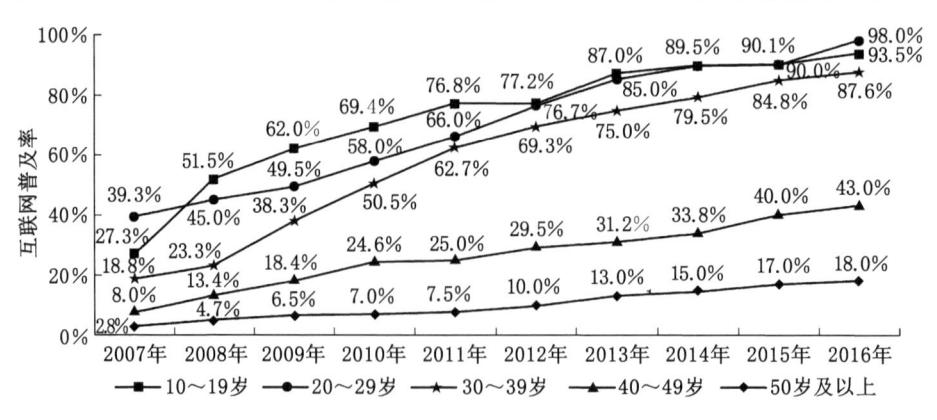

图 5-1 我国各年龄段人群的互联网普及率

数据来源:《第 29 次中国数字化发展状况统计报告》及前瞻网公开数据资料(https://www.qianzhan.com/)。公开可查询数据仅限 2007—2016 年。

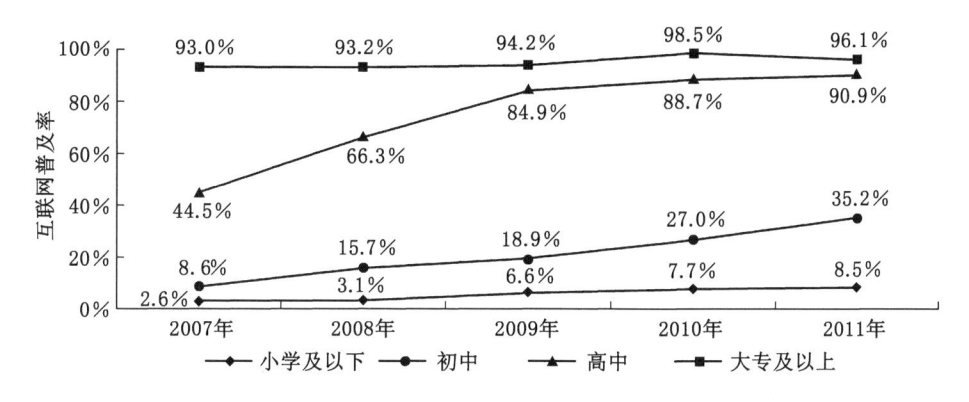

图 5-2 我国各学历人群的互联网普及率

数据来源：《中国信息安全统计年鉴》（2012 年）。公开可查询数据仅限 2007—2011 年。

群的互联网普及率维持上升，但是 40 岁及以上人群的互联网普及率显著低于年轻群体且增长缓慢。从学历来看，初中及以下学历人群的互联网普及率不到完成义务教育人群互联网普及率的 1/3。可以发现，我国居民的互联网普及率水平在年龄是否达到 40 岁和是否完成义务教育之间出现了明显的群体分化。

在性别方面，20 世纪末以 Meyers-Levy（1988）为代表的学者开始关注性别对消费的影响作用。伴随女性社会地位和经济能力的普遍提高，女性群体对消费市场的影响进入一个全新的时期。英国《Economist》周刊称，女性对经济发展的贡献甚至超过了新技术，女性推动经济发展的现象被称为"女性经济"或"她经济"。Goodrich（2014）的研究进一步指出，女性对互联网广告的敏感度和接受度更高，更倾向于做出基于感性思维的消费决策。基于以上研究可发现，数字化促进居民旅游消费的效应在女性群体中更加突出。

3. 家庭特征差异

根据消费理论，收入在消费中发挥决定性的作用。数字化对居民旅游消费的影响作用，离不开收入水平这一先决条件。因此，无论是宏观层面的城乡差异还是微观层面的家庭特征差异，都是影响家庭数字化应用及家庭消费选择的外生变量，为深入解读数字化对家庭旅游消费的影响提供了必要的分析视角。

(二)群体异质性的实证结果

1. 数字化影响居民旅游消费水平的群体异质性

在城乡异质性方面,将样本分为城市家庭和农村家庭进行分组回归,并通过费希尔检验(Fisher's Permutation test)判断数字化应用在城乡两类样本中差异的显著性,结果见表5-6。表5-6中"是否数字化"(Dig)和"数字化应用强度"(Time)的回归系数显著为正,说明无论是在城市还是在农村,数字化均是释放居民旅游需求的重要因素。根据费希尔检验结果,数字化应用强度对居民旅游消费水平的影响不存在显著的城乡异质性,但是"是否数字化"(Dig)对居民旅游消费水平的影响程度在城乡之间存在显著差异($P=0.000$)。相比城市地区而言(0.434),数字化应用对农村居民旅游消费的促进作用较小(0.308),这是制约我国整体旅游消费水平提高的原因之一。因此,应进一步推动数字基础设施在农村地区的建设推广,加快5G网络对偏远县城和乡镇地区的覆盖,为数字乡村建设提供良好的发展环境。提升农村居民的数字化素养及消费习惯,对缩小城乡居民旅游消费差距具有现实意义。

表5-6 数字化影响居民旅游消费的城乡异质性

ln T	(1)城市	(2)农村	(3)城市	(4)农村
Dig	0.434***	0.308***		
	(0.101)	(0.047)		
Time			0.044***	0.043***
			(0.008)	(0.006)
家庭变量	控制	控制	控制	控制
户主变量	控制	控制	控制	控制
常数项	−6.965***	−1.823***	−6.833***	−1.779***
	(0.702)	(0.330)	(0.691)	(0.327)
家庭观测值	1 336	1 930	1 336	1 930
回归结果	$P=0.000$		$P=0.170$	

注:*** 表示 $P<0.01$,** 表示 $P<0.05$,* 表示 $P<0.1$。

参照王琪延等(2018)的做法,运用分位数回归模型来分析数字化影响居民旅游消费的收入异质性,回归结果如表5-7所示。整体来看,数字化对居民旅游消费具有显著正向作用,该结果与前文一致。具体地,随着收入水平由条件分布的低分位点向高分位点变迁,"是否数字化"(Dig)的回归系数从0.104逐渐转为1.166,"数字化应用强度"(Time)的回归系数也从0.017转变为0.118。说明数字化促进居民旅游消费的赋能效用以居民收入状态为前提条件,其效应大小随着收入水平的提高而不断增强,这是固定效应模型无法捕捉的信息。

表5-7 数字化影响居民旅游消费的收入分位数回归

ln T	(1)q10分位	(2)q25分位	(3)q50分位	(4)q75分位	(5)q90分位
Dig	0.104***	0.157***	0.241***	0.689***	1.166***
	(0.033)	(0.035)	(0.044)	(0.110)	(0.154)
Time	0.017***	0.022***	0.030***	0.072***	0.118***
	(0.004)	(0.005)	(0.006)	(0.009)	(0.012)
家庭变量	控制	控制	控制	控制	控制
户主变量	控制	控制	控制	控制	控制
家庭观测值	508	1 132	1 919	2 610	2 967

注:*** 表示 $P<0.01$,** 表示 $P<0.05$,* 表示 $P<0.1$。

为分析数字化影响居民旅游消费的户主特征异质性,在基准模型的基础上引入数字化与户主年龄(≥40岁为1;<40岁为0)、数字化与户主学历(≥9年为0;<9年为1)的交叉项,参数回归结果如表5-8所示。根据数字化回归系数和交叉项回归系数可知,数字化对年轻户主家庭和完成义务教育户主家庭旅游消费水平的驱动效应分别为0.694和0.596;而数字化对高龄户主和低学历户主旅游消费水平的驱动效应仅为0.286(0.286=0.694−0.408)和0.154(0.154=0.596−0.442)。由此可见,在数字化应用不断扩大的同时,应激励高龄群体以及低学历群体学习掌握数字化工具,缩小数字化应用方面的数字鸿沟,让数字消费红利能够渗透到更广泛的人群中去。

表 5-8 数字化影响居民旅游消费的户主异质性

ln T	年龄	学历
Dig	0.694***	0.596***
	(0.098)	(0.066)
年龄	0.005	
	(0.003)	
Dig×年龄 (≥40 岁为 1；<40 岁为 0)	−0.408***	
	(0.104)	
学历		0.097***
		(0.008)
Dig×学历 (≥9 年为 0；<9 年为 1)		−0.442***
		(0.078)
家庭/户主变量	控制	控制
常数项	−4.459***	
	(0.345)	
家庭观测值	3 266	3 266

注：*** 表示 $P<0.01$，** 表示 $P<0.05$，* 表示 $P<0.1$。

为分析数字化影响居民旅游消费的户主性别异质性，在基准模型的基础上引入数字化与户主性别的交叉乘积项，参数回归结果如表 5-9 所示。"是否数字化"(Dig)与户主性别交叉项的系数显著为负，说明数字化影响促进居民旅游消费的效果在男性户主家庭弱于女性户主家庭，证明了数字化对居民旅游消费的影响存在显著的"她经济"现象。除女性旅游外，"亲子游""全家游"也是备受关注的旅游产品类型，是数字旅游的重要细分市场。表 5-9 中描述了数字化与少儿抚养比交互项、数字化与家庭规模交互项的参数估计结果。交互项回归系数显著为负，说明数字化提升居民旅游消费的作用在高少儿抚养比和人口规模较大家庭中的表现较弱。实证结论对数字旅游实践的指导意义在于，应充分认识女性群体在数字旅游消费市场中的巨大潜力，可基于大数据为"她旅游"提供专门化的旅游产品与服务组合，以提振旅游消费市场。此外，发展数字化旅游需要重视"亲子游""全家游"等旅游消费需求的增长空间，为相关居民提供精准化的旅游产品选择和优惠方案，以进一步释放潜在旅游消费需求。

表 5-9 数字化影响居民旅游消费中的细分市场现象

ln T	(1)"她旅游"	(2)"亲子游"	(3)"家庭游"
Dig	0.501***	0.435***	0.680***
	(0.064)	(0.057)	(0.107)
性别 (男=1;女=0)	−0.038		
	(0.066)		
Dig×性别	−0.282***		
	(0.088)		
少儿抚养比		0.299**	
		(0.130)	
Dig×少儿抚养比		−0.384**	
		(0.149)	
家庭规模			−0.013
			(0.018)
Dig×家庭规模			−0.086***
			(0.025)
家庭/户主变量	控制	控制	控制
常数项	−4.137***	−4.081***	−4.216***
	(0.339)	(0.339)	(0.338)
家庭观测值	3 266	3 266	3 266

注：*** 表示 $P<0.01$，** 表示 $P<0.05$，* 表示 $P<0.1$。

2. 数字化影响旅游消费比重的群体异质性

为考察数字化影响居民旅游消费比重的异质性特征，将按照城乡、户主性别、户主年龄、户主学历、家庭收入等特征变量对样本群体分组回归，参数回归结果如表 5-10 所示。囿于篇幅限制，表 5-10 仅描述了数字化影响居民旅游消费比重的估计系数。① 在城乡差异方面，数字化应用使城市居民旅游消费比重提升了 0.4%，而农村居民旅游消费比重仅提升了 0.1%。在控制家庭变量并采用双向固定效应的前提下，数字化虽然驱动农村居民旅游消费比重提升但提升速度不及城市。② 在户主性别方面，女性户主家庭中数字化提升旅游消费比重的效应为 0.3%，男性户主家庭中数字化提升旅游消费比重的效应仅为 0.1%，验证了女性在数字化提升旅游消费中的重要作用。③ 在户主年龄和学历方面，数字化对低学历或高龄户主居民旅游消费比重的积极作用并不显著，应注重提升低学历以及高龄群体的数字化应用能力，进一步释放国内旅游消费需求。④ 在收入方面，从低收入水平到高收入水平，数字化对居民旅游消费比重的促进效应从 0.15% 提升至 0.21%，这与高收入居民的享受型消费需求较大的事实相吻合。整体来看，数字化对各类群体旅游消费比重的影响程度不一，数字化旅游消费红利仍存较大增长空间。

表 5-10　数字化影响家庭旅游消费比重的异质性估计结果

回归系数	W_Tourism	W_Food	W_Dress	W_House	W_Daily	W_Trco	W_Eec	W_Med	W_Other
城乡异质性									
城市	0.004***	−0.013*	0.001	−0.008	0.004	−0.000	0.025***	−0.015***	0.002*
	(−0.001)	(−0.007)	(−0.002)	(−0.006)	(−0.005)	(−0.003)	(−0.005)	(−0.005)	(−0.001)
农村	0.001**	−0.029***	−0.002	−0.009**	0.005	0.008***	0.049***	−0.022***	0.002**
	(−0.001)	(−0.005)	(−0.002)	(−0.004)	(−0.004)	(−0.003)	(−0.004)	(−0.004)	(−0.001)
性别异质性									
男性	0.001**	−0.022***	−0.001	−0.006	0.002	0.004	0.039***	−0.019***	0.002***
	(0.001)	(0.005)	(0.002)	(0.005)	(0.004)	(0.003)	(0.004)	(0.005)	(0.001)
女性	0.003***	−0.017***	−0.002	−0.012**	0.006	0.004	0.040***	−0.022***	0.001
	(0.001)	(0.006)	(0.002)	(0.005)	(0.004)	(0.003)	(0.004)	(0.005)	(0.001)
年龄异质性									
年龄<40 岁	0.002***	−0.021***	−0.002	−0.008**	0.003	0.003	0.044***	−0.023***	0.002***
	(0.001)	(0.005)	(0.001)	(0.004)	(0.003)	(0.002)	(0.004)	(0.004)	(0.001)
年龄≥40 岁	0.001	−0.006	−0.005*	−0.011	0.009	0.006	0.006	0.001	0.001
	(0.001)	(0.010)	(0.003)	(0.009)	(0.007)	(0.005)	(0.007)	(0.008)	(0.002)
学历异质性									
教育<9 年	0.001	−0.029***	−0.002	−0.012**	0.005	0.005*	0.050***	−0.017***	0.002**
	(0.001)	(0.006)	(0.002)	(0.005)	(0.004)	(0.003)	(0.005)	(0.005)	(0.001)
教育≥9 年	0.004***	−0.009	−0.001	−0.006	0.003	0.003	0.029***	−0.025***	0.002*
	(0.001)	(0.006)	(0.002)	(0.005)	(0.004)	(0.003)	(0.005)	(0.005)	(0.001)

表 5-10（续）

回归系数	W_Tourism	W_Food	W_Dress	W_House	W_Daily	W_Trco	W_Eec	W_Med	W_Other
收入异质性									
q10 分位	0.0015*	−0.029***	−0.002	−0.013	−0.007	0.003	0.063***	−0.016*	0.002*
	(−0.001)	(−0.009)	(−0.002)	(−0.008)	(−0.005)	(−0.005)	(−0.008)	(−0.008)	(−0.001)
q25 分位	0.0012**	−0.025***	−0.003*	−0.008	−0.006	0.001	0.054***	−0.013**	0.001
	(−0.001)	(−0.006)	(−0.002)	(−0.005)	(−0.004)	(−0.003)	(−0.005)	(−0.006)	(−0.001)
q50 分位	0.0015***	−0.023***	−0.002	0.006	−0.004	0.002	0.046***	−0.018***	0.001*
	(−0.001)	(−0.005)	(−0.001)	(−0.004)	(−0.003)	(−0.002)	(−0.004)	(−0.004)	(−0.001)
q75 分位	0.0018***	−0.019***	−0.002	−0.010***	0.002	0.003	0.042***	−0.019***	0.001**
	(−0.001)	(−0.004)	(−0.001)	(−0.004)	(−0.003)	(−0.003)	(−0.004)	(−0.004)	(−0.001)
q90 分位	0.0021***	−0.021***	−0.002	−0.009**	0.004	0.004*	0.041***	−0.020***	0.002***
	(−0.001)	(−0.004)	(−0.001)	(−0.004)	(−0.003)	(−0.002)	(−0.004)	(−0.003)	(−0.001)
家庭变量	控制	控制	控制	控制	控制	控制	控制	控制	控制
户主变量	控制	控制	控制	控制	控制	控制	控制	控制	控制
固定效应	双向	双向	双向	双向	双向	双向	双向	双向	双向

注：*** 表示 $P<0.01$，** 表示 $P<0.05$，* 表示 $P<0.1$。

三、数字化直接促进居民旅游消费的渠道效应

表 5-11 描述了数字化的信息渠道效应和购买渠道效应，以促进居民旅游消费的参数估计结果。表 5-11 显示了最小二乘法估计的回归结果，考虑到可能存在的内生性问题，运用工具变量法进行了稳健性检验，显示了工具变量法的回归结果。选择所在村（居）委的平均数字化状况（本户除外）（PeerDig、PeerTime）作为居民数字化状况（Dig、Time）的工具变量。在回归前，对工具变量的相关性和外生性进行有效性检验。弱工具变量检验（Cragg-Donald Wald）拒绝了工具变量识别不足的原假设，Sargan 检验排除了工具变量存在内生性的可能性，说明该工具变量是能够缓解内生性问题的有效方法。

表 5-11　数字化影响居民旅游消费的渠道效应

ln T	(1) Fe-OLS	(2) IV-2SLS	(3) Fe-OLS	(4) IV-2SLS
	（参照组）		（参照组）	
Dig	−0.166***	2.926***	−0.259	49.267**
	(0.061)	(0.563)	(0.644)	(22.968)
Dig×信息渠道	0.228***	0.164***		
	(0.021)	(0.044)		
Dig×购买渠道			0.123***	0.210***
			(0.029)	(0.0429)
常数项	−4.163***	−3.113***	−10.397***	−59.843***
	(0.339)	(0.470)	(1.101)	(22.859)
W_Tourism	(5) Fe-OLS	(6) IV-2SLS	(7) Fe-OLS	(8) IV-2SLS
	（参照组）		（参照组）	
Dig	−0.002***	0.022***	0.002	0.430**
	(0.006)	(0.054)	(0.002)	(0.201)
Dig×信息渠道	0.002***	0.001***		
	(0.002)	(0.004)		
Dig×购买渠道			0.001***	0.001***
			(0.003)	(0.001)
常数项	−0.216*	−0.595***	0.032	−1.001**
	(0.114)	(0.163)	(0.202)	(0.488)
家庭变量	是	是	是	是
户主变量	是	是	是	是
价格变量	是	是	是	是
双向固定	是	是	是	是

注：*** 表示 $P<0.01$，** 表示 $P<0.05$，* 表示 $P<0.1$。

数字化与信息渠道交叉项的回归系数显著为正，意味着相较于采用数字化应用却未把数字化作为信息渠道的居民而言，将数字化作为重要信息渠道的居民旅游消费水平和旅游消费比重更高。这说明数字化作为信息渠道有效地释放了居民旅游消费需求，对居民旅游消费产生正向影响，这与前述理论假设是一致的。限于篇幅，表 5-11 中未列出全部控制变量和解释变量的参数估计结果，相关参数估计方向与大小同基准回归结果十分相似，增益了实证检验结果的稳健性。

数字化与购买渠道的交叉项回归系数显著为正,表明通过数字化手段购物的居民,其旅游消费支出和消费比重显著高于不使用数字化购物功能的居民。这一结果显示,数字化不仅是线下旅游消费的"替代者",更是旅游消费的"驱动者"。电子商务深入个人和家庭生活,激发了居民的旅游消费活力,推动居民消费结构向旅游等享受型消费转型升级,进而促进居民旅游消费的增长。

综合分析,数字化与信息渠道交叉项以及数字化与购买渠道交叉项的回归系数,在最小二乘法估计和工具变量估计中的变化不大,表明数字化作为信息渠道和购买方式,对家庭旅游消费产生了显著的正向影响。研究假设 H2 得到了验证。

四、数字化间接促进居民旅游消费的同群效应

(一)同群效应的存在性检验

控制群体特征变量能够避免外生效应的干扰,通过纳入城乡、省份、社区等变量可以解决混淆问题,但未能处理自我选择和反向因果问题。本书借助工具的外生性来判断并解决自我选择和反向因果问题,促进同群效应的识别。

参照 Li 等(2013)、晏艳阳等(2018)的做法,使用社区平均医疗消费状况(除本户外)作为同群效应的工具变量,包括社区平均的医疗消费水平和社区平均的医疗消费比重。由于居民医疗消费尤其是大额医疗消费具有一定的突发性(马光荣 等,2014),因此医疗消费会对居民旅游消费能力产生明显的挤出效应。同理,社区平均医疗消费的增加会显著地挤压社区平均旅游消费空间,选择社区平均医疗消费作为工具变量符合工具变量的相关性原则。在计算社区平均医疗消费时,没有将家庭本身医疗消费纳入其中,保证了社区平均的医疗消费不会对家庭本身旅游消费带来影响,遵循了工具变量的外生性要求。

运用 Stata16.0 进行 Hausman 检验,考察同群效应是否存在内生性的问题。表 5-12 描述了 Hausman 检验的估计结果,显示同群效应属于外生变量,说明选择 OLS 回归比工具变量回归更加有效。因此,在同群效应的存在性检验及同群效应路径的实证检验中,均采用 OLS 回归方法。

表 5-12　工具变量 Hausman 检验的结果

解释变量	工具变量	原假设（H0）	Hausman 检验（P值）	结果
社区(村)旅游消费水平 ln PeerT	社区(村)医疗消费水平 ln PeerMed	解释变量为外生变量	26.130 (0.618)	外生变量
社区(村)旅游消费比重 PeerW_Tourism	社区(村)医疗消费比重 PeerW_Med	解释变量为外生变量	2.530 (1.000)	外生变量

注：*** 表示 $P<0.01$，** 表示 $P<0.05$，* 表示 $P<0.1$。

表 5-13 描述了模型(5-16)和模型(5-17)的参数估计结果。无论是以旅游消费水平 $\ln T_{ij}$ 为因变量还是以旅游消费比重 w_{it} 为因变量，模型(5-16)和模型(5-17)同群效应的影响显著为正。具体来看，社区(除本户外)平均旅游消费水平每变动1%，居民旅游消费水平同向变动0.313个百分点；社区(除本户外)平均旅游消费比重每变动1%，居民旅游消费比重同向变动0.262个百分点。该影响是在控制了户主特征、家庭特征、所属群体特征及所在区域特征之后的净效应，它完全是由群体旅游消费变动所引起的个体旅游消费变动量。由此可知，居民旅游消费具有显著的同群效应。

表 5-13　同群效应存在性的检验结果

	ln T	W_Tourism
同群效应	0.313***	0.262***
	(0.038)	(0.061)
户主特征变量	是	是
家庭特征变量	是	是
户主特征群体变量	是	是
家庭特征群体变量	是	是
省份虚拟变量	是	是
社区虚拟变量	是	是
年份虚拟变量	是	是
价格变量	否	是
常数项	−6.511***	−4.796***
	(0.861)	(1.071)
家庭观测值	3 266	3 266

注：*** 表示 $P<0.01$，** 表示 $P<0.05$，* 表示 $P<0.1$。

（二）同群效应机制的实证检验

表 5-14 描述了同群效应中介作用的检验结果。从 Path c' 的回归结果来看，采用数字化应用的居民在旅游消费水平和消费比重上显著高于不采用数字化应用的居民，这验证了数字化对促进居民旅游消费的主效应，进一步增强了研究假设 H_1 的稳健性。

表 5-14 数字化通过同群效应影响家庭旅游消费的回归结果

ln T	Path c'	Path a	Path b & c'	中介效应的 Sobel 检验	
同群效应			0.527*** (25.03)	中介效应	0.026** (2.043)
Dig	0.320*** (6.74)	0.050** (2.05)	0.294*** (6.41)	中介效应/总效应	8.18%
控制变量	家庭变量（是）、户主变量（是）、群体特征变量（是）、价格变量（否）				
双向固定	是				
W_Tourism	Path c'	Path a	Path b & c'	中介效应的 Sobel 检验	
同群效应			0.466*** (22.27)	中介效应	0.011* (0.887)
Dig	0.131** (2.21)	0.024* (0.89)	0.120** (2.07)	中介效应/总效应	8.37%
控制变量	家庭变量（是）、户主变量（是）、群体特征变量（是）、价格变量（是）				
双向固定	是				

注：*** 表示 $P<0.01$，** 表示 $P<0.05$，* 表示 $P<0.1$。Path c' 反映数字化对旅游消费的直接影响效应；Path a 反映数字化对同群效应的影响效应；Path b & c' 则反映数字化与同群效应对旅游消费的共同影响效应。

从 Path a 的回归结果看，数字化提高了旅游消费水平和旅游消费比重的同群效应，且均在 0.1 以上的水平上显著。这说明在数字化信息溢出以及羊群效应的带动下，社区旅游消费会刺激居民的旅游消费，表现为居民旅游消费会随着群体旅游消费水平的提高而提高。需要说明的是，旅游消费仅是居民消费构成的一个侧面而非全貌，数字化信息的丰富多样性以及社会互动的深化，将会驱动居民消费选择向多样化与多层次化的方向发展，消费结构升级也会表现为文化、娱乐、教育等发展型和享受型消费的增长，或表现为基本消费类型的品质化升级。

从 Path b & c'的回归结果看,数字化应用和同群效应对旅游消费水平及旅游消费比重均产生显著正向影响。从同群效应中介效应占总效应的比重来看,同群效应的中介效应可以解释数字化影响旅游消费总效用的8%左右(8.18%和8.37%)。进一步地,结合中介效应的Sobel检验结果来看,数字化通过加强同群效应而促进旅游消费的中介效应显著为正,假设H_3得到了验证。

五、数字化间接促进居民旅游消费的收入效应

表 5-15 描述了收入中介效应的检验结果。从回归结果看,数字化应用对居民旅游消费水平及旅游消费比重产生的主效应均为正,并且在0.01的水平上显著,说明数字化应用显著提高了居民旅游消费水平及比重,这与前述结论一致。

表 5-15　数字化通过提高收入影响家庭旅游消费的回归结果

ln T	Path c'	Path a	Path b & c'	中介效应的 Sobel 检验	
家庭收入			0.395*** (15.08)	中介效应	0.164*** (12.25)
Dig	0.568*** (10.16)	0.417*** (21.01)	0.404*** (7.16)	中介效应/总效应	28.93%
控制变量	家庭变量(是)、户主变量(是)、价格变量(否)				
双向固定	是				
W_Tourism	Path c'	Path a	Path b & c'	中介效应的 Sobel 检验	
家庭收入			0.225*** (8.06)	中介效应	0.073*** (7.21)
Dig	0.297*** (6.05)	0.323*** (16.11)	0.224*** (4.78)	中介效应/总效应	24.49%
控制变量	家庭变量(是)、户主变量(是)、价格变量(是)				
双向固定	是				

注:*** 表示 $P<0.01$, ** 表示 $P<0.05$, * 表示 $P<0.1$。Path c'表示数字化对旅游消费的直接影响效应;Path a 表示数字化对家庭收入的影响效应;Path b & c'表示数字化与家庭收入对旅游消费的影响效应。

在中介效应模型中,数字化对居民收入的回归系数以及居民收入对旅游消费的回归系数显著为正,说明数字化对居民收入产生正向影响,且居民

收入增加能够带动居民旅游消费。从中介效应的占比看,收入的中介效应分别可以解释数字化影响旅游消费水平总效应的28.93%、数字化影响旅游消费比重总效应的24.49%。进一步地,中介效应的Sobel检验均在0.01的水平上显著,说明数字化通过提高收入水平影响居民旅游消费的中介效应显著,假设H_4得到了验证。

第三节 内生性讨论与稳健性检验

一、PSM方法

PSM方法是一种基于反事实推断理论框架和大数定律分析观测数据或非实验数据中干预效应的统计学方法。该方法能够避免传统计量方法中的数据偏差及混杂变量引起的系统性偏差,能够解决样本选择偏误造成的内生性问题。

PSM方法的具体思路是,首先按照家庭"是否数字化"这一指示变量将观测样本分为实验组(接入互联网)和对照组(未接入互联网)两组。基于前述理论分析和实证研究检验,匹配变量的选择与基准模型中的控制变量保持一致。

在给定匹配变量的前提下,使用Logit模型计算处理样本的概率值将多维匹配信息浓缩为一维数值信息,具体如下:

$$p(x_i) = E(d_i = 1 | x_i) = \frac{\exp(\beta x_i)}{1 + \exp(\beta x_i)} \tag{5-18}$$

其中,$p(x_i)$是每个观测家庭的倾向匹配得分值;x_i是给定的匹配变量或称控制变量;d_i是虚拟变量,$d_i=1$表示采用了数字化应用,$d_i=0$表示未采用数字化应用;β是相应的系数向量。由于$p(x_i)$是连续变量值,很难在实验组与对照组中找到$p(x_i)$恰好相等的匹配样本,在实际匹配中常采用近邻匹配方法、半径匹配方法与核匹配方法进行。为增强研究结论的可靠性,本书依次采用三种匹配方法进行匹配,并依次分离出干预的净效应。

参照Becker等(2002)的做法,计算数字化应用影响居民旅游消费的净效应ATT:

$$ATT = E(\ln T_1 - \ln T_0 | d_i = 1)$$

$$=E\{E[\ln T_1|d_i=1,P(x_i)]-E[\ln T_1|d_i=0,P(x_i)]|d_i=1\}$$
(5-19)

其中,$\ln T_1$ 和 $\ln T_0$ 分别表示某家庭在采用和未采用数字化应用情况下的旅游消费支出情况。

二、匹配平衡性检验

为保证匹配效果,首先对样本进行匹配平衡性检验,观测匹配前后实验组与对照组所有变量的均值偏差。由表 5-16 可知,匹配后绝大多数变量(除家庭规模变量外)在实验组与对照组之间的均值偏差低于 10% 的水平,说明匹配后实验组与对照组的特征差异得到了显著消除。如图 5-3 所示,在完成匹配之后,对照组与实验组的差异减少而向零中线靠近,说明两组之间的差异在匹配后大幅降低,样本整体通过匹配平衡性检验。

表 5-16 匹配前后变量的差异对比

变量	样本	均值 实验组	均值 对照组	减少偏差 %	T检验 t	T检验 $P>|\delta|$
F_Size	匹配前	3.906	3.554	19.40	12.780	0.000
	匹配后	3.906	4.381	−26.10	−16.150	0.000
F_Old	匹配前	0.273	0.422	−28.80	−19.500	0.000
	匹配后	0.273	0.273	0.20	0.150	0.879
F_Kid	匹配前	0.215	0.177	13.60	8.730	0.000
	匹配后	0.215	0.230	−5.30	−4.000	0.000
LnF_Income	匹配前	10.911	10.159	69.60	46.790	0.000
	匹配后	10.911	10.867	4.10	3.610	0.000
$LnF\_Savings$	匹配前	6.783	4.772	41.10	26.780	0.000
	匹配后	6.783	6.566	4.40	3.420	0.001
$LnF\_Resivalue$	匹配前	2.833	2.268	44.50	28.630	0.000
	匹配后	2.833	2.815	1.40	1.040	0.299
F_Debit	匹配前	0.149	0.150	−0.40	−0.240	0.812
	匹配后	0.149	0.149	0.00	0.040	0.971
F_Health	匹配前	5.781	5.330	43.10	28.900	0.000
	匹配后	5.781	5.756	2.40	1.980	0.048

表 5-16（续）

变量	样本	均值 实验组	均值 对照组	减少偏差 %	T检验 t	T检验 $p>|\delta|$
H_Age	匹配前	47.650	53.457	−52.10	−34.000	0.000
	匹配后	47.650	47.987	−3.00	−2.300	0.021
H_Gender	匹配前	0.477	0.564	−17.40	−11.370	0.000
	匹配后	0.477	0.452	5.10	3.970	0.000
H_Ccp	匹配前	0.070	0.062	3.30	2.160	0.031
	匹配后	0.070	0.068	0.90	0.680	0.499
H_Edu	匹配前	8.079	5.748	55.50	36.170	0.000
	匹配后	8.079	7.625	10.80	8.710	0.000
H_Employ	匹配前	0.815	0.804	2.70	1.800	0.072
	匹配后	0.815	0.788	6.80	5.210	0.000
H_Marriage	匹配前	0.912	0.871	13.10	8.800	0.000
	匹配后	0.912	0.907	1.60	1.370	0.171
Year	匹配前	2016.2	2015.5	44.10	28.430	0.000
	匹配后	2016.2	2016.1	8.20	6.460	0.000

样本模型	平均偏差	中位数偏差	伪 R^2
未匹配样本	29.9	28.8	0.206
匹配样本	5.3	3.7	0.013

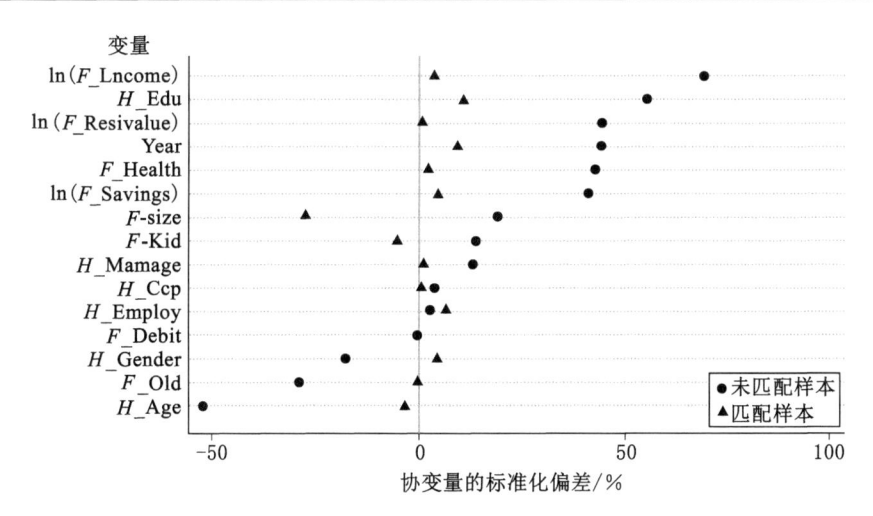

图 5-3 匹配前后相关变量的偏差分布

三、影响效应的稳健性检验

运用 Stata16.0 中的 psmatch2 命令和 Bootstrap 方法，计算了数字化应用对家庭旅游消费的平均处理效应 ATT（见表 5-17）。比较三种匹配方法的回归结果，发现差异不大。根据近邻匹配的结果，未采用数字化应用家庭的旅游消费水平为 0.834，而采用数字化应用家庭的消费水平为 1.767，显示出采用数字化应用的家庭旅游消费水平提高了 111.77%，且在 1% 的显著性水平上显著。同样，数字化应用使家庭的旅游消费比重提升了 83.24%。无论是近邻匹配、半径匹配还是核匹配方法，PSM 检验的平均处理效应 ATT 均显著为正，进一步验证了数字化对居民旅游消费水平和消费比重的积极影响。

表 5-17 数字化对家庭旅游消费的影响效应

		全样本		
		近邻匹配	半径匹配	核匹配
ln T	Dig=1	1.767	1.754	1.767
	Dig=0	0.834	0.837	0.853
	ATT	12.51***	14.02***	14.92***
	改变	111.77%	109.47%	106.98%
W_Tourism	Dig=1	1.068	1.058	1.068
	Dig=0	0.583	0.540	0.565
	ATT	6.69***	7.95***	8.23***
	改变	83.24%	95.78%	89.09%

注：*** 表示 $P<0.01$，** 表示 $P<0.05$，* 表示 $P<0.1$。

四、群体异质性的稳健性检验

遵循前述研究思路，依次按照城乡、户主性别、户主年龄、户主学历、家庭收入对样本进行分类处理，继而运用 PSM 方法逐一分析数字化对各组样本中居民旅游消费的影响效应及组间差异。表 5-18 汇总了群体异质性稳健性检验的参数估计结果，考虑到篇幅限制以及三种匹配方法在稳健性检验中结论的一致性，表 5-18 仅描述了基于近邻匹配的 PSM 方法回归结果。

第五章　客源地视角下数字化促进居民旅游消费的实证研究

针对分类样本的研究显示,数字化驱动农村家庭、男性户主家庭、高龄户主家庭、低学历户主家庭及低收入户主家庭旅游消费水平及旅游消费比重的净效应小于同组中其他类别家庭。运用PSM方法的实证回归结果同前文OLS模型、工具变量模型及扩展的AIDS模型的研究结论一致,增强了数字化驱动旅游消费异质性效应的稳健性。

表5-18　数字化影响家庭旅游消费效果的异质性

参数估计	Dig	城乡		户主性别		户主年龄		全样本
		城市	农村	男性	女性	<40岁	≥40岁	
ln T	Dig=1	2.663	0.984	1.612	1.906	2.371	1.590	1.767
	Dig=0	1.259	0.501	0.567	0.971	1.177	0.833	0.835
	ATT	8.52***	6.88***	8.46*	9.00**	9.67**	5.42*	12.51**
	改变	111.52%	96.17%	184.05%	96.26%	101.41%	90.82%	111.77%
W_Tourism	Dig=1	1.783	0.450	0.913	1.207	1.302	0.999	1.068
	Dig=0	1.015	0.237	0.334	0.566	0.431	0.585	0.583
	ATT	4.29*	3.52***	4.52*	6.08**	5.18**	4.83*	6.69**
	改变	75.61%	89.40%	173.55%	113.12%	202.49%	70.77%	83.24%

参数估计	Dig	户主学历		家庭收入				
		<9年	≥9年	q10	q25	q50	q75	q90
ln T	Dig=1	0.789	2.402	0.564	0.658	0.848	1.195	1.529
	Dig=0	0.439	1.058	0.360	0.306	0.393	0.760	0.818
	ATT	5.06*	9.20**	2.00*	5.35***	7.67***	6.82***	10.59***
	改变	79.67%	126.96%	56.67%	115.33%	115.83%	57.20%	86.81%
W_Tourism	Dig=1	0.354	1.531	0.362	0.369	0.443	0.647	0.875
	Dig=0	0.193	0.749	0.248	0.204	0.2387	0.4170	0.5174
	ATT	2.80*	5.11*	1.13	2.32**	3.49***	3.72***	5.37***
	改变	83.03%	104.35%	46.14%	80.82%	85.72%	55.14%	69.10%

注:*** 表示 $P<0.01$,** 表示 $P<0.05$,* 表示 $P<0.1$。Bootstrap迭代次数500次;匹配方法为最近邻匹配法;ATT是数字化影响家庭旅游消费的净效应。

五、路径机制效应的内生性与稳健性讨论

第四章从数字化技术属性、社会属性和经济属性的视角,阐述了数字化

影响居民旅游消费的三个路径机制：渠道效应、同群效应和收入效应。在第四章的基础上，本章构建了交叉项回归模型和中介效应模型，对三个路径机制予以验证。实证分析的内生性与稳健性问题说明如下。

首先，所有的回归分析加入了可能影响居民旅游消费的家庭变量、户主变量、价格变量、城乡变量等系列控制变量，但仍不能排除遗漏变量（例如政府发放消费券等）影响居民旅游消费的可能性，这对研究结果的可靠性造成困扰。为解决这一问题，在所有实证分析中使用了双向固定效应，并采用聚类稳健标准误，排除时间因素或其他相关因素对实证结果的干扰，增强了研究结论的稳健性。

其次，实证研究中考虑到了被解释变量和核心解释变量之间可能存在的双向因果关系。在分析数字化的信息渠道效应和购买渠道效应时，选择居民所在村（居）委的平均数字化应用情况（本户除外），作为居民数字化应用情况的工具变量，进行工具变量（IV-2SLS）回归。线性回归和工具变量回归的结果如前所述，工具变量回归结果更加显著，增强了研究结论的稳健性。在数字化的同群效应分析时，Hausman 检验结果证明了同群效应为外生变量的情况，说明采用线性回归比工具变量回归更加有效，不会因此产生内生性问题。

最后，为进一步增强实证结论的可靠性，采用"数字化应用强度"指标作为"是否数字化"的替代变量带入模型再次进行回归分析，发现两次结果中核心解释变量的符号及显著性基本保持一致，增强了研究结论的稳健性。由于篇幅限制，不再列出采用"数字化应用强度"作为核心解释变量的一系列参数估计结果。

第四节　本章小结

本章基于 CFPS 调查数据，采用基准回归（OLS）、工具变量回归（IV-2SLS）和基于拓展的 AIDS 模型，检验数字化对居民旅游消费水平和居民旅游消费比重的影响效应。研究发现，"是否数字化"与"数字化应用强度"都可以显著提高居民旅游消费水平和居民旅游消费比重。在数字化的作用下，居民的旅游消费水平增加了 40.7%，旅游消费比重提升了 0.2%。同时发现，收入水平、房屋价值、现金及存款等对居民旅游消费产生正向影响，而房贷之外的家庭债务对居民旅游消费产生显著"挤出"效应。研究还发现，人口老龄化是拉动居民旅游消费的重要因素，女性户主的旅游消费需求比男性户主更大，户主受教育年限及中共党员身份对居民旅游消费有正向作用，而户主已婚或工作在职则对居民旅游消费产生抑制作用。此外，运用分组回归、分位数回归和交叉回归方法，分析了数字化影响居民旅游消费的群体异质性。研究发现，数字化促进居民旅游消费的效应在城市家庭、年轻户主家庭、高学历户主家庭、女性户主家庭和高收入户主家庭中更加显著，这对把握数字旅游的消费规律具有重要启示。

进一步地，本章从数字化技术属性、社会属性和经济属性的视角出发，通过构建交叉项回归模型和中介效应模型，验证了数字化影响居民旅游消费的渠道效应、同群效应和收入效应。渠道效应的研究发现，将数字化作为重要信息渠道和购买渠道的居民具有更高的旅游消费水平和旅游消费比重，说明数字化作为信息渠道和购买渠道发挥作用，对居民旅游消费产生正向影响。同群效应的存在性检验显示，社区平均旅游消费水平与旅游消费比重每变动1%，居民旅游消费水平与旅游消费比重同向变动0.313%和0.262%，说明家庭旅游消费表现出显著的同群效应特征。同群效应的检验结果表明，数字化通过增进同群效应促进家庭旅游消费的中介效应显著，同群效应的中介效应可以解释数字化促进家庭旅游消费总效应的8%左右。收入中介模型的Sobel检验结果表明，数字化除直接促进居民旅游消费外，还通过提升居民收入间接促进居民旅游消费。其中，收入中介效应可以解释数字化促进居民旅游消费水平和旅游消费比重总效应的28.93%和24.49%。

第六章

目的地视角下数字化推动旅游消费增长的实证研究

第六章 目的地视角下数字化推动旅游消费增长的实证研究

旅游目的地是旅游消费的实际发生地,目的地视角下的旅游消费收入是一种区域经济现象。基于旅游目的地视角,旅游消费收入在数量和质量上的差异,体现出不同旅游目的地吸引旅游消费能力的强弱。

第四章基于数字化的成本效应和创新效应,在旅游供给层面论证了数字化对旅游消费市场均衡状态的影响机理,进而推导出数字化推动目的地旅游消费增长的一系列研究假设。在第四章理论分析的基础上,本章通过实证分析主要验证以下几个方面的内容:一是数字化发展影响旅游消费增长的效应大小以及是否具有网络效应;二是人力资本要素在数字化影响旅游消费增长的过程中是否发挥协同作用;三是数字化对目的地旅游消费增长的影响是通过"流量"路径还是通过"质量"路径发挥作用,前者聚焦于吸引旅游客流量,后者聚焦于提高人均旅游消费水平和旅游消费结构。为了做好路径研究,本章构建了基于多重中介效应的结构方程模型,旨在对数字化推动旅游消费增长的路径进行静态比较分析;并通过构建基于调节中介效应的结构方程模型,对数字化驱动旅游消费增长的路径转换机制进行动态分析。

第一节 理论模型与路径机制

在运用经济增长理论之前,首先对旅游经济与旅游消费收入的关系予以说明。理论上,目的地旅游消费收入是指一个国家(或地区)在一定时期内由旅游活动所产生的以货币表现的产品与服务价值的总和。旅游经济是指在旅游产品与服务价值中剔除物质转移消耗后的新创造部分。换而言之,理论上旅游消费收入属于旅游产值的概念,旅游经济则属于旅游增加值的概念。只有使用从旅游产值中扣除中间投入量的增加值数据,才能准确衡量旅游经济的真实水平(李享 等,2016)。

在旅游统计实务和旅游实证研究中,旅游消费收入一般被作为衡量旅游经济水平的关键指标。旅游卫星账户系基于国民经济核算体系建立的独立核算账户,可实现对旅游活动价值量与非价值量的全面核算。但是由于旅游卫星账户编制复杂且成本高昂,我国国家统计局、文化和旅游部发布的分地区旅游经济数据,均是旅游消费收入数据,而非旅游增加值数据。在旅游经济增长的相关研究中,左冰(2011)、刘春济等(2014)、刘佳等(2016)、李光勤等(2018)均将旅游消费收入作为衡量旅游经济水平的主要指标。

从本质上看,目的地旅游消费收入与目的地旅游经济在研究中具有一致性,这是由旅游生产与消费的同一性所决定的。一般物质产品的生产和消费过程相对独立,生产在先、消费在后;而旅游产品服务的生产过程和消费过程在形式上是不可分离的、是同一性的。某种意义上,目的地视角下的旅游消费收入研究同目的地旅游经济增长研究相一致。因此,本书运用经济增长理论来分析目的地视角下的旅游消费收入问题。

一、数字化推动旅游消费增长的理论模型

经济增长理论为产业经济研究提供了基本的分析框架,界定了产业经济增长的主要影响因素。一般认为,经济增长理论经历了从古典主义经济增长理论、新古典主义经济增长理论、内生经济增长理论到新制度学派经济增长理论的演进过程。伴随着理论的发展和生产关系的变革,经济学对经济发展影响因素的认知也日臻完善。首先,根据古典经济增长理论,劳动力要素被认为是促进经济增长的首要因素。Harrod-Domar 模型作为第一个广为流行的经济增长模型,认为经济增长是由储蓄率和资本产出比所决定的,投资也被认为影响经济增长的重要因素。其次,在新古典经济增长理论中,Slow-Swan 模型修正了 Harrod-Domar 模型中有关劳动力和资本不可互相替代的假设,提出了技术创新是经济增长重要动力的论断。再次,内生经济增长理论以 Romer(1986)和 Lucas(1988)为代表,将人力资本及知识等内生技术因素纳入经济增长模型中。最后,新制度经济学派经济增长理论将经济增长的影响因素进一步拓展到制度环境的维度,将制度性因素纳入经济增长理论模型。综合上述经济增长理论可以发现,劳动力、资本、技术进步、人力资本积累与知识增长、制度环境等都是影响经济增长的关键变量。同理,目的地旅游消费增长也与上述因素紧密相关。

值得说明的是,由于旅游业具有区别于其他产业的特殊性,因此目的地旅游经济增长还依赖一些特定的相关因素。国内外学者对旅游经济增长及其影响因素问题进行了广泛的研究,指出旅游经济增长除经济增长理论所提及的基本生产要素外,还受到地区旅游资源禀赋、目的地物价水平、区域可进入性等的影响(左冰,2011;向艺 等,2012;赵金金,2016;侯志强,2018)。
① 旅游资源禀赋指旅游资源的等级特征及丰富程度。一个地区拥有的旅游

资源等级越高、种类越丰富,旅游市场的潜力越大,旅游消费增长空间也越大。② 旅游产品和服务属于富有价格弹性的非生活必需品,旅游价格水平是影响目的地旅游消费的重要因素。在旅游产品或服务同质的情况下,旅游物价水平较低地区具有较高的市场竞争力。③ 个体(旅游者)而非商品的异地流动性,是旅游业区别于其他产业的一个重要特征。旅游目的地的可进入性,即交通通达性是影响旅游消费的重要变量(Gunn et al.,2002;Müller et al.,2007)。

此外,旅游是典型的信息密集性与信息依赖性活动,信息贯穿旅游活动的全过程。伴随数字化的发展,数字化所提供的信息资源及知识技术成为影响旅游经济活动的重要变量,数字化对旅游消费增长的影响早已不容忽视。图 6-1 总结了影响目的地旅游消费增长的变量集,数字化发展水平是本书关注的核心解释变量。

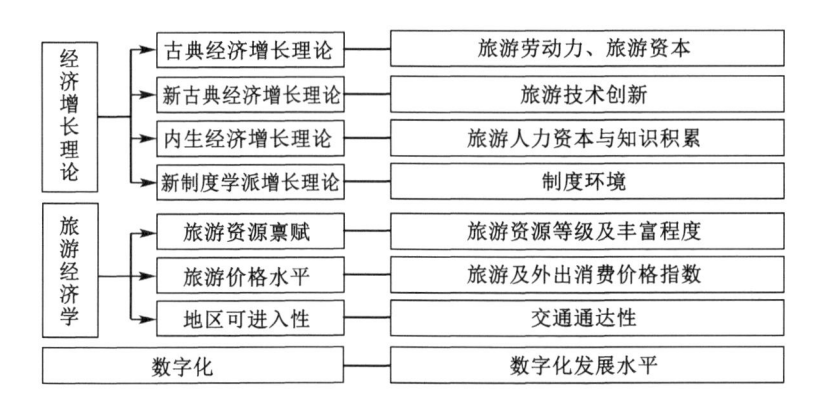

图 6-1 基于经济增长理论的旅游消费影响因素

经济增长理论模型中,C-D 生产函数的适用范围最广泛。形式如下:

$$T_j = AK^\alpha L^\beta \tag{6-1}$$

式中,T_j 表示目的地旅游经济水平,即目的地旅游消费收入;A 表示全要素生产率,反映除要素投入以外的技术进步对旅游经济的贡献;K 表示旅游资本投入;L 表示旅游劳动力投入;α、β 表示旅游资本和劳动力要素的投入产出弹性。

数字化是影响旅游全要素生产率的重要内生变量。在 C-D 生产函数的基础上,借鉴 Audretsch 等(2002)的做法,将技术进步分解为数字化技术进

步和非数字化技术进步两个部分,具体形式如下:

$$A = A_0 \mathrm{Dig}_j^\gamma \tag{6-2}$$

式中,A_0 表示非数字化因素产生的技术进步,设为常数;Dig_j^γ 表示数字化产生的技术进步,γ 表示数字化技术进步对旅游经济的弹性系数;将式(6-2)带入式(6-1)中,得到:

$$T_j = A_0 K^\alpha L^\beta \mathrm{Dig}_j^\gamma \tag{6-3}$$

纳入更多影响因素 $\int Z_j$,构建数字化影响旅游消费增长的理论模型:

$$T_j = A_0 K^\alpha L^\beta \mathrm{Dig}_j^\gamma \int Z_j^{\vartheta_j} \tag{6-4}$$

式中,$\int Z_j$ 代表除资本、劳动力、数字化因素以外的旅游消费收入增长影响因素,ϑ_j 表示第 j 种影响因素的投入产出弹性。

二、数字化推动旅游消费增长的作用路径

旅游消费收入等于旅游接待人次与人均旅游消费量的乘积。既有研究中,阎友兵等(2013)从"流量"和"质量"两个维度分析了我国入境旅游和国内旅游的时空分布特征及演化趋势。学者关于旅游流量的内涵界定已形成基本共识,即将旅游流量分为广义和狭义范畴。广义上的旅游流量指旅游客流、旅游物质流、旅游资金流、旅游信息流、旅游文化流、旅游能量流等,但是由于数据难以完整采集而较少被应用于实证研究中。狭义上的旅游流量即本书中所指的旅游客流量,通常用某地区在一定时期内实际接待的旅游者总人次(刘嘉毅,2016)或客流量比重(郭向阳 等,2017;陈小娟 等,2015)来衡量。旅游质量是指单位规模旅游流所带来的资金流量,即旅游者在旅游活动中消费旅游产品和服务的平均价值,通常使用旅游产品和服务的人均消费额来衡量(陈小娟 等,2015;刘嘉毅,2016;郭向阳 等,2017;王俐 等,2023)。因此在本书中,数字化对旅游消费增长的影响路径也沿着流量路径和质量路径两大方向展开。

(一)流量路径

旅游客流量是旅游目的地消费增长的基础性指标。在旅游市场发展的初期阶段,旅游景区、旅行社和酒店等传统旅游部门都是高度依赖客流量而

生存的,如何吸引游客量形成规模效应成为各地发展旅游经济的首要策略。历经几十年的长足发展,国内居民收入大幅提升,我国已经进入大众化旅游和常态化旅游的新发展阶段(董培海 等,2019)。东部和中部地区的一些重点旅游城市或热点旅游景点人满为患的拥挤现象常常出现,而西部地区则因人口密度低、远离客源地市场、交通不发达等原因,长期在旅游客流竞争中处于弱势地位(傅云新 等,2012;许贤棠 等,2015;张红贤 等,2018)。现阶段,我国旅游流量的主要矛盾已经由总量增长问题转向客流结构失衡问题。因此,分析国内旅游流量不应仅聚焦关注旅游客流的绝对规模,更应重点关注国内旅游客流结构及各地区旅游客流量竞争力的变化。

(二)质量路径

既有研究将旅游质量等同于人均旅游消费水平的内涵不够全面,忽略了消费结构对旅游消费质量的重要意义。根据《中国国内旅游抽样调查资料》的界定,旅游消费被分为餐饮消费、住宿消费、交通消费、游览消费、通信消费、购物消费和娱乐消费等类型。按照马斯洛需求层次理论,餐饮消费、住宿消费、交通消费和游览消费是旅游活动中为了满足较低层次需求所进行的消费,而通信消费、购物消费和娱乐消费等属于旅游消费中较高层次的消费类型。此外,根据《中国地区投入产出表》中关于旅游产业增加值率的测算,通信消费、购物消费和娱乐消费比其他旅游消费类型的附加值更高。从游客需求的角度,通信、购物和娱乐消费所占比例的增加,说明目的地满足游客更加美好旅游需求的能力增强。从旅游经济增加值的角度,高层次旅游消费占比的增加,意味着旅游经济产出的增加值在提升。因此,除人均旅游消费水平外,旅游消费结构也是衡量旅游消费质量的重要维度。

本书中将目的地旅游消费因子拆解为旅游流量和旅游质量两个维度。相应地,数字化推动目的地旅游消费增长的路径也包含流量路径和质量路径(见图 6-2)。流量路径反映了数字化影响目的地客流量,进而影响旅游消费增长的作用路径;质量路径反映了数字化影响人均旅游消费水平和旅游消费结构,进而影响旅游消费增长的作用路径。

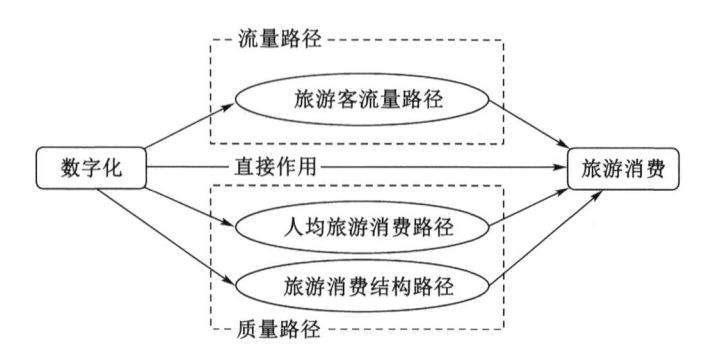

图 6-2　数字化影响目的地旅游消费增长的作用路径

第二节　实证模型与变量设置

为验证第四章提出的研究假设,构建以下实证模型。基准模型用于研究假设 H_5 的实证检验,门槛模型用于研究假设 H_6、H_7 的实证检验,结构方程模型用于研究假设 H_8 的实证检验。

一、基准模型

将式(6-4)两边取对数,形成如下形式的面板数据实证模型:

$$\ln T_{jt} = c_0 + \alpha \ln K_{jt} + \beta \ln L_{jt} + \gamma \mathrm{Dig}_{jt} + \int \vartheta_\rho Z_{\rho jt} + \delta_{jt} + \mu_{jt} + \varepsilon_{jt} \quad (6\text{-}5)$$

其中,j 表示旅游目的地,t 表示年份,$\ln T_{jt}$ 表示目的地 j 第 t 年的旅游消费收入,$\ln K_{jt}$ 表示旅游固定资本存量,$\ln L_{jt}$ 表示旅游劳动力数量,Dig_{jt} 表示旅游数字化发展水平,$\int Z_{\rho jt}$ 表示一系列控制变量,δ_{jt} 为个体固定效应,μ_{jt} 为时间固定效应,ε_{jt} 表示残差项,α、β、γ、$\int \vartheta_\rho$ 为待估参数。回归采用聚类稳健标准误。

二、门槛模型

为进一步考察数字化推动目的地旅游消费增长的网络效应和要素协同效应,在基准模型的基础上,参照 Hansen(1999)的门槛模型构建如下形式的面板数据非线性模型：

$$\ln T_{jt} = c_0 + \alpha\ln K_{jt} + \beta\ln L_{jt} + \gamma \mathrm{Dig}_{it} I(Q_{it},\varphi) + \int \vartheta_\rho Z_{\rho jt} + \delta_{jt} + \mu_{jt} + \varepsilon_{jt}$$

（6-6）

式中，$I(\cdot)$为示性函数，当括号条件满足，取 1，否则取 0。Q_{it}为门槛变量，根据研究需要，分别选择数字化发展水平和人力资本水平作为门槛变量，φ为待估门槛值；其他变量同基准模型一致。回归采用聚类稳健标准误，用于解决异方差问题。

三、结构方程模型

在基准模型(6-5)的基础上，参照 Kline(2015)、董香书等(2016)的方法，构建结构方程模型(SEM)，用于分析数字化推动旅游消费增长的作用路径。相比普通的单方程模型，结构方程模型综合了路径分析、多元回归分析和验证型因子分析等方法，具有以下几点优势：允许变量存在测量误差；可以同时容纳多层次的因果关系与驱动力研究；对各层次的因果关系进行量化处理，并且能够提供变量间作用的直接效应与间接效应(Hayes，2013)。

（一）多重中介效应的结构方程模型

为检验数字化推动旅游消费增长的多重路径机制，设定如下形式的结构方程模型：

$$\ln T_{jt} = c_0 + \alpha mv_{1jt} + \beta mv_{2jt} + \gamma mv_{3jt} + \chi_0 \mathrm{Dig}_{jt} + \int \vartheta_\rho Z'_{\rho jt} + \varepsilon_{0jt} \quad (6\text{-}7)$$

$$mv_{1jt} = c_1 + \chi_1 \mathrm{Dig}_{jt} + \int \vartheta_\rho Z'_{\rho jt} + \varepsilon_{1jt} \quad (6\text{-}8)$$

$$mv_{2jt} = c_2 + \chi_2 \mathrm{Dig}_{jt} + \int \vartheta_\rho Z'_{\rho jt} + \varepsilon_{2jt} \quad (6\text{-}9)$$

$$mv_{3jt} = c_3 + \chi_3 \mathrm{Dig}_{jt} + \int \vartheta_\rho Z'_{\rho jt} + \varepsilon_{3jt} \quad (6\text{-}10)$$

模型(6-7)、模型(6-8)、模型(6-9)、模型(6-10)分别表示目的地旅游消费、旅游客流量路径、人均旅游消费路径和旅游消费结构路径。mv_{1jt}、mv_{2jt}、mv_{3jt}分别表示第 t 年数字化影响 j 地旅游消费的旅游客流量路径、人均旅游消费路径和旅游消费结构路径。$Z'_{\rho jt}$表示旅游固定资本存量、旅游劳动力及其他控制变量的集合。

(二) 调节中介效应的结构方程模型

多重中介效应的结构方程能够分析数字化作用于旅游消费增长的多重路径,但不能反映作用路径的动态演变过程。进一步地,为揭示数字化推动旅游消费增长路径机制的发展变迁过程,在多重中介效应结构方程模型的基础上,纳入旅游数字化二次项形式(Dig_{jt}^2)构建扩展的结构方程模型,用以揭示数字化赋能旅游经济发展路径的动态演化机理,形式如下:

$$\ln T_{jt} = c_0 + \alpha mv_{1jt} + \beta mv_{2jt} + \gamma mv_{3jt} + \chi_0 \text{Dig}_{jt} + \varphi_0 \text{Dig}_{jt}^2 + \int \vartheta_\rho Z'_{\rho jt} + \varepsilon_{0jt} \quad (6\text{-}11)$$

$$mv_{1jt} = c_1 + \chi_1 \text{Dig}_{jt} + \varphi_1 \text{Dig}_{jt}^2 + \int \vartheta_\rho Z'_{\rho jt} + \varepsilon_{1jt} \quad (6\text{-}12)$$

$$mv_{2jt} = c_2 + \chi_2 \text{Dig}_{jt} + \varphi_2 \text{Dig}_{jt}^2 + \int \vartheta_\rho Z'_{\rho jt} + \varepsilon_{2jt} \quad (6\text{-}13)$$

$$mv_{3jt} = c_3 + \chi_3 \text{Dig}_{jt} + \varphi_3 \text{Dig}_{jt}^2 + \int \vartheta_\rho Z'_{\rho jt} + \varepsilon_{3jt} \quad (6\text{-}14)$$

在结构方程模型中,mv_{1jt}、mv_{2jt}、mv_{3jt} 分别表示在第 t 年 j 地旅游数字化影响旅游客流量、人均旅游消费水平和旅游消费结构的路径方程;Dig_{jt} 表示目的地的旅游数字化水平,Dig_{jt}^2 为旅游数字化水平的平方项,$Z'_{\rho jt}$ 表示旅游资本、劳动力等控制变量的集合。

四、变量选择与数据来源

本书所选样本观测区间为 2001—2020 年,2000 年及之前未纳入研究范围,主要基于以下几点考量。① 我国旅游信息化建设发展的基本历史事实。2001 年 1 月我国启动"金旅工程"建设,标志着我国旅游信息化系统性建设工程的开端。选择 2001—2020 年作为研究的样本区间,与我国旅游信息化的发展历程相吻合。② 旅游经济指标在时间序列上的平稳性。酒店业是旅游业最为基础与核心的部门之一。最早关于酒店业的统计口径为"旅游涉外饭店",截至 2000 年年末共计有 10 481 家旅游涉外饭店。从 2001 年开始,酒店业统计口径缩小调整为"星级饭店",截至 2002 年年末全国共计有 8 880 家星级饭店。若将 2001 年前后的样本纳入同一实证研究中,则会影响旅游经济指标在时间序列上的平稳性特征。③ 数字化指标的可得性与准确性。在2001年之前,用于测度数字化发展水平的数据缺失严重,若采用数据插补会影响实证研究的准确性。因此,将样本时间观测区间设定为2001—2020年。此外,由于样本观测期间有些地区部分关键数据缺失严重,因此未被纳入研究范畴。

（一）变量选择

1. 被解释变量

目的地旅游消费收入（ln T）。采用目的地的旅游经济收入总额来衡量。为修正价格波动偏误,本文以2000年为基期,用第三产业GDP平减指数进行平减,并将数据对数化处理。

2. 核心解释变量

旅游数字化水平（Dig）。某一地区的旅游数字化水平主要由两方面因素决定。一是旅游产业自身的数字化投入程度（Input）。如果旅游企业投资信息技术设备、购买数字技术服务,那么旅游企业的数字技术含量将得到提升,整个旅游业的数字技术复杂度和数字化发展水平也越高。二是目的地的数字经济发展水平（DigE）。地区数字经济发展越充分,数字基础设施水平、企业数字用户规模及政府数字化服务能力越强,旅游业数字化转型成效就越显著。据此,本书利用31个地区42个部门投入产出表数据,计算旅游业在通信设备、信息传输、计算机及其他电子设备制造业、计算机服务和软件业上的中间投入额占旅游业中间投入总额的比重,以衡量旅游业自身的数字化投入程度（Input）。同时本书借鉴刘军等（2020）、赵涛等（2020）构建数字经济指标体系的思路,从数字基础、数字使用、数字技能、数字交易等四个维度测量旅游目的地的数字经济发展水平（DigE）,计算目的地旅游数字化水平指数 $Dig = Input \times DigE$,具体指标见表6-1。

表6-1 旅游数字化水平评价指标体系

旅游业的数字化投入程度（Input）			
一级指标	测度指标	单位	属性
旅游数字化设备	旅游通信设备、计算机及电子设备制造中间投入/旅游总中间投入	%	正向

表 6-1（续）

旅游业的数字化投入程度(Input)			
一级指标	测度指标	单位	属性
旅游数字化服务	旅游信息传输、计算机服务和软件业中间投入/旅游总中间投入	%	正向

目的地数字经济发展水平(DigE)						
一级指标	权重	二级指标	权重	测度指标	权重	单位	属性
数字基础	0.25	固定端电信基础	0.125 0	光缆密度	0.062 5	%	正向
				互联网接入端口密度	0.062 5	%	正向
		移动端电信基础	0.125 0	移动电话交换机容量	0.125 0	%	正向
数字使用	0.25	个人用户使用	0.083 3	移动电话普及率	0.041 7	%	正向
				宽带互联网用户人数比	0.041 7	%	正向
		企业用户使用	0.083 3	企业每百人使用计算机数	0.041 7	%	正向
				每百家企业拥有网站数	0.041 7	%	正向
		综合业务使用	0.083 3	电信业务总量	0.083 3	%	正向
数字技能	0.25	信息化从业水平	0.125 0	信息化从业人员占比	0.125 0	%	正向
		受教育水平	0.125 0	在校学生占比	0.062 5	%	正向
				平均受教育年限	0.062 5	%	正向
数字交易	0.25	软件业务	0.125 0	软件业务收入	0.125 0	%	正向
		电子商务	0.125 0	有电子商务交易企业占比	0.041 7	%	正向
				电子商务销售额	0.041 7	%	正向
				电子商务采购额	0.041 7	%	正向

注：测度指标均采用标准化方法进行无量纲化处理。

3. 投入要素与控制变量

（1）旅游劳动力（ln L）。鉴于现有统计资料关于旅游企业的统计口径有所调整，为保证投入要素在时间序列上的平稳特征，选择星级酒店和旅行社从业人数作为旅游劳动力投入的衡量指标。

（2）旅游资本（ln K）。选择星级酒店和旅行社固定资本存量作为旅游资本投入的衡量指标。旅游固定资本存量参照单豪杰（2008）的永续盘存法进行计算，并使用固定资本投资价格指数平减为 2000 年不变价格。

（3）旅游技术创新（ln Patent）。采用旅游专利申请数的对数作为衡量指标。旅游专利申请数是指以"旅游"或"旅行"为关键词的旅游专利申请数量。

（4）人力资本与知识积累（Edu）。采用地区人均受教育年限作为人力资本与知识积累的衡量指标。衡量地区人力资本水平的实证指标主要包括教育经费投入与人均受教育年限两种（王兆峰，2015），前者是从投资的角度反映地区对人力资本培育的重视程度，后者侧重于衡量地区人力资本与知识积累的现实水平，选择后者作为衡量指标更加贴切。

（5）市场开放度（Open）。市场开放度用于反映地区对外开放程度的市场性制度指标。采用外商直接投资额占国内生产总值的比值来衡量。以2000年为基期，采用GDP平减指数予以平减。

（6）旅游资源禀赋（ln Resource）。采用A级以上景区加权数的对数来衡量旅游资源等级特征和丰富程度。A级及以上景区指经过评审符合《旅游区（点）质量等级的划分与评定》（GB/T 17775—2003）标准的等级景区，景区等级从高到低分为5A、4A、3A、2A和A级。按照景区质量等级越高所占权重越大的原则，计算如下：

$$\ln \text{Resource}_{jt} = \ln \sum_{L=1}^{5} (L \times \text{Num}_{jt}^{L}) \quad L = 1,2,3,4,5 \quad (6\text{-}15)$$

其中，j代表旅游目的地，t代表年份，L表示旅游景区的等级，Num_{jt}^{L}表示L等级景区数量。

（7）旅游价格水平（TCPI）。采用地区的旅游及外出消费价格指数来衡量。

（8）交通通达性（Traffic）。采用单位土地面积公路和铁路营业里程数之和衡量。理论上，旅游目的地的交通通达性被分为时间通达性、成本通达性和便利通达性（周芳如 等，2016）。铁路和公路是旅游者的首选交通工具，对旅游城市区位及区域间关系网络具有重要影响。因此本书采用单位土地面积公路和铁路营业里程数之和，作为旅游目的地交通通达性的衡量指标。

（9）公共卫生事件（Pandemic）。除讨论基于经济增长理论的旅游消费影响因素之外，本书考虑到公共卫生事件对旅游经济的影响，设置二值变量Pandemic。若年份为2003年或2020年，Pandemic＝1；若为其他年份，Pandemic＝0。

4. 门槛变量

（1）互联网普及率（Internet）。采用互联网用户数与常住人口数的比值来衡量。

（2）人力资本与知识积累（Edu）。采用地区人均受教育年限作为衡量指标。

5. 路径变量

（1）旅游客流量路径（mv_1）。借鉴郭向阳等（2017）的做法，采用固定年份中旅游目的地接待人次占全国旅游接待人次的比重来定义目的地的客流量吸引力。该指标衡量了单位时间特定空间内游客接待量占全国游客量的比重大小，反映了目的地旅游消费的流量特征。计算公式如下：

$$mv_{1jt} = \frac{Tourist_{jt}}{\sum_{j=1}^{n} Tourist_{jt}} \tag{6-16}$$

式中，j 表示省份，t 表示年份，$Tourist_{jt}$ 表示 j 省第 t 年的国内旅游接待人次。

（2）人均旅游消费路径（mv_2）。参照阎友兵等（2013）的测算方法，采用地区国内旅游消费收入所占市场份额与国内旅游接待人次所占市场份额的比值，反映旅游目的地人均旅游消费在国内市场的竞争力，具体公式如下：

$$mv_{2jt} = \frac{T_{jt} \Big/ \sum_{j=1}^{n} T_{jt}}{Tourist_{jt} \Big/ \sum_{j=1}^{n} Tourist_{jt}} \tag{6-17}$$

式中，T_{jt} 表示 j 地在第 t 年的国内旅游消费收入；$\sum T_{jt}$ 表示第 t 年全国的国内旅游消费总额；$Tourist_{jt}$ 表示 j 地在第 t 年的国内游客接待人次；$\sum Tourist_{jt}$ 表示第 t 年全国的国内旅游接待总人次。mv_{2jt} 数值越大，代表 j 地人均旅游消费竞争力越强，旅游消费收入的质量越高。根据李振亭等（2012）的观点，当 $mv_{2jt} < 1$ 时，目的地 j 的人均旅游消费竞争力处于较低水平；当 $mv_{2jt} = 1$ 时，目的地 j 的人均旅游消费竞争力处于中等水平；当 $mv_{2jt} > 1$ 时，目的地 j 的人均旅游消费竞争力处于较高水平。

（3）旅游消费结构路径（mv_3）。采用高层次旅游消费占全部旅游消费的比重来衡量。参照李一玮等（2004）、崔峰等（2010）、余凤龙等（2013）的观点，将住宿、游览、交通和餐饮消费划归为基本旅游消费，娱乐、购物、通信及其他消费划归为高层次旅游消费。由此定义旅游消费结构路径变量，计算公式如下：

$$\mathrm{mv}_{3jt} = \left(\frac{\mathrm{Shopp}_{jt}}{\mathrm{All}_{jt}} + \frac{\mathrm{Ent}_{jt}}{\mathrm{All}_{jt}} + \frac{\mathrm{Commu}_{jt}}{\mathrm{All}_{jt}} + \frac{\mathrm{Others}_{jt}}{\mathrm{All}_{jt}}\right) \times 100\% \qquad (6\text{-}18)$$

式中，$\mathrm{Shopp}_{jt}/\mathrm{All}_{jt}$、$\mathrm{Ent}_{jt}/\mathrm{All}_{jt}$、$\mathrm{Commu}_{jt}/\mathrm{All}_{jt}$、$\mathrm{Others}_{jt}/\mathrm{All}_{jt}$ 分别表示高层次旅游消费中的购物、娱乐、通信和其他消费占比。需要说明的是，虽然基本旅游消费是旅游活动所必需的，但基本旅游消费本身也存在层次差异。部分人群可能选择较高层次的基本旅游消费而非更多的非基本旅游消费类型，从而产生旅游消费升级但旅游消费结构并未升级的现象。宋子千（2013）对旅游消费结构的实证分析发现，长途交通这一基本旅游消费类型的层次差别尤其显著，从北京市到长沙市的长途交通费用存在二十几倍的价格差异。为了避免长途交通费用差异对计算旅游消费结构的干扰，在旅游消费总额 All_{jt} 中扣除长途旅游消费的部分。由于现有统计资料中缺乏国内旅游消费结构的地区数据，考虑到同一地区国内旅游消费结构与入境旅游消费结构的相关性，采用入境旅游消费结构数据作为替代性指标。

（二）数据来源

国内旅游消费数据来源于《中国统计年鉴》（2001—2020 年）和《中国旅游统计年鉴》（2001—2020 年）；国内旅游接待人次数据来源于各省份旅游局网站、各省份统计年鉴、各省份旅游统计年鉴、各省份国民经济和社会发展统计公报，对于个别缺失数据采用均值法插补；旅游消费结构数据来源于《中国旅游统计年鉴》；A 级以上各等级景区数量数据来源于各省、直辖市、自治区文化和旅游局官方网站公布的等级景区名录；旅游业数字化投入数据来源于 31 个地区、42 个部门投入产出表，缺失年份数据采用多重替代法插补；互联网普及率和数字经济发展水平相关数据来源于《中国信息年鉴》和 Wind 数据库；旅游劳动力、旅游资本数据来源于《中国旅游统计年鉴》（2001—2020 年）；旅游专利数据来源于国家知识产权局官方网站（网址为 http://www.cnipa.gov.cn/）所提供的专利检索服务；旅游及外出消费价格指数、外商直接投资、国内生产总值、人均受教育年限、公路营业里程数和铁路营业里程数数据来源于《中国统计年鉴》（2001—2020 年）。数据描述性统计量见表 6-2。

表 6-2 数据描述统计量

变量	符号	观测量	平均值	标准差	最小值	最大值
旅游消费水平	LnT	600	15.978	1.456	11.533	18.671
旅游数字化水平	Dig	600	0.020	0.197	0.001	0.231
旅游劳动力	LnL	600	10.863	0.921	8.642	12.704
旅游资本	LnK	600	15.679	1.037	12.589	17.980
旅游资源禀赋	LnResource	600	4.206	0.994	0.875	6.504
旅游价格水平	TCPI	600	124.701	16.021	98.130	179.304
交通通达性	Traffic	600	0.672	0.393	0.030	1.670
人均受教育年限	Edu	600	8.603	0.998	6.040	12.350
市场开放度	Open	600	1.296	1.534	0.000	14.530
旅游专利数	LnPatent	600	3.360	1.846	−4.605	6.478
公共卫生事件	Pandemic	600	0.100	0.298	0.000	1.000
互联网普及率	Internet	600	0.302	0.215	0.007	0.889
旅游客流量路径	mv_1	600	0.033	0.023	0.002	0.089
人均旅游消费路径	mv_2	600	0.956	0.465	0.332	2.967
旅游消费结构路径	mv_3	600	0.663	0.064	0.509	0.872

第三节 实证结果分析

一、数字化对旅游消费增长具有正效应

为避免伪回归,进行单位根检验。HT 检验、IPS 检验、LLC 检验、Fisher 检验等是计量分析中常用的面板数据单位根检验方法。本书中采用了多个方法,以减少单一检验方法对单位根判断产生的偏误。面板数据的单位根检验结果见表 6-3,原数据序列检验结果表明,存在部分变量非平稳序列。一阶差分后,所有变量满足一阶单整。进一步地,使用 Kao 检验、Pedroni 检验和 Westerlund 检验,判断变量间是否存在协整关系,结果见表 6-4。三种检验方法均强烈拒绝"不存在协整关系"的原假设,说明可以开展进一步的回归分析。

第六章 目的地视角下数字化推动旅游消费增长的实证研究

表 6-3 面板数据的单位根检验结果

变量	HT 检验	IPS 检验	LLC 检验	Fisher 检验	检验结论
$\ln T$	0.883	−2.044**	−1.479*	−1.547	不平稳
$\Delta\ln T$	0.096***	−8.121***	−2.999***	3.753***	平稳
Dig	0.703	−10.123***	−23.569***	−18.235	不平稳
ΔDig	0.091***	−52.447***	−42.327***	3.608***	平稳
$\ln L$	0.584***	−5.393***	−5.788***	2.343***	平稳
$\Delta\ln L$	−0.199***	−9.063***	−6.370***	8.662***	平稳
$\ln K$	0.927***	−1.721**	−4.844***	2.890***	平稳
$\Delta\ln K$	0.185***	−7.037***	−5.219***	3.398***	平稳
$\ln$ Resource	0.720**	−3.034***	−17.354***	14.557***	平稳
$\Delta\ln$ Resource	−0.266***	−9.494***	−15.371***	27.218***	平稳
TCPI	0.938	−1.374*	−1.053	−1.339	不平稳
$\Delta TCPI$	0.245***	−6.598***	−8.188***	7.387***	平稳
Traffic	−2.042**	−1.092	−6.111***	−0.426	不平稳
ΔTraffic	0.038***	−9.112***	−18.684***	31.778***	平稳
Open	0.630***	−3.992***	−6.015***	14.876***	平稳
ΔOpen	0.147***	−9.169***	−10.371***	30.298***	平稳
$\ln$ Patent	0.913	−2.885***	−1.377*	−0.096	不平稳
$\Delta\ln$ Patent	−0.167***	−9.686***	−7.644***	15.915***	平稳
Edu	−8.782***	−5.427***	−5.706***	8.961***	平稳
ΔEdu	−0.327***	−8.605***	−5.599***	11.327***	平稳
Internet	0.703	−10.123***	−23.569***	−18.235	不平稳
ΔInternet	0.091***	−52.447***	−42.327***	3.608***	平稳

注：*** 表示 $P<0.01$，** 表示 $P<0.05$，* 表示 $P<0.1$。

表 6-4 面板数据的协整检验结果

方法	指标	统计量
Pedroni 检验	修正的 PP 检验 t 值	11.810***
	PP 检验 t 值	−7.266***
	ADF 检验 t 值	−6.242***
Westerlund 检验	方差比率	5.374***

注：*** 表示 $P<0.01$，** 表示 $P<0.05$，* 表示 $P<0.1$。

根据模型(6-5)进行实证分析,表 6-5 描述了数字化影响旅游消费增长的参数估计结果。在表 6-5 中数字化变量(Dig)的估计系数显著为正,说明数字化对目的地旅游消费具有显著正向作用,假设 H_5 得到了验证。

表 6-5　数字化影响旅游消费收入增长的面板回归结果

$\ln T_{jt}$	(1)	(2)	(3)	(4)	(5)	(6)	(7)	(8)
Dig	3.456***	1.384***	1.377***	1.148***	1.021***	0.632*	0.762**	0.913*
	(0.345)	(0.375)	(0.372)	(0.343)	(0.335)	(0.337)	(0.367)	(0.472)
$\ln K$		0.901***	0.894***	0.911***	0.844***	0.778***	0.724***	0.643***
		(0.168)	(0.169)	(0.141)	(0.131)	(0.138)	(0.132)	(0.124)
$\ln L$		−0.265*	−0.253*	−0.335***	−0.283**	−0.262**	−0.253**	−0.279**
		(0.145)	(0.144)	(0.127)	(0.125)	(0.119)	(0.115)	(0.116)
$\ln$ Resource		0.352***	0.353***	0.332***	0.341***	0.341***	0.362***	0.375***
		(0.085)	(0.084)	(0.082)	(0.075)	(0.078)	(0.080)	(0.079)
TCPI			0.005	0.009*	0.010**	0.011**	0.012**	0.015***
			(0.000)	(0.005)	(0.005)	(0.005)	(0.005)	(0.005)
Traffic				0.348**	0.351**	0.332**	0.351***	0.360**
				(0.158)	(0.150)	(0.137)	(0.148)	(0.147)
$\ln$ Patent					0.048**	0.039**	0.038**	0.038***
					(0.022)	(0.018)	(0.017)	(0.012)
Edu						0.186***	0.170***	0.165***
						(0.066)	(0.067)	(0.058)
Open							0.063***	0.072**
							(0.028)	(0.029)
Pandemic								−0.359***
								(0.078)
常数项	13.121***	2.771	2.693	3.201*	3.516**	2.875	2.875	2.874
	(0.147)	(1.837)	(1.753)	(1.729)	(1.566)	(1.767)	(1.767)	(1.692)
地区固定	是	是	是	是	是	是	是	是
时间固定	是	是	是	是	是	是	是	是
观测值	600	600	600	600	600	600	600	600
R^2	0.452	0.793	0.794	0.815	0.834	0.821	0.813	0.835

注:*** 表示 $P<0.01$,** 表示 $P<0.05$,* 表示 $P<0.1$。

从投入要素看,旅游劳动力(ln L)的回归系数为负,固定资本存量(ln K)和旅游资源禀赋(ln Resource)的回归系数显著为正,说明目的地旅游消费表现为投资和资源驱动型增长模式,这一结果与过去十几年中我国旅游投资强度和投资规模"潮涌"增长的事实相符(苏建军 等,2017)。旅游专利数量(ln Patent)和人均受教育年限(Edu)的参数估计结果显著为正,表明目的地旅游消费增长得益于人力资本积累与旅游技术创新的积极作用。此外,制度环境对旅游消费的影响不容忽视,市场开放度(Open)对旅游消费产生正向溢出效应,这与国内外关于 FDI 影响旅游研究的观点一致(万广华 等,2006)。交通通达性(Traffic)的回归系数显著为正,说明交通基础设施可为释放旅游消费市场活力提供支撑。理论上,在产品服务同质化的情况下,旅游消费需求与旅游价格水平负向相关。但是参数估计结果显示,旅游消费与旅游价格水平(TCPI)呈不显著正向相关。这一方面是由于旅游消费具有较强的价格黏性,价格上升对旅游消费变动的影响不大(张凌云 等,2013);另一方面是由于旅游业发展通常是推高地区物价水平的重要因素之一。

二、数字化推动旅游消费增长的门槛效应分析

根据模型(6-6),实证检验数字化推动旅游消费增长的网络效应和要素协同效应假设。在实证回归前,依次对互联网普及率(Internet)和人均受教育年限(Edu)这两个门槛变量进行三个、两个和一个门槛值的门槛效应检验,确定门槛模型的门槛个数及门槛值大小。估计结果见表 6-6。两个门槛变量全部在 0.05 的水平上通过单一门槛效应的显著性检验。具体地,互联网普及率(Internet)的门槛值为 0.216 7,人均受教育年限(Edu)的门槛值为 8.960 5。

表 6-6 门槛值估计结果

变量	门槛值	95%的置信区间
互联网普及率 门槛值(γ_1)	0.216 7**	[0.197 0, 0.231 2]
人均受教育年限(Edu) 门槛值(γ_1)	8.960 5**	[8.906 7, 8.985 2]

注:*** 表示 $P<0.01$,** 表示 $P<0.05$,* 表示 $P<0.1$。

在确定门槛个数和门槛值数值的基础上,参照模型(6-6)进行单一门槛效应回归,估计结果见表6-7。

表6-7 门槛回归的参数估计结果

$\ln T_{jt}$	估计结果(1)	估计结果(2)
门槛值<γ_1	Internet<0.216 7	Edu<8.960 5
Dig	0.825***	1.124***
	(0.112)	(0.090)
门槛值≥γ_1	Internet≥0.216 7	Edu≥8.960 5
Dig	0.931***	1.291***
	(0.126)	(0.373)
$\ln K$	0.455**	0.511**
	(0.913)	(0.207)
$\ln L$	−0.371***	−0.223***
	(0.121)	(0.096)
ln Resource	0.346***	0.296***
	(0.040)	(0.079)
TCPI	0.017***	0.023***
	(0.010)	(0.042)
Traffic	0.024	0.023*
	(0.102)	(0.012)
ln Patent	0.368*	0.281
	(0.077)	(0.085)
Edu	0.092***	0.028***
	(0.051)	(0.015)
Open	0.206***	0.097***
	(0.017)	(0.027)
Pandemic	−0.219***	−0.197***
	(0.131)	(0.196)
常数项	0.083***	0.037***
	(0.456)	(0.560)
观测值	600	600
R^2	0.835	0.834

注:*** 表示 $P<0.01$,** 表示 $P<0.05$,* 表示 $P<0.1$。

表6-7中的估计结果(1)显示,当互联网普及率低于21.67%时,数字化对旅游消费增长的影响系数为0.825,说明旅游目的地的互联网普及率每提高1%,该地旅游消费收入($\ln T_{jt}$)增加0.825%;当互联网普及率超过21.67%时,数字化的回归系数为0.931,意味着旅游目的地的互联网普及率每提高1%,旅游消费收入提高0.931%。该实证结果表明,数字化推动目的地旅游消费增长的作用具有边际递增的特征,会随着该地互联网普及率水平的提高而变得更有价值。结合地区发展实践来看,2001年北京市和上海市的互联网普及率达到23.85%和23.36%,成为率先跨越门槛值并触发数字化网络效应的地区;截至2010年,云南省、甘肃省、四川省、贵州省、江西省和安徽省等的互联网普及率也全部超过21.29%,数字化推动目的地旅游消费增长的实际效应更加显著。研究假设H_6得到了验证。

表6-7中的估计结果(2)显示,当地区人均受教育年限小于8.96年时,数字化发展对目的地旅游消费的影响系数为1.124,意味着地区的数字化发展水平每提高1%,目的地旅游消费收入增加1.124%;当人均受教育年限超过8.96年,数字化估计系数提升到1.291,说明地区的数字化发展水平每提高1%,目的地的旅游消费收入增加1.291%。研究假设H_7得到了验证。

三、数字化推动旅游消费增长路径的静态比较分析

结构方程估计中,标准化的估计方法能够对方程组中的各项路径效应进行比较分析,并且能够降低异方差对参数估计的可能影响(温忠麟 等,2008)。因此先对所有变量采用Z-score方法标准化处理再进行结构方程回归。表6-8描述了多重中介效应结构方程的参数估计结果,卡方检验的结果表明,结构方程模型具有良好的拟合优度,模型的形式设定较为合理。为了进一步对比各影响路径的作用大小,在结构方程模型的基础上运用Bootstrap方法迭代500次,计算全国及东、中、西部地区数字化影响旅游消费增长的路径系数方向及大小,结果如表6-9所示。

表 6-8 数字化推动旅游消费增长的多重中介效应回归结果

	(1) z_mv_1	(2) z_mv_2	(3) z_mv_3	(4) $z\_\ln T$
	旅游客流量方程	人均旅游消费方程	旅游消费结构方程	旅游消费方程
z_mv_1				0.261***
				(0.023)
z_mv_2				0.163***
				(0.018)
z_mv_3				0.075***
				(0.012)
z_Dig	−0.175***	0.551***	0.353***	0.332***
	(0.056)	(0.082)	(0.102)	(0.073)
$z\_\ln K$	0.564***	0.057	0.122***	0.086***
	(7.410)	(0.680)	(2.910)	(4.340)
$z\_\ln L$	−0.175**	0.281***	−0.639***	−0.134**
	(−2.100)	(4.420)	(−5.330)	(−2.610)
$z\_\ln Resource$	0.0352*	−0.443***	0.656***	0.106***
	(1.420)	(−6.730)	(7.240)	(7.160)
z_TCPI	−0.056**	0.163***	0.103*	0.146
	(−0.760)	(1.930)	(1.500)	(0.780)
$z\_Traffic$	0.311***	−0.153***	−0.153***	0.036***
	(7.230)	(−3.850)	(−2.310)	(6.340)
$z\_\ln Patent$	0.504***	−0.317**	−0.422***	0.655***
	(7.310)	(−2.340)	(−4.190)	(7.910)
z_Edu	−0.217***	0.252***	0.141**	0.067
	(−7.810)	(7.780)	(2.450)	(1.350)
z_Open	0.214***	0.135***	0.061	0.171
	(7.450)	(4.670)	(1.370)	(0.530)
Pandemic	−0.259***	−0.157***	−0.119***	−0.197***
	(0.810)	(0.560)	(0.280)	(0.230)
常数项	0.000***	0.000	0.000	0.000
	(0.000)	(0.000)	(0.000)	(0.000)
观测值	600	600	600	600
拟合优度 R^2	0.697	0.539	0.261	0.803
拟合优度 卡方检验	$\chi^2=1257.31$***	$\chi^2=486.36$***	$\chi^2=187.24$***	$\chi^2=7865.53$***

结构方程 $\chi^2 = 305.13, \text{Prob} > \text{Chi}^2 = 0.0000$

注：*** 表示 $P<0.01$，** 表示 $P<0.05$，* 表示 $P<0.1$。

第六章 目的地视角下数字化推动旅游消费增长的实证研究

表 6-9 数字化推动旅游消费增长的路径系数

路径机制		(1)全国样本区	(2)东部样本区	(3)中部样本区	(4)西部样本区
旅游客流量路径 (R_indmv_1)	z_Dig	−0.179** (0.076)	−0.876*** (0.120)	−0.314 (0.325)	0.047 (0.066)
	路径系数	−0.051** (0.026)	−0.292*** (0.091)	−0.062 (0.081)	0.025 (0.038)
人均旅游消费路径 (R_indmv_2)	z_Dig	0.568*** (0.080)	1.003*** (0.116)	1.069*** (0.304)	0.472*** (0.139)
	路径系数	0.096*** (0.032)	0.269*** (0.039)	0.138** (0.070)	0.131*** (0.036)
旅游消费结构路径 (R_indmv_3)	z_Dig	0.381*** (0.115)	1.573*** (0.337)	0.182 (0.201)	0.085 (0.141)
	路径系数	0.028* (0.016)	0.039* (0.021)	0.003 (0.086)	0.004 (0.073)
直接效应 (R_direct)	路径系数	0.335*** (0.091)	0.530*** (0.050)	1.003*** (0.102)	−0.085 (0.066)
间接效应 ($R\_indtotal$)	路径系数	0.094*** (0.036)	0.024 (0.017)	0.011 (0.008)	0.150*** (0.026)
观测值		600	240	180	180

注：*** 表示 $P<0.01$，** 表示 $P<0.05$，* 表示 $P<0.1$。回归采用双向固定效应。

表 6-8 中旅游消费方程的参数估计结果显示，旅游客流量路径（z_mv_1）、人均旅游消费路径（z_mv_2）和旅游消费结构路径（z_mv_3）都是推动目的地旅游消费增长的重要路径。数字化（z_Dig）回归系数显著为正，再次验证了数字化在推动旅游消费增长中发挥的积极作用。

从表 6-8 中旅游客流量方程来看，数字化对全国旅游客流量竞争力的影响效应在整体上表现是负的（$z\_Dig=-0.175$）。结合表 6-9 中的路径系数发现，数字化对旅游客流量竞争力的影响存在显著的地区差异：西部地区的旅游客流量路径系数为不显著的 0.025，说明数字化发展在一定程度上提升了西部地区的旅游客流量吸引力；同时，东部地区和中部地区的旅游客流量路径系数分别为 −0.292 和 −0.062。这说明数字化发展改变了旅游客流量在全国范围内的空间分布，削弱了东部地区和中部地区吸引游客的相对优势,引导游客从东部地区和中部地区更多地向西部地区流动。

从表 6-8 中人均旅游消费方程和旅游消费结构方程来看,数字化(z_Dig)的估计系数显著为正,说明数字化发展在整体上提高了旅游目的地的人均旅游消费水平和旅游消费结构,增进了目的地的旅游消费质量。结合表 6-9 中的路径系数来看:一方面,无论是在全国还是在东部地区、中部地区、西部地区,数字化提高人均旅游消费水平的路径作用显著为正,说明数字化在稳定游客数量的同时有效释放了游客的消费需求,人均旅游消费水平的提高推动改善了目的地旅游消费收入的增长质量。另一方面,数字化助力目的地旅游消费结构升级从而推动旅游消费增长的作用路径存在较大的区域差异。在东部地区,数字化通过旅游消费结构升级路径促进旅游消费增长的积极效应显著,路径系数为 0.039;在中部地区和西部地区,数字化影响旅游消费增长的旅游消费结构路径并不显著。结合中部地区和西部地区的旅游消费方程和旅游消费结构方程中的数字化估计系数可知,数字化发展在一定程度上加快了中部和西部地区旅游消费结构的高级化进程,但旅游消费结构升级对中西部地区旅游消费增长的驱动效应尚未显现(表 6-8 描述了全国样本的回归结果,区域分组的回归结果未列举)。

从整体上看,质量路径(R_indmv_2 和 R_indmv_3)是数字化推动目的地旅游消费增长的关键成长性路径。从全国范围看,数字化通过提高目的地人均旅游消费(R_indmv_2)作用于旅游消费增长的效应为 0.096,通过提升旅游消费结构(R_indmv_3)推动旅游消费增长的效应为 0.028,旅游客流量(R_indmv_1)的路径系数为 -0.051,说明数字化削弱了目的地旅游消费收入增长对游客数量的路径依赖。

分区域来看,表 6-9 中显示了东部地区、中部地区和西部地区数字化影响旅游消费增长的路径对比。估计结果表明,数字化发展推动东部地区旅游消费增长的直接效应高于中西部地区。从间接路径来看,数字化推动东部地区旅游消费从"流量"增长向"质量"增长的转型效果最为显著。旅游数字化水平每提高 1%,东部地区旅游消费增长对流量路径(R_indmv_1)的依赖平均下降 0.292%,同时通过提升人均旅游消费(R_indmv_2)和旅游消费结构(R_indmv_3)的路径效应分别提高 0.269% 和 0.039%。对于中部地区而言,数字化推动目的地旅游消费增长与游客数量增长(R_indmv_1)的脱钩发展,数字化对中部地区旅游消费增长的影响主要体现在提高人均旅游消费水平(R_indmv_2)的质量型路径方面。对于西部地区而言,数字化通过直接效应或质量路径推动旅游消费增长的作用均显著低于东部和中部地区,仍存在较大的提升空间。

四、数字化推动旅游消费增长路径转换的动态分析

前述部分分析了数字化赋能目的地旅游消费收入增长的多重路径机制,但是该路径效应并非一蹴而就,而是伴随旅游数字化发展不断演化的一个动态过程。因此有必要从动态视角进一步揭示数字化赋能旅游消费增长的演化规律,探寻数字化赋能效应的潜力所在。本书将基于拓展的多重中介效应结构方程模型(6-7)～模型(6-10),分析不同数字化发展水平下数字化赋能旅游消费增长的路径模式及方向转变,回归结果见表6-10。

表6-10 数字化推动旅游消费增长的调节中介效应检验

	(1) z_mv_1	(2) z_mv_2	(3) z_mv_3	(4) $z\_Ln\ T$
	旅游客流量方程	人均旅游消费方程	旅游消费结构方程	旅游消费方程
z_mv_1				0.287*** (0.029)
z_mv_2				0.167*** (0.021)
z_mv_3				0.163*** (0.028)
z_Dig	−0.046* (0.026)	0.386*** (0.089)	0.187*** (0.065)	0.127** (0.054)
z_Dig^2	−0.037* (0.021)	0.063* (0.033)	0.076** (0.038)	−0.057*** (0.019)
_Cons	0.031 (0.087)	−0.053 (0.049)	−0.054 (0.052)	0.029* (0.017)
控制变量	是	是	是	是
地区固定	是	是	是	是
时间固定	是	是	是	是
观测值	600	600	600	600

表 6-10（续）

		(1) z_mv_1	(2) z_mv_2	(3) z_mv_3	(4) $z\_Ln\,T$
拟合优度	R^2	0.642	0.431	0.352	0.862
	卡方检验	$\chi^2=876.35^{***}$	$\chi^2=586.20^{***}$	$\chi^2=186.32^{***}$	$\chi^2=5877.09^{***}$
		结构方程 $\chi^2=234.52$，Prob $>$ Chi2 $=0.000$			

注：*** 表示 $P<0.01$，** 表示 $P<0.05$，* 表示 $P<0.1$。

从表 6-10 中的旅游消费方程和各路径方程来看，旅游数字化二次项（z_Dig^2）的系数至少在 10% 的显著性水平上显著。卡方检验结果显示，纳入旅游数字化二次项的结构方程模型设定合理、科学可行。整体上，人均旅游消费方程、旅游消费结构方程的数字化参数（z_Dig）显著为正，旅游客流量方程的数字化参数（z_Dig）显著为负，再次验证了数字化主要通过"质量"路径促进我国旅游消费增长这一结论的可靠性。从旅游数字化二次项（z_Dig^2）的系数看，旅游客流量方程中的数字化二次项（z_Dig^2）系数显著为负，人均旅游消费方程和旅游消费结构方程中的数字化二次项（z_Dig^2）系数显著为正，说明伴随旅游数字化进程的不断加深，数字化赋能旅游经济发展的"流量"路径难以持续，但"质量"路径具备可持续的赋能能力。

接下来，运用 Bootstrap 方法迭代 500 次分别计算旅游数字化水平在 10%、25%、50%、75%、90% 和 99% 分位点时，数字化通过旅游客流量路径、人均旅游消费路径和旅游消费结构路径推动旅游消费增长的效应，结果如表 6-11 所示。

表 6-11　数字化影响旅游消费增长的路径系数变迁

Dig分位点	路径系数						
	R_indmv_1	R_indmv_2	R_indmv_3	R_indmv_1	R_indmv_2	R_indmv_3
	全部样本区			东部样本区		
q10	0.007 (0.019)	0.059*** (0.015)	0.035** (0.015)	−0.185*** (0.057)	0.262*** (0.035)	−0.001 (0.012)
q25	0.006 (0.016)	0.061*** (0.015)	0.038** (0.013)	−0.185*** (0.059)	0.260*** (0.033)	0.001 (0.012)
q50	−0.005 (0.013)	0.069*** (0.017)	0.046*** (0.012)	−0.186*** (0.058)	0.257*** (0.041)	0.010 (0.011)

表 6-11（续）

Dig 分位点	路径系数					
	R_indmv_1	R_indmv_2	R_indmv_3	R_indmv_1	R_indmv_2	R_indmv_3
	全部样本区			东部样本区		
q75	−0.012 (0.018)	0.078*** (0.019)	0.052*** (0.013)	−0.187*** (0.055)	0.255*** (0.042)	0.019* (0.010)
q90	−0.02 (0.02)	0.082*** (0.026)	0.055*** (0.017)	−0.188*** (0.059)	0.252*** (0.053)	0.025** (0.013)
q99	−0.032 (0.022)	0.092*** (0.030)	0.066*** (0.019)	−0.190*** (0.049)	0.247*** (0.067)	0.039** (0.019)
观测值	600	600	600	240	240	240

Dig 分位点	路径系数					
	R_indmv_1	R_indmv_2	R_indmv_3	R_indmv_1	R_indmv_2	R_indmv_3
	中部样本区			西部样本区		
q10	0.046* (0.028)	0.137*** (0.051)	−0.020 (0.019)	−0.026 (0.036)	0.085** (0.042)	−0.001 (0.005)
q25	0.043* (0.025)	0.128*** (0.034)	−0.023 (0.021)	−0.006 (0.043)	0.093** (0.037)	−0.001 (0.005)
q50	0.023 (0.024)	0.116** (0.050)	−0.030 (0.025)	0.069 (0.056)	0.112*** (0.036)	0.001 (0.007)
q75	0.008 (0.032)	0.096** (0.039)	−0.039 (0.033)	0.132* (0.076)	0.126** (0.061)	0.001 (0.011)
q90	−0.005 (0.035)	0.091** (0.045)	−0.044 (0.038)	0.170** (0.087)	0.129* (0.073)	0.001 (0.013)
q99	−0.031 (0.063)	0.080* (0.047)	−0.057 (0.041)	0.246** (0.091)	0.145* (0.089)	0.002 (0.019)
观测值	180	180	180	180	180	180

注：*** 表示 $P<0.01$，** 表示 $P<0.05$，* 表示 $P<0.1$。

从旅游客流量路径（R_indmv_1）变迁来看，在旅游数字化初级阶段，东部地区即呈现出旅游消费增长与游客数量脱钩的质量型发展路径。伴随数字化进程的推进，中部地区旅游消费增长与游客规模增长的关联度下降，旅游消费增长逐步摆脱了对"流量"的路径依赖。对西部地区而言，旅游数字化的"流量"效应显著，是提升目的地吸引力的有效工具。从长期看，尽管我国国内旅游市场潜力巨大，但仍将面临游客数量增长天花板和景区承载量天花板的双重约束,因此由数字化引致的"流量"红利必将趋于收敛,数字化赋能的"流量"路径难以长期持续。

从人均旅游消费路径(R_indmv_2)变迁看,数字化提升人均旅游消费水平进而带动旅游消费增长的积极效应长期存在,该效应无论是在全部样本区还是在分地区样本区均成立。未来,旅游数字化在旅游营销模式、消费场景、产品创新、服务体验等方面的持续性变革,将为进一步激活旅游消费赋予更大潜能。

从旅游消费结构路径(R_indmv_3)变迁看,数字化赋能旅游消费结构升级进而推动旅游消费增长的积极效应显著且不断增强。分地区看,在东部地区,当旅游数字化水平位于25%分位点时,数字化促进旅游消费结构升级的路径效应开始显现;当旅游数字化水平为75%分位点时,数字化促进旅游消费结构升级的路径效应愈加显著。在中部地区,数字化赋能旅游消费结构升级的路径效应尚不显著,这表明中部地区和西部地区在旅游数字化进程中要深化供给侧结构性变革,为中部地区和西部旅游市场崛起提供优质旅游供给支持。综合来看,从流量路径向质量路径转型发展,是未来数字化赋能旅游消费增长的必然选择。

第四节 内生性讨论与稳健性检验

前述部分综合经济增长理论归纳了可能影响目的地旅游消费收入增长的一系列因素指标,并在实证回归中使用面板数据和双向固定效应模型,尽可能减少遗漏变量对参数估计的影响。门槛模型和考虑调节中介效应的结构方程模型考察了数字化变量的一次项和二次项形式,降低了模型设定偏误可能引发的内生性或稳健性问题。为了进一步增强实证结论的可靠性,依次对实证研究进行稳健性检验,并进行内生性讨论。

一、基准回归结果的稳健性检验

表6-5的回归结果表明,在逐渐增加控制变量的情况下,核心解释变量旅游数字化(Dig)的参数估计结果均显著为正,一定程度上说明了数字化推动目的地旅游消费增长的稳健性。为增强因果识别的有效性,采用滞后性动态面板回归模型,将滞后一阶因变量作为解释变量纳入回归方程,估计结

果见表6-12。核心解释变量旅游数字化(Dig)的估计系数在0.01的水平上显著为正,研究结论不变。此外,为了进一步说明研究结论的有效性,对东部地区、中部地区、西部地区的样本进行分组回归。结果显示,数字化对东部、中部和西部地区旅游消费增长均具有显著正向作用,增强了研究结论的稳健性。

表6-12 数字化推动旅游消费增长的稳健性检验

$\ln T_{jt}$	全国样本区		东部样本区	
	(1)	(2)	(3)	(4)
$L.\ln T_{jt}$		0.465***		0.465***
		(0.129)		(0.109)
Dig	1.002***	0.804***	2.749***	2.007***
	(0.524)	(0.253)	(0.981)	(0.668)
控制变量	是	是	是	是
常数项	2.875	5.036***	12.622***	12.003***
	(1.767)	(1.704)	(4.475)	(2.341)
观测值	600	570	240	228
R^2	0.813	0.921	0.890	0.952

$\ln T_{jt}$	中部样本区		西部样本区	
	(5)	(6)	(7)	(8)
$L.\ln T_{jt}$		0.353***		0.521***
		(0.139)		(0.146)
Dig	1.038***	0.842***	0.694***	0.879***
	(1.071)	(0.274)	(0.172)	(0.278)
控制变量	是	是	是	是
常数项	7.823***	6.783***	10.614***	13.281***
	(1.694)	(4.254)	(4.450)	(2.455)
观测值	180	169	180	169
R^2	0.815	0.908	0.885	0.948

注:*** 表示 $P<0.01$,** 表示 $P<0.05$,* 表示 $P<0.1$。

二、门槛回归结果的稳健性检验

通过设置数字化与门槛变量的交互项以及根据门槛值进行分组回归两种方法,进一步检验门槛回归结果的稳健性。

(一) 分组回归

表6-6可知,门槛回归中互联网普及率和人均受教育年限的门槛值分别为0.2167和8.9605。根据各变量门槛值将总样本分为两组子样本,分别对两组子样本进行回归,参数估计结果见表6-13。对比组内数字化变量的回归系数发现:当门槛值$<\gamma_1$时,数字化对旅游消费的正向影响较小;当门槛值$\geqslant\gamma_1$时,数字化对旅游消费的正向影响显著增强。分组回归的结果进一步增强了门槛回归的稳健性。

表6-13 分组回归的稳健性检验结果

$\ln T_{jt}$	(1) 互联网普及率		(2) 人均受教育年限	
	$<21.67\%$	$\geqslant21.67\%$	<8.9605	$\geqslant8.9605$
Dig	0.816***	0.977***	1.181**	1.344***
	(0.535)	(0.727)	(1.086)	(1.053)
常数项	6.048***	−0.185	8.130*	8.775***
	(1.931)	(2.404)	(5.632)	(1.578)
控制变量	是	是	是	是
R^2	0.858	0.869	0.921	0.837

注:*** 表示$P<0.01$,** 表示$P<0.05$,* 表示$P<0.1$。

(二) 设置交互项

为检验表6-7中回归结果的可靠性,分别设置旅游数字化水平的乘方项(Dig^2)、旅游数字化水平与人均受教育年限的交互项($Dig\times Edu$)加入方程进行回归,参数估计结果见表6-14。其中,旅游数字化水平(Dig)的回归系数均显著为正,再次验证了数字化推动旅游消费增长结论的可靠性。在引入交叉项后,数字化发展对旅游消费增长的影响转变为

$0.895+0.107\times\text{Dig}$ 和 $1.178+0.054\times\text{Edu}$，说明伴随地区数字化的发展应用以及人力资本的积累，数字化推动旅游消费增长的能力逐渐增强。引入交叉项之后的回归结果验证了数字化影响的非线性特征，同门槛回归的结果一致。

表 6-14　引入交叉项的稳健性检验结果

$\ln T_{it}$	(1)	(2)
Dig	0.895***	1.178**
	(0.518)	(1.073)
Dig²	0.107**	
	(0.092)	
Dig×Edu		0.054***
		(0.005)
常数项	0.325***	0.088***
	(1.231)	(1.316)
控制变量	控制	控制
观测值	600	600
R^2	0.831	0.827

注：*** 表示 $P<0.01$，** 表示 $P<0.05$，* 表示 $P<0.1$。

三、结构方程回归结果的稳健性检验

针对结构方程中可能存在的测量误差，使用地区互联网普及率作为旅游数字化水平的替代性指标，对结构方程进行重新估计，结果见表 6-15 和表 6-17。关于反向因果问题，数字化不仅驱动旅游消费增长和路径转变，旅游消费需求的增加也可能反过来推动游客强化数字化应用需求，并加快旅游企业的数字化转型。考虑到变量之间可能存在的反向因果关系，对结构方程进行一定的调整，以 $t+1$ 期的旅游消费收入、旅游客流量路径、人均旅游消费路径以及旅游消费结构路径作为被解释变量，对结构方程进行再次检验，结果见表 6-16 和表 6-18。

表 6-15　更换数字化测度指标的稳健性检验（多重中介）

路径系数	(1) 全部样本区	(2) 东部样本区	(3) 中部样本区	(4) 西部样本区
R_indmv_1	−0.131***	−0.272***	−0.132***	0.087***
	(0.023)	(0.032)	(0.127)	(0.029)
R_indmv_2	0.106***	0.152***	0.115***	0.120***
	(0.010)	(0.051)	(0.027)	(0.041)
R_indmv_3	0.032**	0.089**	0.019	0.001
	(0.059)	(0.044)	(0.019)	(0.009)
$R\_indtotal$	0.137	−0.156**	0.005	0.041**
	(0.039)	(0.067)	(0.063)	(0.052)
观测值	600	240	180	180

注：*** 表示 $P<0.01$，** 表示 $P<0.05$，* 表示 $P<0.1$。

表 6-16　因变量调整为 $t+1$ 期的稳健性检验（多重中介）

路径系数	(1) 全部样本区	(2) 东部样本区	(3) 中部样本区	(4) 西部样本区
R_indmv_1	−0.047**	−0.327***	−0.072	0.006
	(0.021)	(0.052)	(0.049)	(0.018)
R_indmv_2	0.086***	0.276***	0.109**	0.115***
	(0.023)	(0.043)	(0.043)	(0.028)
R_indmv_3	0.047*	0.002	−0.003	0.003
	(0.027)	(0.032)	(0.027)	(0.005)
$R\_indtotal$	0.081**	−0.017	0.027	0.157***
	(0.032)	(0.073)	(0.053)	(0.037)
观测值	570	228	169	169

注：*** 表示 $P<0.01$，** 表示 $P<0.05$，* 表示 $P<0.1$。

表6-15和表6-16中是多重中介效应结构方程的稳健性检验结果，表6-17和表6-18是调节中介效应结构方程的稳健性检验结果。无论是多重中介效应的结构方程，还是调节中介效应的结构方程，两种稳健性检验的回归结果与前述估计结果相似，说明数字化推动旅游消费增长路径及路径转换的规律与前文一致，增强了研究结论的稳健性。

表 6-17 更换数字化测度指标的稳健性检验(调节中介)

Internet 分位点	(1) 全部样本区			(2) 东部样本区		
	R_indmv_1	R_indmv_2	R_indmv_3	R_indmv_1	R_indmv_2	R_indmv_3
q10	−0.102***	0.091***	0.008*	−0.171***	0.232***	−0.002
	(0.033)	(0.019)	(0.006)	(0.042)	(0.037)	(0.008)
q25	−0.113***	0.103***	0.008*	−0.176***	0.228***	−0.007
	(0.038)	(0.019)	(0.004)	(0.042)	(0.035)	(0.066)
q50	−0.129***	0.105***	0.009**	−0.187***	0.217***	0.008
	(0.034)	(0.019)	(0.004)	(0.042)	(0.073)	(0.062)
q75	−0.158***	0.109***	0.009**	−0.198***	0.202***	0.005
	(0.035)	(0.019)	(0.008)	(0.039)	(0.039)	(0.009)
q90	−0.507***	0.129**	0.019	−0.378***	0.032	0.037*
	(0.088)	(0.057)	(0.009)	(0.104)	(0.087)	(0.014)
q99	−0.540***	0.146**	0.016	−0.398***	0.010	0.042**
	(0.095)	(0.067)	(0.015)	(0.113)	(0.094)	(0.020)
观测值	600	600	600	240	240	240
Internet 分位点	(3) 中部样本区			(4) 西部样本区		
	R_indmv_1	R_indmv_2	R_indmv_3	R_indmv_1	R_indmv_2	R_indmv_3
q10	−0.093**	0.081***	−0.002	−0.085	0.187**	0.056
	(0.033)	(0.029)	(0.005)	(0.069)	(0.079)	(0.031)
q25	−0.093**	0.079***	−0.007	−0.085	0.183**	0.054
	(0.036)	(0.029)	(0.005)	(0.067)	(0.048)	(0.029)
q50	−0.091**	0.074***	−0.003	−0.072	0.176**	0.058*
	(0.034)	(0.030)	(0.005)	(0.076)	(0.091)	(0.094)
q75	−0.092*	0.066***	0.002	−0.049	0.161**	0.059**
	(0.037)	(0.035)	(0.007)	(0.075)	(0.076)	(0.043)
q90	−0.106	−0.008	0.017	0.175	0.031	0.127**
	(0.067)	(0.151)	(0.132)	(0.050)	(0.174)	(0.092)
q99	−0.112	−0.017	0.041	0.195	0.022	0.131**
	(0.170)	(0.111)	(0.063)	(0.153)	(0.135)	(0.070)
观测值	180	180	180	180	180	180

注:*** 表示 $P<0.01$,** 表示 $P<0.05$,* 表示 $P<0.1$。

表 6-18 因变量调整为 $t+1$ 期的稳健性检验（调节中介）

Dig 分位点	(1) 全部样本区			（2）东部样本区		
	R_indmv_1	R_indmv_2	R_indmv_3	R_indmv_1	R_indmv_2	R_indmv_3
q10	0.004	0.070***	0.032*	−0.225***	0.286***	−0.039
	(0.019)	(0.035)	(0.053)	(0.013)	(0.028)	(0.013)
q25	0.002	0.072***	0.039*	−0.227***	0.286***	−0.015
	(0.016)	(0.023)	(0.015)	(0.029)	(0.026)	(0.021)
q50	−0.013	0.075***	0.046***	−0.228***	0.284***	0.006
	(0.017)	(0.029)	(0.017)	(0.055)	(0.047)	(0.015)
q75	−0.021	0.087***	0.062***	−0.230***	0.277***	0.013
	(0.021)	(0.024)	(0.010)	(0.045)	(0.055)	(0.039)
q90	−0.027	0.098***	0.067***	−0.231***	0.275***	0.024
	(0.023)	(0.032)	(0.064)	(0.037)	(0.059)	(0.023)
q99	−0.035	0.123***	0.077***	−0.233***	0.271***	0.031*
	(0.024)	(0.057)	(0.032)	(0.031)	(0.065)	(0.010)
观测值	570	570	570	228	228	228

Dig 分位点	(3) 中部样本区			（4）西部样本区		
	R_indmv_1	R_indmv_2	R_indmv_3	R_indmv_1	R_indmv_2	R_indmv_3
q10	0.045*	0.086***	0.001	−0.020	0.126**	0.032
	(0.015)	(0.077)	(0.030)	(0.001)	(0.081)	(0.054)
q25	0.043*	0.089***	0.001	−0.004	0.109**	0.073
	(0.031)	(0.026)	(0.003)	(0.076)	(0.024)	(0.017)
q50	0.016	0.103***	0.001	0.096	0.093**	0.082
	(0.031)	(0.035)	(0.005)	(0.085)	(0.031)	(0.051)
q75	−0.143	0.121**	0.001	0.169*	0.084*	0.076
	(0.045)	(0.051)	(0.031)	(0.097)	(0.057)	(0.032)
q90	−0.011	0.124*	0.001	0.225**	0.072	0.052
	(0.038)	(0.070)	(0.020)	(0.110)	(0.049)	(0.046)
q99	−0.052	0.139	0.001	0.326**	0.061	0.069
	(0.049)	(0.067)	(0.050)	(0.130)	(0.053)	(0.071)
观测值	169	169	169	169	169	169

注：*** 表示 $P<0.01$，** 表示 $P<0.05$，* 表示 $P<0.1$。

第六章　目的地视角下数字化推动旅游消费增长的实证研究

第五节　本 章 小 结

本章基于内生经济增长理论构建了面板回归模型,利用2001—2020年的省级面板数据,验证了数字化对目的地旅游消费增长的显著正向作用。同时,研究表明,旅游投资、旅游资源、旅游专利、人力资本积累、市场开放度及交通通达性是影响旅游消费增长的关键变量。

本章采用门槛模型,探讨了数字化推动旅游消费增长的网络效应与要素协同效应。研究结果表明,随着数字化发展水平的提高,其对旅游消费增长的促进作用愈加显著,展现出显著的网络效应。在要素协同方面,当地区人均受教育年限超过8.96年时,数字化推动旅游消费增长的效果更加显著,这表明在推进目的地发展旅游业的过程中,应关注地区人力资本等要素的配套支持。

此外,本章从流量与质量两个维度构建了数字化影响旅游消费增长的路径机制模型,将数字化推动旅游消费增长的路径解析为提升旅游客流量、提高人均旅游消费水平和促进旅游消费结构升级三个方面。在考虑静态与动态视角的基础上,构建了基于多重中介效应和调节中介效应的结构方程进行实证研究,获得了一系列有价值的结论。从静态视角看,数字化整体上削弱了旅游消费增长对客流量的路径依赖,质量路径成为数字化推动目的地旅游消费增长的主要方式。具体而言,数字化对东部地区旅游消费增长的影响表现为降低对客流量的依赖、提高旅游消费水平及促进旅游消费结构升级;对中部地区的影响则主要体现在降低客流量依赖与提高人均旅游消费水平上;对西部地区的作用则主要体现在提升旅游客流吸引力和提高旅游消费水平上。从动态视角看,数字化推动旅游消费增长路径转型升级,推动旅游消费增长从流量路径向质量路径的跃迁。

第七章

客源地—目的地视角下数字化影响旅游消费流的实证研究

第七章 客源地—目的地视角下数字化影响旅游消费流的实证研究

旅游消费流是旅游经济活动中较为外部化的内容,是旅游经济流动的重要现象。由于吸引物的不可移动性,旅游消费与旅游生产具有同一性,旅游经济活动是以人或资金的流动为载体和表征的。从客源地—目的地的视角分析旅游消费流现象,有利于阐释旅游消费活动的空间属性特征。

第四章通过构建旅游目的地选择模型,分析了数字化对国内旅游消费流的影响以及空间压缩效应、长尾效应和选择偏好效应。本章在估算国内旅游消费流的基础上,通过构建框架模型重点分析国内旅游消费流的动力机制,并对数字化影响国内旅游消费流的实际效应及内在机理予以剖析。

第一节 国内旅游消费流量的测算

一、旅游引力模型

空间联系是区域经济领域的经典研究课题。引力模型在空间研究中得到广泛应用,形成了牛顿引力模型和威尔逊引力模型两种主要模型。旅游牛顿引力模型来自物理引力模型的经验类比,推理过程缺乏严谨的理论依据且存在断裂点悖论(王铮 等,2002;李山 等,2012)。威尔逊引力模型运用熵最大化原理推导产生(Wilson,1967),形式如下:

$$T_{ij} = KO_i D_j \exp(-\beta r_{ij}) \tag{7-1}$$

其中,T_{ij} 表示客源地 i 到目的地 j 的旅游作用力,O_i 表示客源地 i 的旅游出游力(推力),D_j 表示目的地 j 的旅游吸引力(拉力),$\exp(-\beta r_{ij})$ 表示客源地 i 到目的地 j 的空间阻尼,K 表示归一化参数。

在威尔逊引力模型的基础上,参照李山等(2012)的做法,基于消费理论将客源地人均旅游消费水平(E_i)设置为人均可支配收入(C_i)的函数:

$$E_i = f(C_i) = kC_i^\alpha \tag{7-2}$$

方程两边同时乘以客源地 i 的人口规模(P_i),得到客源地 i 的旅游出游力方程:

$$O_i = P_i E_i = k P_i C_i^\alpha \tag{7-3}$$

将其带入旅游引力模型,得到客源地 i 到目的地 j 的旅游作用力方程:

$$T_{ij} = K k P_i C_i^\alpha D_j \exp(-\beta r_{ij}) \tag{7-4}$$

其中,T_{ij} 定义为客源地 i 到目的地 j 的旅游消费额;O_i 表示 i 地的国内旅游消费支出额；D_j 表示发生在 j 地的国内旅游消费额；P_i 表示客源地 i 的人口规模；C_i 表示 i 地的人均收入水平；r_{ij} 表示 i 地与 j 地之间的距离；α 为待估参数，表示旅游消费收入弹性；β 为空间阻尼系数；K 表示归一化参数。

二、模型参数估计

方程(7-4)涉及 1 个因变量 T_{ij}，4 个自变量 P_i、C_i、D_j、r_{ij}，3 个待估参数 α、k 和 β 以及归一化参数 K。由于客源地到目的地的国内旅游流量统计数据 T_{ij} 缺乏，因此将方程(7-4)作为一个整体进行参数估计的思路尚不可行。

如何估计旅游引力模型的参数，既有研究主要形成了两种思路：一是，以刘少湃等(2016)、周慧玲等(2020)为代表的 T_{ij} 指标替代法。刘少湃等(2016)，通过估计迪士尼旅游引力模型来预测上海迪士尼客源市场流量；周慧玲等(2020)运用景区百度指数数据近似替代景区接待客流流量，通过估计省际旅游引力模型来分析省际旅游者流的空间网络结构。二是，以李山等(2012)为代表的分步参数估计法。首先结合人均可支配收入或人均 GDP 数据，运用回归方程拟合旅游消费函数，估计系数 α 和 k，继而单独确定空间阻尼系数 β 和归一化参数 K。

（1）确定出游力方程，估计参数 α 和 k。

将方程(7-2)两边同时取对数后，表达式如下：

$$\mathrm{Ln}E_i = \alpha \mathrm{Ln}C_i + \mathrm{Ln}k \tag{7-5}$$

采用 2001—2020 年我国国内旅游的时间序列数据，使用 Stata 最小二乘法对参数 α、k 进行估计。为避免公共卫生事件可能产生的估计偏差，从样本中剔除 2003 年和 2020 年数据。其中，E_i 选择"国内旅游人均花费额"，数据来源于《中国旅游统计年鉴》；C_i 数据选择参照钟士恩等(2008)、周慧玲等(2020)的研究方法，使用"城镇居民家庭平均每人全年可支配收入"来测度，数据来源于相关年份的《中国统计年鉴》。

对方程(7-5)进行拟合，得到如下回归方程：

$$\mathrm{Ln}E_i = 0.53\mathrm{Ln}C_i + 1.23 \tag{7-6}$$

即：

$$E_i = e^{1.23}C_i^{0.53} \tag{7-7}$$

上述拟合方程的相关系数 $R^2 = 0.76$，通过了 F 检验和 T 检验。参数 α 取值 0.53，说明国内旅游消费整体缺乏弹性，但旅游已经成为我国居民消费的重要组成部分,并随居民可支配收入的增加而增长。实际上,不同省份在不同时期具有不同的旅游消费收入弹性,但囿于数据可得性,在理论分析中将旅游消费收入弹性统一设定为 0.53。

(2) 确定空间阻尼系数 β。

关于空间阻尼系数 β 的确定,学术界尚未形成统一观点:一部分学者在构建旅游引力模型中,参照牛顿引力模型将空间阻尼系数 β 设置为常数 2,例如 Crampon(1966)、刘晓萌等(2020);另一部分学者认为空间阻尼系数 β 取值应根据实际数据拟合确定,并且因空间尺度、交通方式的差异而不同。田志立等(1995)认为空间阻尼系数的合理取值为 0.5~3.0。顾朝林等(2008)定量分析 1949—2003 年我国旅游空间体系时发现,空间尺度越大,适用的空间阻尼系数越大;空间尺度越小,适用的空间阻尼系数越小,$\beta=1$ 适用于国家/省际尺度的旅游联系,$\beta=2$ 适用于省区/城际尺度的旅游联系。王成金(2009)运用 Pareto 模型定量分析了 1990—2005 年我国交通流的空间距离衰减规律,计算得到城际公路客流、铁路客流与航空客流的空间阻尼系数分别为 0.649、0.892 和 1.726,指出空间阻尼系数能够反映交通流的距离敏感度以及交通方式的适用距离。β 取值越大,交通流的距离敏感度越低,交通方式的适用距离越远。周慧玲等(2020)运用最小二乘法拟合估计了 2011—2015 年我国省际旅游流的空间阻尼系数,数值为 1.104。

口粒子模式法是一个能够将空间尺度纳入考察范畴的空间阻尼系数计算方法。借鉴王铮(2002)、李山等(2012)的研究方法,计算空间阻尼系数的表达式如下:

$$\beta = \sqrt{\frac{2T}{t_{\max}D}} \tag{7-8}$$

其中,T 表示旅游者的出游周期,以年为单位,出游周期在数值上等于年出游率的倒数;$t_{\max}$ 表示最大出游率居民群体对应的年龄;D 的表示旅游流分析的空间尺度,即目的地到客源地之间的距离。

第一,T 的估算。表 7-1 列出了 2001—2020 年我国国内旅游的年均出游率与出游周期,计算 2001—2020 年间出游周期(出游率的倒数)的平均值 $T \approx 0.72$。从 2001—2020 年,出游周期由 2001 年的 1.63 下降至 2019 年的 0.23,2020 年上升至 0.49,从整体上说明我国居民出游的自由度不断提升,国内旅游活动更加频繁。

表 7-1 我国国内旅游出游率与出游周期（2001—2020）

年份	2001	2002	2003	2004	2005	2006	2007	2008	2009	2010
出游率/%	61.4	68.4	66.9	84.8	92.7	106.1	122.5	129.6	143.2	157.4
出游周期/T	1.63	1.46	1.49	1.18	1.08	0.94	0.82	0.77	0.70	0.64
年份	2011	2012	2013	2014	2015	2016	2017	2018	2019	2020
出游率/%	197.1	220.7	243.5	270.65	297.8	329.7	361.6	402.8	425.93	203.88
出游周期/T	0.51	0.45	0.41	0.37	0.34	0.30	0.28	0.25	0.23	0.49

数据来源：《中国旅游统计年鉴》(2001—2020 年)。

第二，t_{max} 的估算。中国国内居民出游者年龄结构分布数据由《中国国内旅游抽样调查资料》记载，该统计资料自 2008 年后更改为《旅游抽样调查》，随即不再统计国内居民出游者的年龄结构数据。囿于数据可得性，计算 2001—2007 年中国国内居民出游者年龄分布的众数和中位数，近似反映 2001—2020 年间国内居民最大出游率群体对应的年龄。相关数据显示，城镇居民出游者的众数年龄段为 45～64 岁，中位年龄在 42.7～43.8 岁；农村居民出游者的众数年龄段为 25～44 岁，中位年龄在 38.2～38.5 岁。为计算方便，研究中选择 $t_{max}=40$ 岁。

第三，D 的取值。李山等（2012）使用行政区划面积原值的近似值作为 D 的取值，将省际尺度的 D 值设置为 30 万平方公里，根据方程(7-8)计算空间阻尼系数 β 值为 0.000 35，该数值与田志立等（1995）、顾朝林等（2008）、王成金（2009）、周慧玲等（2020）对中国旅游空间阻尼系数的估算相差较大。若 $\beta=0.000\ 35$，中国各省会城市之间的距离（最短航线距离）$\gamma_{ij} \in [124, 3\ 924]$，省际空间阻尼 $\exp(-\beta r_{ij}) \in [1.002\ 1, 1.003\ 6]$，难以反映不同空间距离影响国内旅游流的差异性。

为纠正空间阻尼系数估计过小的问题，本书使用区域面积占全国面积比例取代区域面积原值作为 D 的取值。该取值方法适用于省级、市级等各种空间尺度，据此计算的空间阻尼系数符合相邻空间尺度间约 3 倍的比例关系，同李山等（2012）对空间尺度与空间阻尼相关关系的分析结论一致。样本区域共包含 31 个地区和 293 个地级市，因此省际空间尺度取 $D=1/31$，市级空间尺度取 $D=1/293$。

根据式(7-8)，将相应值代入计算，得到 2001—2020 年我国省际国内游空间阻尼系数 $\beta=1.056$。

第七章　客源地—目的地视角下数字化影响旅游消费流的实证研究

（3）计算归一化指数 K。

旅游消费流动规律与万有引力定律相似,是具有方向的矢向量。一般认为,旅游消费等经济活动主要与地区人口规模和经济发展水平相关,定义归一化参数 K 的表达式如下,体现旅游消费在两个地区之间的方向性:

$$K=\frac{P_iG_i}{P_iG_i+P_jG_j} \tag{7-9}$$

将参数 α、k、β 的估计结果及归一化参数 K 带入式(6-4),计算客源地 i 到目的地 j 的旅游消费流量的表达式如下:

$$T_{ij}=\frac{P_iG_i}{P_iG_i+P_jG_j}e^{1.23}P_iC_i^{0.53}D_j\exp(-1.056r_{ij}) \tag{7-10}$$

其中,P_i、P_j 表示 i 地年末常住人口、j 地年末常住人口；G_i、G_j 表示 i 地人均GDP、j 地人均 GDP；C_i 表示 i 地城镇居民家庭平均每人全年可支配收入；D_j 表示 j 地国内旅游收入；r_{ij} 表示省会城市间的最短航线距离。各省份人口规模、经济发展水平、人均可支配收入数据来源于《中国统计年鉴》（2002—2020 年）；各省份国内旅游收入数据来源于《中国旅游统计年鉴》（2002—2020 年）；各省会城市间的最短航线距离数据来源于 Variflight 提供的航班飞行距离。

三、流量测算结果

将数据代入式(7-10),计算 2001—2020 年我国数据可得的 30 个地区之间的旅游消费流量数据,得到了 30×30 的年度旅游消费流量矩阵,每年包含本地旅游消费量数据 30 个和异地旅游消费流量数据 30×29 个。基于这些旅游流量数据,考察了国内旅游消费的本地市场、目的地市场以及省际旅游消费流的空间分布和时间变迁情况。

首先,从国内旅游消费的本地市场来看,2001—2020 年,国内旅游消费逐渐由本地旅游消费市场向异地旅游消费市场延伸,辽宁省、湖北省、福建省和北京市等地的本地旅游消费市场地位显著下降,表明我国国内旅游消费的跨地区溢出现象日益突出。

其次,从客源市场的角度分析,国内旅游消费客源市场主要集中在华东、华中、华南、华北地区,四川省作为西南地区的重要省份,其旅游客源市场也相对活跃。相对而言,西北、西南和东北地区的旅游客源市场活跃度较低。2001—2020年,陕西、广西和云南等地的旅游客源市场发展较快,而我国西部和北部地区的旅游客源市场发展相对滞后。

再次,从目的地市场来看,我国旅游目的地市场整体呈现出由点状分布向集团式分布转变的特征,以及由东部地区主导向东中西部地区均衡发展的趋势。在样本期内,安徽、江西和贵州三省的旅游目的地市场发展尤为显著。

最后,从省际旅游消费流的角度分析,2001—2010年,连接内蒙古、甘肃和宁夏地区的旅游消费流逐渐增强;而在2010—2020年,内蒙古、甘肃和宁夏的旅游消费流得到进一步发展,同时青海和新疆等地的旅游消费流也显著增强。横向对比显示,国内旅游消费流主要集中在东部和中部地区,西部地区的旅游消费流相对不足;纵向对比表明,国内旅游消费流正在不断由东部地区向中西部地区延伸发展。

第二节 旅游消费流动力机制及指标构建

一、客源地—目的地—技术—环境(ODTE)框架

旅游流动力机制的研究最早可以追溯到Dann(1977)提出的旅游推拉理论,该理论将旅游流的驱动因素分为推力因素与拉力因素。Leiper(1979)则进一步将旅游流动力机制的研究扩展至空间维度,提出从旅游客源地、旅游目的地和旅游通道这三大地理因素来解释旅游流的驱动机制,形成了旅游学中经典的O-D理论(Origin-Destination Theory)模型。

在推拉理论和O-D理论模型的基础上,学者们对国内旅游流的驱动机制进行了深入探讨。在旅游客源地的推力方面,保继刚等(2002)指出,客源地的人口规模和经济发展水平是影响旅游流的流量与流向的重要因素;解杼等(2004)强调了旅游客源地经济发展水平对旅游流动的决定性作用;徐雨利等(2019)提出客源地的交通条件和社会环境对国内旅游流动模式产生了显著影响。

在旅游目的地的拉力方面,彭华(1999)主要强调旅游产品对旅游流的拉动作用;龙江智等(2005)认为,旅游资源、交通条件及经济发展水平是影响旅游目的地吸引力的主要因素;孙根年等(2011)指出,旅游资源的丰富

度、交通区位条件和贸易关联度是入境旅游目的地选择的主要影响因素；刘军胜等（2017）发现，目的地的旅游供给水平和自然环境对游客满意度及重游意愿有显著影响。

在旅游通道的阻力方面，亢雄等（2009）、杨兴柱等（2011）、张佑印等（2012）普遍认为，地理距离是影响旅游流的主要阻力因素。这些研究为理解旅游流的复杂动力机制提供了理论基础，并为后续研究奠定了基本框架。

综上所述，当前研究主要从客源地推力、目的地拉力和地理距离阻力方面分析旅游客流的动力机制，对其他因素的考量较少，忽略了技术进步与环境因素对旅游流的影响效应。实际上，伴随科学技术的快速发展，旅游业已经发生了天翻地覆的变化，技术进步对旅游流动的影响不容忽视。尤其是数字技术在旅游中的应用，定制游、自由行、背包客等新兴旅游模式不断发展，在很大程度上改变了游客的出游方式和旅游流动范围。另外，旅游具有高度的环境关联性与脆弱性。宏观环境变化对旅游流的产生与发展都会产生重要影响，如战争动乱、疾病流行、经济危机、政策变迁等都是影响旅游流的关键因素。

综合以上分析可知，传统的推拉理论和O-D理论模型是基于旅游系统内部框架建立的，缺少对旅游系统外部因素的考量。本书在传统O-D理论模型的基础上纳入对技术因素和环境因素等关键变量的考量，构建了客源地—目的地—技术—环境（ODTE）框架（见图7-1）。ODTE框架从旅游客源地（Origin）、旅游目的地（Destination）、旅游通道（Origin-Destination）、技术因素（Technology）和环境因素（Environment）等五个方面考察旅游消费流的动力机制。ODTE框架模型综合考虑了旅游系统内部因素和旅游系统外部因素对旅游流的可能影响，为国内旅游消费流研究提供了一个更全面

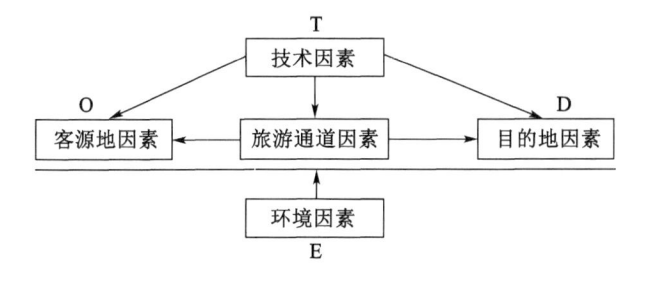

图7-1 旅游消费流的动力机制框架（ODTE）框架

的理论框架。

二、旅游消费流的影响因素指标体系

根据客源地—目的地—技术—环境（ODTE）框架，从旅游客源地、旅游目的地、旅游通道、技术因素、环境因素等五个维度选取以下指标构建旅游消费流的影响因素指标体系。

（一）旅游客源地因素

旅游客源地因素主要通过影响居民的旅游消费需求量及旅游选择偏好，进而影响旅游消费流的流量与流向。既有研究从宏观视角和微观视角，讨论了客源地居民旅游消费需求及旅游选择偏好的影响因素。在旅游消费需求量影响因素方面，滕丽等（2004）、翁钢民等（2007）的研究表明，人口规模、收入水平、交通条件与居民国内旅游消费需求具有极强的关联性。在旅游选择偏好方面，倪玉屏等（2008）、范兆媛等（2020）指出家庭结构变量对旅游消费决策及行为影响显著；马轶群（2016）指出消费习惯是影响个体旅游消费决策的重要变量。综合来看，影响旅游消费流的客源地因素既包括人口规模、收入水平、交通条件等宏观因素，也包括家庭规模、少儿抚养比、老人抚养比、消费习惯等微观因素。

（二）旅游目的地因素

旅游目的地因素主要通过影响旅游目的地吸引力大小和旅游消费环境，进而影响旅游消费流动情况。卞显红等（2003）阐述了旅游目的地交通对于旅游发展的基础性作用，潘丽丽（2009）和 Wang（2014）进一步指出，游客对目的地交通的感知会对游客的旅游行为决策及目的地满意度产生基础性影响。丁雨莲等（2008）指出，气候条件以及气象景观是影响旅游目的地吸引力的重要因素，对旅游消费决策行为带来影响。闫闪闪等（2019）指出，相较于星级酒店和旅行社等旅游部门而言，景区核心吸引物是最重要的旅游拉力因素。旅游价格一直是旅游目的地研究的重要因素，对旅游目的地营销、旅游目的地竞争力构成影响（宋瑞，2013；张凌云 等，2013）。综合来看，影响旅游消费流的目的地因素主要包括旅游资源条件、气候条件、交通条件以及旅游价格水平等因素。

第七章 客源地—目的地视角下数字化影响旅游消费流的实证研究

（三）旅游通道因素

在旅游流动力机制的研究中，学者们通常将客源地与目的地间的地理距离作为主要阻力因素进行考量（彭华，1999；杨兴柱 等，2011）。实际上，早在 Leiper(1979)的旅游系统研究中，就将旅游通道分为地理空间通道和信息通道两个方面。然而在当前的旅游流动力机制研究中较少考虑到信息通道对旅游流的影响作用。亢雄等(2009)指出，信息通道是一种虚拟的旅游通道因素，会对客源地与目的地之间的旅游流量和流向产生重要影响。因此，本书将综合考虑地理通道和信息通道对旅游流的影响，在旅游消费流的动力因素中纳入客源地与目的地之间的地理距离和信息距离。

（四）技术因素

新兴技术的发展应用作用于旅游系统的各个方面。如第四章中所述，数字技术在旅游客源地承担旅游信息渠道和旅游购买渠道的功能，并通过同群效应和收入效应影响客源地居民旅游消费；数字技术在旅游目的地所发挥的成本效应和创新效应功能，对目的地旅游消费流量与流质产生影响；数字技术对客源地与目的地间的旅游信息通道产生变革作用，影响旅游流的信息获取方式以及信息获取成本。因此，本书将旅游客源地数字化发展水平和旅游目的地数字化发展水平作为影响国内旅游消费流的技术因素进行探究。

（五）环境因素

法定节假日和年假制度是由国家法律规定的为保障劳动者闲暇时间而提出的，节假日和年假制度变迁会对旅游消费活动产生直接影响。金融支持对旅游消费需求和旅游消费供给必不可少，金融部门为旅游消费需求方提供借贷、支付等一系列金融服务，同时为旅游供给方投资、开发、建设旅游资源提供资金的支持（杨建春 等，2014）。此外，突发事件对旅游消费的影响可能是打击性的，例如 2003 年"非典"疫情和 2020 年新冠疫情，对国内旅游客流及消费收入产生显著的负面影响。因此，本书将假期制度、金融政策、公共卫生事件等因素纳入旅游流的动力机制中加以控制。

第三节 模型构建与变量选择

客源地—目的地—技术—环境(ODTE)框架为旅游消费流动力机制分析提供了理论框架。根据 ODTE 框架,从旅游客源地 i 到旅游目的地 j 的旅游消费流量,是由旅游客源地因素、旅游目的地因素、旅游通道因素、技术因素以及环境因素共同决定的,即:

$$T_{ij} = f\left(\int O_i, \int D_j, \int OD_{ij}, \int T, \int E\right) \quad (7\text{-}11)$$

式中,T_{ij} 表示从旅游客源地 i 到旅游目的地 j 的旅游消费流量,$\int O_i$ 表示旅游客源地因素的集合,$\int D_j$ 表示旅游目的地因素的集合,$\int OD_{ij}$ 表示旅游通道因素的集合,$\int T$ 表示技术因素的集合,$\int E$ 表示环境因素的集合。

一、模型构建

(一)基准回归模型

基于 ODTE 框架,为考察数字化对国内旅游消费流量的影响效应,构建如下形式的面板基准回归模型:

$$\begin{aligned}
\ln T_{ijt} = & \alpha \text{Dig}_{it} + \beta \text{Dig}_{jt} + \lambda \text{DigGap}_{ijt} + \gamma \ln \text{Dist}_{ij} + \chi_1 \ln \text{Pop}_{it} + \\
& \chi_2 \ln \text{DPI}_{it} + \chi_3 \ln \text{Traff}_{it} + \chi_4 \text{Family}_{it} + \chi_5 \text{Kid}_{it} + \chi_6 \text{Elder}_{it} + \chi_7 \text{Habit}_{it} + \\
& \rho_1 \ln \text{Scen}_{jt} + \rho_2 \text{Climat}_{jt} + \rho_3 \ln \text{Traff}_{jt} + \rho_4 \text{TCPI}_{jt} + \\
& \eta_1 \text{Holiday}_t + \eta_2 \text{Finance}_t + \eta_3 \text{Pandemic}_t + \delta_{ijt} + \theta_{ijt} + \varepsilon_{ijt} \quad (7\text{-}12)
\end{aligned}$$

式中,i 表示旅游客源地编号,j 表示旅游目的地编号,t 表示年份;$\ln T_{ijt}$ 表示在第 t 年从 i 地到 j 地的旅游消费流量的对数;Dig_{it}、Dig_{jt} 分别表示 i 地和 j 地的数字化发展水平;DigGap_{ijt}、$\ln \text{Dist}_{ij}$ 分别表示 i 地和 j 地间的数字化发展水平差距、地理距离;$\ln \text{Pop}_{it}$、$\ln \text{DPI}_{it}$、$\ln \text{Traff}_{it}$ 分别表示 i 地的人口规模、收入水平和交通条件,Family_{it}、Kid_{it}、Elder_{it}、Habit_{it} 分别表示 i 地的平均家庭规模、少儿抚养比、老年抚养比和消费习惯;$\ln \text{Scen}_{jt}$、Climat_{jt}、$\ln \text{Traff}_{jt}$、TCPI_{jt} 分别表示 j 地的旅游资源、气候条件、交通条件和旅游价格

水平;$Holid_t$、$Finance_t$ 和 $Pandemic_t$ 分别表示假期制度、金融政策和公共卫生事件变量;δ_{ijt}、θ_{ijt} 分别表示个体和时间固定效应。其中,$\alpha、\beta、\lambda$ 为研究假设 H9 重点关注的待估参数,若 $\alpha>0$、$\beta>0$、$\lambda<0$,则研究假设 H9 得到验证。

(二)交叉项回归模型

为考察数字化影响国内旅游消费流的空间压缩效应,引入数字化发展水平与旅游出行距离之间的交叉项,构建如下形式的面板交叉项回归模型:

$$\ln T_{ijt} = \alpha \text{Dig}_{it} + \beta \text{Dig}_{jt} + \alpha' \text{Dig}_{it} \ln \text{Dist}_{ijt} + \beta' \text{Dig}_{jt} \ln \text{Dist}_{ijt} + \\ \lambda \text{DigGap}_{ijt} + \gamma \ln \text{Dist}_{ijt} + \chi_1 \ln \text{Pop}_{it} + \chi_2 \ln \text{DPI}_{it} + \chi_3 \ln \text{Traff}_{it} + \\ \chi_4 \text{Family}_{it} + \chi_5 \text{Kid}_{it} + \chi_6 \text{Elder}_{it} + \chi_7 \text{Habit}_{it} + \rho_1 \ln \text{Scen}_{jt} + \rho_2 \text{Climat}_{jt} + \\ \rho_3 \ln \text{Traff}_{jt} + \rho_4 \text{TCPI}_{jt} + \eta_1 \text{Holiday}_t + \eta_2 \text{Finance}_t + \eta_3 \text{Pandemic}_t + \delta_{ijt} + \theta_{ijt} + \varepsilon_{ijt}$$
(7-13)

式中,$\text{Dig}_{it} \ln\text{Dist}_{ijt}$ 为客源地数字化发展水平与出行距离的交叉项,$\text{Dig}_{jt} \ln\text{Dist}_{ijt}$ 为目的地数字化发展水平与出行距离的交叉项。若 $\alpha'>0$,意味着客源地数字化发展水平越高,旅游出行距离越远;若 $\beta'>0$,意味着目的地数字化发展水平越高,吸引远距离游客前往旅游目的地消费的能力越强,则研究假设 H10 得到验证。

(三)线性面板数据模型

为考察数字化影响国内旅游消费流的长尾效应,首先建立指标衡量旅游消费市场的集中度或多样性水平,以反映旅游头部市场和尾部市场的配比关系。固定旅游目的地 j,将来自第 i 个客源地的旅游消费量占 j 地旅游消费收入总量的比重,记作第 i 个客源地的市场占有率:

$$a_{ijt} = \frac{T_{ijt}}{\sum_{i=1}^{n} T_{ijt}} \times 100\% \tag{7-14}$$

将流入旅游目的地 j 的 n 个旅游客源地市场占有率,按从大到小的顺序排列:

$$\underset{\max \to \min}{\text{ARR}_{jt}} = \{a_{1jt}, a_{2jt}, a_{3jt}, \cdots, a_{njt}\} \tag{7-15}$$

市场集中度计算中的头部市场个数取值,大多沿袭 Bain(1951)的思路框架(Schmalensee,1989;查瑞波 等,2018),使用排名前 4 位和排名前 8 位的头部客源市场,计算市场集中度 CR_n：

$$CR_{4jt} = \sum_{i=1}^{4} a_{ijt}; \quad CR_{8jt} = \sum_{i=1}^{8} a_{ijt} \tag{7-16}$$

此外,利用赫芬达尔-赫希曼熵指数计算旅游目的地 j 的客源多样性水平 HHI：

$$\mathrm{HHI}_{jt} = -\sum_{i=1}^{n} (a_{ijt} \ln a_{ijt}) \tag{7-17}$$

在基准回归模型(7-12)的基础上,构建数字化影响旅游消费流的长尾效应的线性面板数据模型：

$$\begin{aligned}
CR_{njt} =\,& \alpha \mathrm{Dig}_{it} + \beta \mathrm{Dig}_{jt} + \lambda \mathrm{DigGap}_{ijt} + \gamma \ln \mathrm{Dist}_{ijt} + \chi_1 \ln \mathrm{Pop}_{it} + \\
& \chi_2 \ln \mathrm{DPI}_{it} + \chi_3 \ln \mathrm{Traff}_{it} + \chi_4 \mathrm{Family}_{it} + \chi_5 \mathrm{Kid}_{it} + \chi_6 \mathrm{Elder}_{it} + \chi_7 \mathrm{Habit}_{it} + \\
& \rho_1 \ln \mathrm{Scen}_{jt} + \rho_2 \mathrm{Climat}_{jt} + \rho_3 \ln \mathrm{Traff}_{jt} + \rho_4 \mathrm{TCPI}_{jt} + \\
& \eta_1 \mathrm{Holiday}_t + \eta_2 \mathrm{Finance}_t + \eta_3 \mathrm{Pandemic}_t + \delta_{ijt} + \theta_{ijt} + \varepsilon_{ijt}
\end{aligned} \tag{7-18}$$

$$\begin{aligned}
\mathrm{HHI}_{jt} =\,& \alpha \mathrm{Dig}_{it} + \beta \mathrm{Dig}_{jt} + \lambda \mathrm{DigGap}_{ijt} + \gamma \ln \mathrm{Dist}_{ijt} + \chi_1 \ln \mathrm{Pop}_{it} + \\
& \chi_2 \ln \mathrm{DPI}_{it} + \chi_3 \ln \mathrm{Traff}_{it} + \chi_4 \mathrm{Family}_{it} + \chi_5 \mathrm{Kid}_{it} + \chi_6 \mathrm{Elder}_{it} + \chi_7 \mathrm{Habit}_{it} + \\
& \rho_1 \ln \mathrm{Scen}_{jt} + \rho_2 \mathrm{Climat}_{jt} + \rho_3 \ln \mathrm{Traff}_{jt} + \rho_4 \mathrm{TCPI}_{jt} + \\
& \eta_1 \mathrm{Holiday}_t + \eta_2 \mathrm{Finance}_t + \eta_3 \mathrm{Pandemic}_t + \delta_{ijt} + \theta_{ijt} + \varepsilon_{ijt}
\end{aligned} \tag{7-19}$$

式中,CR_n 分别取值 CR_4 和 CR_8，β 为研究假设 H_{11} 重点关注的待估参数,若式(7-18)中 $\beta<0$，式(7-19)中 $\beta>0$，则研究假设 H_{11} 得到验证。

(四) 面板回归模型

为考察两地数字化距离对旅游消费流选择偏好的影响效应,首先建立指标衡量旅游消费市场的选择偏好程度。固定旅游客源地 i，用客源地 i 选择到目的地 j 旅游的消费量占客源地 i 旅游消费流出总量的比值,来衡量客源地 i 对目的地 j 的偏好程度,记作 Pref_{ij}：

$$\mathrm{Pref}_{ij} = \frac{T_{ij}}{\sum_{j=1}^{n} T_{ij}} \times 100\% \tag{7-20}$$

考虑到历史选择偏好对当期选择偏好的滞后影响,选择面板回归模型：

$$\begin{aligned}
\mathrm{Pref}_{ijt} =\,& \varphi L.\mathrm{Pref}_{ijt} + \alpha \mathrm{Dig}_{it} + \beta \mathrm{Dig}_{jt} + \\
& \lambda \mathrm{DigGap}_{ijt} + \gamma \ln \mathrm{Dist}_{ijt} + \delta_{ijt} + \theta_{ijt} + \varepsilon_{ijt}
\end{aligned} \tag{7-21}$$

第七章 客源地—目的地视角下数字化影响旅游消费流的实证研究

为进一步考察数字化距离和空间距离影响国内旅游消费选择偏好的非线性特征,引入数字化距离平方项和空间距离平方项,构建如下形式的动态数据面板模型:

$$\text{Pref}_{ijt} = \varphi L.\text{Pref}_{ijt} + \alpha \text{Dig}_{it} + \beta \text{Dig}_{jt} + \lambda \text{DigGap}_{ijt} + \gamma \ln \text{Dist}_{ijt} + \\ \lambda' \text{DigGap}_{ijt}^2 + \gamma' \ln \text{Dist}_{ijt}^2 + \delta_{ijt} + \theta_{ijt} + \varepsilon_{ijt} \quad (7\text{-}22)$$

式中,Pref_{ijt} 表示 i 地居民对到达 j 地旅游消费的偏好程度;$L.\text{Pref}_{ijt}$ 表示滞后一阶的旅游消费选择偏好程度;DigGap_{ijt} 表示 i 地与 j 地间的数字化发展水平差距,DigGap_{ijt}^2 为其二次项形式;$\ln \text{Dist}_{ijt}$ 表示 i 地与 j 地的空间距离,$\ln \text{Dist}_{ijt}^2$ 为其二次项形式;λ 和 λ' 为待估系数。

二、变量选择与数据来源

(一)变量选择

1. 被解释变量

国内旅游消费流量($\ln T_{ij}$)。现有统计资料没有关于地区间国内旅游流量的相关数据,本书运用旅游引力模型对国内旅游消费流量进行估算,流量估算方法与估算结果,详见本章第一节。

旅游消费市场集中度(CR_4、CR_8)、市场多样性(HHI)和选择偏好(Pref_{ij})的计算方法见本章第三节的对应部分。

2. 客源地变量

人口规模($\ln \text{Pop}_i$)。采用客源地常住人口数量作为人口规模的衡量指标。

收入水平($\ln \text{DPI}_i$)。采用客源地人均可支配收入额作为收入水平的衡量指标。

交通条件($\ln \text{Traff}_i$)。采用交通路网密度,即单位土地面积铁路营运里程与公路里程之和作为交通条件的衡量指标。

家庭规模(Family_i)。采用平均每户家庭人口数作为家庭规模的衡量指标。

少儿抚养比(Kid_i)。采用14岁以下少年儿童占家庭总人口比重作为衡量指标。

老年抚养比(Elder$_i$)。采用65岁以上老年人口占家庭总人口比重作为衡量指标。

消费习惯(Habit$_i$)。目前,学者对旅游消费习惯的理解有所分歧。阿切尔(1987)认为旅游消费习惯指居民对旅游产品服务的消费兴趣与选择偏好,与居民受教育水平相关。张辉等(2004)将旅游消费习惯理解为旅游边际消费倾向的差异,认为前瞻型旅游消费受当期收入的影响不大,短视型旅游消费受当期收入影响显著,后顾型旅游消费主要受过往消费影响,攀附型旅游消费主要受群体消费情况影响。本书参照阿切尔(1987)的观点,采用人均受教育水平作为旅游消费习惯的代理变量。

3. 目的地变量

旅游资源(lnScen$_j$)。采用A级以上景区加权数作为目的地旅游吸引物的衡量指标,计算方法如第六章中的式(6-15)所示。

气候条件(Climat$_j$)。温湿指数(THI)能够反映人体与环境之间的热交换关系,是衡量气候舒适程度的综合指标。参照刘艳霞等(2020)的研究方法,THI计算如下：

$$THI=1.8t+32-0.55(1-f)(1.8t-26) \tag{7-23}$$

其中,t表示气温,采用地区年平均气温(℃);f表示湿度,采用地区年平均相对湿度(%)。

当THI在60～65区间时,人体舒适度最佳;THI超出60～65区间时,人体舒适度下降。根据温湿指数分级标准将温湿指数(THI)转化为人体舒适度等级(Climat$_j$),以便更直观地反映目的地气候舒适度对旅游消费的拉力(见表7-2)。

表7-2 温湿指数分级标准

温湿指数(THI)	人体感知	人体舒适度等级
<40	极冷,极不舒适	1
40～45	寒冷,不舒适	2
46～55	偏冷,较不舒适	3
56～60	比较凉爽,舒适	4
61～65	非常凉爽,非常舒适	5

表 7-2（续）

温湿指数（THI）	人体感知	人体舒适度等级
66～70	比较凉爽,舒适	4
71～75	偏热,较不舒适	3
76～80	闷热,不舒适	2
>80	极其闷热,极不舒服	1

注：人体舒适度等级越高,代表旅游目的地的气候舒适度越强。

交通条件（$lnTraff_j$）。同客源地交通条件一致,采用目的地交通路网密度,即单位土地面积铁路营运里程与公路里程之和作为衡量指标。

旅游价格水平（$TCPI_j$）。采用目的地旅游及外出消费价格指数作为衡量指标。

4. 旅游通道变量

地理距离（$lnDist_{ij}$）。采用省会城市之间实际航行最短航线距离的对数作为衡量指标。

信息距离（$DigGap_{ij}$）。$DigGap_{ij}$表示客源地与目的地间数字化发展水平差距的绝对值,其中数字化发展水平采用互联网普及率作为衡量指标。

5. 技术变量

地区数字化水平（Dig_i、Dig_j）。Dig_i和Dig_j分别表示客源地和目的地的数字化发展水平,采用互联网普及率作为衡量指标,即互联网用户数占地区常住人口数比重。这一指标能够直观地测度数字化应用在当地的渗透率和使用情况,不仅体现了旅游目的地的数字化服务水平和对游客体验的优化,还影响了旅游客源地的旅游信息获取和决策过程中的便捷性。因此,该指标能够较直观地揭示数字化对旅游消费流的影响作用。

6. 环境变量

假期制度（Holid）。自 1949 年以来,我国法定节假日的规定主要经历了两次变更。1999 年 9 月,国务院改革出台新的法定休假制度,每年的国庆节、春节和"五一"全国放假七天。自 2008 年起时长增至 11 天,并将清明、端午、中秋、除夕等传统节日列入法定节假日的范畴。年假是为劳动者提供的带薪休假制度,我国《职工带薪年休假条例》自 2008 年 1 月 1 日起正式实施。

综合考虑我国法定节假日和年假制度变迁,设置二值变量 Holid 作为衡量指标,当年份为 1999—2007 时,Holid＝0;当年份大于等于 2008 时,Holid＝1。

金融政策($\ln M_0$)。赵进文等(2004)、龙少波等(2016)研究指出,货币供应量是对消费影响最为显著的金融政策工具。参照上述研究观点,本书采用流通中现金量($\ln M_0$)作为金融政策的衡量指标。

公共卫生事件(Pandemic)。设置二值变量 Pandemic。若是 2003 年或 2020 年,Pandemic＝1,若非 2003 或 2020 年,Pandemic＝0。

(二)数据来源

人口规模和人均可支配收入数据来源于《中国统计年鉴》(2001—2020年);家庭规模、少儿抚养比和老人抚养比数据来源于《中国人口和就业统计年鉴》(2001—2020 年);平均气温和相对湿度数据来源于国泰安数据库(https://www.gtarsc.com);其他数据来源同第六章一致。数据描述性统计量,如表 7-3 所示。

表 7-3 描述性统计表

变量	观测量	平均值	标准差	最小值	最大值
$\ln T_{ij}$	18 000	22.037	2.217	15.022	28.723
Dig_i、Dig_j	18 000	0.302	0.215	0.008	0.889
$DigGap_{ij}$	18 000	0.101	0.098	0.000	0.478
$\ln Traff_i$、$\ln Traff_j$	18 000	−0.561	0.867	−3.376	0.783
$\ln Pop_i$	18 000	8.162	0.754	6.260	9.337
$\ln DPI_i$	18 000	9.704	0.593	8.569	11.128
$Habit_i$	18 000	0.101	0.068	0.018	0.487
$Family_i$	18 000	3.175	0.357	2.330	4.230
Kid_i	18 000	24.287	7.400	8.610	44.650
$Elder_i$	18 000	12.607	2.930	5.510	22.690
$\ln Scen_j$	18 000	3.419	1.138	−0.223	5.918
$Climat_j$	18 000	3.911	0.875	2.000	5.000

表 7-3（续）

变量	观测量	平均值	标准差	最小值	最大值
$TCPI_j$	18 000	104.539	18.647	70.940	188.240
$lnDist_{ij}$	18 000	7.048	0.709	3.399	8.275
Holiday	18 000	0.650	0.488	0.000	1.000
$\ln M_0$	18 000	12.977	0.526	12.085	13.669
Pandemic	18 000	0.100	0.229	0.000	1.000

第四节 实证检验与结果分析

一、数字化影响国内旅游消费流的检验

为避免伪回归，首先对变量进行单位根检验。采用 HT 检验、IPS 检验、LLC 检验、Fisher 检验多种方法进行单位根检验，以减少单一检验方法可能存在的偏误。面板数据的单位根检验结果见表 7-4。由表 7-4 可知，所有变量在一阶差分后满足同阶单整条件。此外，使用 Kao 检验法进行协整检验，结果表明变量之间存在协整关系，满足回归分析的必要条件（见表 7-5）。

表 7-4 面板数据的单位根检验结果

变量	HT 检验	IPS 检验	LLC 检验	Fisher 检验	检验结论
$\ln T_{ij}$	0.738	−5.882***	−27.386***	12.050***	不平稳
$\Delta \ln T_{ij}$	0.197***	−53.130***	−73.204***	18.065***	平稳
Dig_i、Dig_j	0.676	−9.923***	−21.650***	−15.585	不平稳
ΔDig_i、ΔDig_j	0.083***	−53.658***	−46.261***	3.544***	平稳
$DigGap_{ij}$	0.586***	−18.108***	−25.955***	−14.342***	平稳
$\Delta DigGap_{ij}$	−0.018***	−54.900***	−48.837***	135.649***	平稳
$lnTraff_i$、$lnTraff_j$	0.707	−2.441***	−13.754***	−12.616	不平稳
$\Delta lnTraff_i$、$\Delta lnTraff_j$	0.115***	−57.786***	−51.189***	148.592***	平稳
$lnPop_i$	0.748	−2.301**	−10.150***	163.750***	不平稳
$\Delta lnPop_i$	0.250***	−51.152***	−39.436***	87.756***	平稳

表 7-4（续）

变量	HT 检验	IPS 检验	LLC 检验	Fisher 检验	检验结论
lnDPI$_i$	0.714	−14.648***	−27.804***	32.824***	不平稳
ΔlnDPI$_i$	0.178***	−57.307***	−20.238***	26.640***	平稳
Habit$_i$	0.260***	−37.882***	−29.235***	5.030***	平稳
ΔHabit$_i$	−0.202***	−63.382***	−46.575***	13.790***	平稳
Family$_i$	0.361***	−35.447***	−19.602***	5.611***	平稳
ΔFamily$_i$	−0.211***	−63.967***	−42.888***	6.694***	平稳
Kid$_i$	0.429***	−35.119***	−28.821***	51.032***	平稳
ΔKid$_i$	−0.122***	−61.152***	−59.060***	177.530***	平稳
Elder$_i$	0.377***	−33.340***	−28.268***	2.194***	平稳
ΔElder$_i$	−0.130***	−59.315***	−66.658***	9.033***	平稳
lnScen$_j$	0.350***	−37.667***	7.505	65.644***	不平稳
ΔlnScen$_j$	−0.061***	−66.418***	−24.533***	68.338***	平稳
Climat$_j$	0.0776***	−42.128***	−29.104***	22.670***	平稳
ΔClimat$_j$	−0.398***	−68.558***	−80.417***	−16.397***	平稳
TCPI$_j$	0.523***	−20.456***	−26.845***	7.037***	平稳
ΔTCPI$_j$	0.031***	−54.289***	18.919***	−41.347***	平稳

注：*** 表示 $P<0.01$，** 表示 $P<0.05$，* 表示 $P<0.1$。由于不随时间变化的变量和虚拟变量无须进行单位根检验，因此表 7-4 中的单位根检验不包含 lnDist$_{ij}$、lnM_0、Holid、Pandemic 等变量。

表 7-5 面板数据的协整检验结果

指标	统计量
修正 DF 检验 t 值	9.359***
DF 检验 t 值	9.374***
ADF 检验 t 值	6.258***
未调整的修正 DF 检验 t 值	7.653***
未调整的 DF 检验 t 值	7.690***

注：*** 表示 $P<0.01$，** 表示 $P<0.05$，* 表示 $P<0.1$。

回归前进行多重共线性检验，结果显示客源地变量人均可支配收入额（lnDPI$_i$）的方差膨胀系数为 29.14，环境变量流通中现金量（lnM_0）的方差膨胀系数为 23.32。为消除多重共线性对模型估计的干扰，尝试采用客源地人均国内生产总值（lnPgdp$_i$）或职工平均工资（lnWage$_i$）替代人均可支配收入额,用于衡量客源地收入水平;并改选狭义货币供应量($\ln M_1$)或广义货币供应量($\ln M_2$)替代流通中现金量($\ln M_0$),用于衡量金融政策环境。再次进行多重共线性检验,结果显示客源地收入水平与金融政策的方差膨胀系数仍大于10。考虑到模型估计的精确性,本书在实证分析中剔除上述两变量,这不会影响实证研究合理性及理论模型对研究问题的解释力。

根据模型(7-12)进行实证分析,表7-6描述了数字化影响旅游消费流的参数估计结果。表7-6中Dig_i和Dig_j的估计系数显著为正,说明客源地和目的地的数字化发展对国内旅游消费流动具有正向促进作用;DigGap_{ij}的估计系数显著为负,说明客源地与目的地的数字化发展差距对国内旅游消费流动产生负面影响,研究假设H_9得到验证。

表7-6 数字化影响旅游消费流的估计结果

$\ln T_{ij}$	(1)	(2)	(3)	(4)	(5)	(6)	(7)	(8)
Dig_i	4.776***	4.857***	2.645***	2.689***	4.741***	4.821***	2.449***	2.486***
	(0.058)	(0.058)	(0.055)	(0.055)	(0.058)	(0.057)	(0.053)	(0.052)
Dig_j	2.244***	2.325***	1.132***	1.167***	2.278***	2.358***	1.245***	1.286***
	(0.058)	(0.058)	(0.048)	(0.048)	(0.058)	(0.057)	(0.044)	(0.043)
DigGap_{ij}		−0.998***		−0.994***		−0.987***		−0.918***
		(0.073)		(0.056)		(0.073)		(0.054)
$\ln\text{Dist}_{ij}$							−1.058***	−1.049***
							(0.020)	(0.020)
$\ln\text{Traff}_i$			0.089***	0.099***			0.077***	0.091***
			(0.015)	(0.014)			(0.011)	(0.011)
$\ln\text{Traff}_j$			0.471***	0.486***			0.488***	0.502***
			(0.014)	(0.014)			(0.010)	(0.010)
$\ln\text{Pop}_i$			0.598***	0.611***			1.470***	1.463***
			(0.057)	(0.057)			(0.015)	(0.015)
Family_i			0.024	0.018			0.039*	0.0287
			(0.021)	(0.021)			(0.021)	(0.020)
Kid_i			−0.001	−0.002**			−0.004***	−0.005***
			(0.001)	(0.001)			(0.001)	(0.0009)

表 7-6（续）

ln T_{ij}	(1)	(2)	(3)	(4)	(5)	(6)	(7)	(8)
Elder$_i$			0.038***	0.038***			0.051***	0.050***
			(0.001)	(0.001)			(0.001)	(0.0015)
Habit$_i$			2.024***	1.903***			1.160***	1.157***
			(0.135)	(0.134)			(0.119)	(0.118)
lnScen$_j$			0.371***	0.370***			0.381***	0.375***
			(0.007)	(0.007)			(0.007)	(0.006)
Climat$_j$			−0.092***	−0.085***			−0.034***	−0.027***
			(0.009)	(0.009)			(0.008)	(0.0079)
TCPI$_j$			0.008***	0.007***			0.006***	0.006***
			(0.0003)	(0.0003)			(0.0003)	(0.0003)
Holiday			0.237	0.202			0.241	0.212
			(0.011)	(0.011)			(0.011)	(0.011)
Pandemic			−0.509***	−0.511***			−0.507***	−0.507***
			(0.010)	(0.010)			(0.011)	(0.010)
常数项	19.83***	19.88***	13.87***	13.94***	19.83***	19.88***	14.21***	14.39***
	(0.005)	(0.006)	(0.474)	(0.469)	(0.055)	(0.055)	(0.223)	(0.221)
控制个体效应	是	是	是	是	否	否	否	否
控制时间效应	是	是	是	是	否	否	否	否
观测值	18 000	18 000	18 000	18 000	18 000	18 000	18 000	18 000
R^2	0.390	0.389	0.726	0.735	0.391	0.389	0.939	0.938

注：*** 表示 $P<0.01$，** 表示 $P<0.05$，* 表示 $P<0.1$。

从客源地因素看，人口规模（lnPop$_i$）和交通条件（lnTraff$_i$）的回归系数显著为正，说明客源地人口规模是影响旅游消费流的重要变量，客源地交通条件的改善也会促进旅游消费流动。少儿抚养比（Kid$_i$）的回归系数为负，老人抚养比（Elder$_i$）的回归系数显著为正，这与第五章微观视角的研究结论一致，再次说明了人口老龄化为国内旅游消费市场提供了良好的发展机遇。旅游消费习惯（Habit$_i$）的回归系数显著为正，说明消费习惯对旅游消费流存在历史遗留性的影响，这与事实相符合。

从目的地因素看，国内旅游消费流动的主要拉动因素来自旅游资源的吸引力，旅游资源（lnScen$_j$）丰富地区能够吸引更大的旅游消费流量，这与第六章目的地视角的研究结论一致。气候条件（$Climat_j$）的回归系数显著为负，说明气候舒适地区对旅游消费流的拉动作用是负向的，这是由于我国幅员辽阔，从北到南跨越寒温带、中温带、暖温带、亚热带和热带等不同气候带，"冰雪游""避寒游"等已成为国内市场发展迅速的热门旅游产品（陈玉萍等，2020）。旅游价格水平（$TCPI_j$）的回归系数为正，这是由于旅游价格黏性强及旅游发展推高地区物价水平带来的结果。

从旅游通道因素看，地理距离（$lnDist_{ij}$）和信息距离（$DigGap_{ij}$）的回归系数显著为负，说明二者是旅游消费流动的重要阻力因素。此外，环境变量中假期制度（$Holiday$）对国内旅游消费流的影响不显著，这是由于2008年的假期制度变革属于时间组合方面的微调，使用年度数据进行的实证回归未能反映假期制度的细微变化。

二、数字化影响国内旅游消费流的空间压缩效应

根据模型(6-13)进行实证分析，表7-7描述了数字化影响旅游消费流动空间压缩效应的参数估计结果。表7-7中Dig_i和Dig_j的估计系数显著为正，$DigGap_{ij}$的估计系数显著为负，交叉项回归模型与基准回归模型中数字化变量的回归结果一致，增强了研究假设H_9的稳健性。

从交叉项回归结果看，$Dig_i \times lnDist_{ij}$的回归系数显著为正，说明客源地数字化发展水平越高，客源地居民选择远距离旅游消费的比例越高；$Dig_j \times lnDist_{ij}$的回归系数显著为正，说明目的地数字化发展水平越高，吸引远距离旅游者到达目的地进行旅游消费的能力越强，研究假设H_{10}得到了验证，为数字化影响旅游消费流的空间压缩效应提供了实证证据。

表7-7 数字化影响旅游消费流的空间压缩效应

lnT_{ij}	(1)	(2)	(3)	(4)	(5)	(6)	(7)	(8)
Dig_i	4.426***	4.858***	1.586***	2.715***	4.365***	4.805***	1.438***	2.491***
	(0.164)	(0.058)	(0.127)	(0.055)	(0.164)	(0.058)	(0.129)	(0.052)
Dig_j	2.312***	1.899***	1.153***	0.110	2.359***	1.953***	1.270***	0.335***
	(0.058)	(0.165)	(0.048)	(0.122)	(0.058)	(0.165)	(0.043)	(0.123)
$DigGap_{ij}$	−0.968***	−0.966***	−1.030***	−1.025***	−0.947***	−0.945***	−0.937***	−0.930***
	(0.073)	(0.073)	(0.056)	(0.056)	(0.073)	(0.073)	(0.054)	(0.054)

表 7-7（续）

$\ln T_{ij}$	(1)	(2)	(3)	(4)	(5)	(6)	(7)	(8)
$Dig_i \times \ln Dist_{ij}$	0.060***		0.157***		0.061***		0.146***	
	(0.021)		(0.015)		(0.021)		(0.016)	
$Dig_j \times \ln Dist_{ij}$		0.057***		0.145***		0.056***		0.131***
		(0.021)		(0.015)		(0.021)		(0.016)
$\ln Dist_{ij}$					−1.413***	−1.412***	−1.110***	−1.105***
					(0.063)	(0.063)	(0.017)	(0.017)
控制变量	否	否	是	是	否	否	是	是
常数项	19.96***	19.96***	14.11***	14.09***	29.93***	29.91***	14.87***	14.83***
	(0.006)	(0.006)	(0.462)	(0.462)	(0.451)	(0.451)	(0.197)	(0.197)
控制个体效应	是	是	是	是	否	否	否	否
控制时间效应	是	是	是	是	否	否	否	否
观测值	18 000	18 000	18 000	18 000	18 000	18 000	18 000	18 000
R^2	0.373	0.373	0.699	0.701	0.578	0.341	0.940	0.940

注：*** 表示 $P<0.01$，** 表示 $P<0.05$，* 表示 $P<0.1$。

三、数字化影响国内旅游消费流的长尾效应

根据模型(7-18)进行实证分析，表 7-8 描述了数字化影响旅游消费流动的长尾效应的参数估计结果，列(1)(2)(5)(6)为固定效应估计结果，列(3)(5)(7)(8)为随机效应估计结果。列(1)~(8)中，Dig_j 的回归系数显著为负，说明伴随目的地数字化发展水平的提高，旅游消费市场的头部市场效应在下降，意味着旅游消费的长尾效应凸显出来。研究假设 H_{11} 得证。

表 7-8　数字化影响旅游消费流的长尾效应

变量	CR_4				CR_8			
	(1)	(2)	(3)	(4)	(5)	(6)	(7)	(8)
Dig_i	−1.197***	−2.536***	−1.308***	−2.692***	−0.735***	−2.269***	−0.797***	−2.415***
	(0.126)	(0.158)	(0.127)	(0.1632)	(0.111)	(0.133)	(0.113)	(0.147)
Dig_j	−0.523***	−1.302***	−0.419***	−0.849***	−0.894***	−2.047***	−0.837***	−1.609***
	(0.126)	(0.139)	(0.127)	(0.143)	(0.110)	(0.122)	(0.111)	(0.129)

表 7-8（续）

变量	CR_4				CR_8			
	(1)	(2)	(3)	(4)	(5)	(6)	(7)	(8)
$DigGap_{ij}$	3.006***	1.927***	3.070***	2.028***	1.577***	0.982***	1.620***	1.071***
	(0.157)	(0.160)	(0.158)	(0.167)	(0.138)	(0.140)	(0.138)	(0.150)
$lnDist_{ij}$			−2.316***	−2.188***			−2.112***	−1.969***
			(0.309)	(0.220)			(0.318)	(0.189)
控制变量	否	是	否	是	否	是	否	是
常数项	44.69***	38.22***	61.01***	58.98***	67.33***	58.42***	82.22***	78.20***
	(0.014)	(1.334)	(2.191)	(1.942)	(0.012)	(1.170)	(2.259)	(1.686)
控制个体效应	是	是	否	否	是	是	否	否
控制时间效应	是	是	否	否	是	是	否	否
观测值	18 000	18 000	18 000	18 000	18 000	18 000	18 000	18 000
R^2	0.102	0.181	0.102	0.176	0.131	0.206	0.131	0.197

注：*** 表示 $P<0.01$，** 表示 $P<0.05$，* 表示 $P<0.1$。

四、数字化影响国内旅游消费流的选择偏好效应

根据模型(7-22)采用滞后面板回归模型进行实证分析。若只是引入因变量的滞后项回归，可能因弱工具变量产生内生性问题。为增强结论的稳健性，采用差分 GMM 和系统 GMM 两种方法进行回归。

表 7-9 中列(1)、列(2)为差分 GMM 估计结果，列(3)、列(4)为系统 GMM 估计结果。Arellano-Bond 检验结果均满足 $AR_1<0.1$ 且 $AR_2>0.1$，说明变量不存在自相关且滞后阶数设置合理；Sargen 检验显示不存在过度识别问题，模型设定合理。$\ln r_{ij}$ 的回归系数显著为正，说明较远距离的旅游目的地对旅游者的吸引力更强；$\ln r_{ij}^2$ 的回归系数为负，说明超出一定距离范围的目的地对旅游者的吸引力下降，即空间距离与旅游选择偏好之间呈倒"U"形关系。Dig_{ij} 的回归系数显著为负，说明两地间的数字化差距与旅游选择偏好负相关，意味着客源地居民倾向于选择数字化距离临近的目的地进行旅游消费；Dig_{ij}^2 的回归系数为正，说明数字化距离与旅游选择偏好之间存在"U"形关系。研究假设 H_{12} 得证。

表 7-9 数字化影响旅游消费流的选择偏好效应

Pref_{ij}	差分 GMM		系统 GMM	
	(1)	(2)	(3)	(4)
$L.\text{Pref}_{ij}$	0.950 3***	0.942 0***	0.888 3***	0.908 2***
	(0.026 4)	(0.014 6)	(0.035 4)	(0.025 0)
$\ln\text{Dig}_i$	0.059 4	0.080 1**	0.017 0	0.025 3
	(0.041 1)	(0.035 6)	(0.015 5)	(0.020 3)
$\ln\text{Dig}_j$	−0.125 5***	−0.126 8***	−0.061 3***	−0.059 0**
	(0.040 1)	(0.038 4)	(0.022 7)	(0.023 9)
$\ln\text{Dig}_{ij}$	−0.126 9	−1.150 2**	−0.004 7	−0.070 6*
	(0.161 8)	(0.475 0)	(0.021 1)	(0.038 1)
$\ln\text{DigGap}_{ij}^2$		2.899 8**		0.170 5**
		(1.130 4)		(0.082 6)
$\ln\text{Dist}_{ij}$	0.012 5	0.256 6**	0.003 4	0.968 2**
	(0.026 1)	(0.107 9)	(0.035 8)	(0.391 8)
$\ln\text{Dist}_{ij}^2$		−0.022 9**		−0.088 2**
		(0.010 8)		(0.035 1)
常数项	−0.048 6	−0.581 5**	0.001 2	−2.373 9**
	(0.188 8)	(0.226 3)	(0.258 3)	(1.044 2)
观测值	17 100	17 100	17 100	17 100
$AR(1)$	−92.140	−57.460	−2.124	−2.122
$AR(2)$	11.230	5.580	1.527	1.509
Sargen 检验	8 551.780***	6 201.370***	377.852***	427.543***

注：*** 表示 $P<0.01$，** 表示 $P<0.05$，* 表示 $P<0.1$；回归采用聚类稳健标准误。

第五节 内生性讨论与稳健性检验

本书通过构建客源地—目的地—技术—环境（ODTE）框架，归纳了旅游消费流的一系列影响因素指标，并在实证研究中使用面板数据以及双向固定效应模型，尽量减少了遗漏变量对参数估计的可能影响。选择偏好效应检验考察了历史选择偏好的影响作用，并考察了数字化变量的一次项和二次项形式，尽可能减少了模型设定偏误可能产生的内生性或稳健性问题。为了增强实证结论的可靠性,对实证研究进行稳健性检验和内生性讨论。

一、基准回归结果的稳健性检验

表7-6和表7-7以旅游消费流量为因变量的实证回归结果显示,Dig_i、Dig_j的参数估计结果均显著为正,$DigGap_{ij}$的参数估计结果均显著为负,说明在改变控制变量和实证模型形式的情况下,基本研究假设H_9的结论保持不变。

为进一步检验研究结论的有效性,采用滞后面板回归模型和变更数字化发展指标两种方法进行稳健性检验,减少可能存在的反向因果和测量误差问题。如表7-10所示,列(1)、列(2)描述了差分GMM和系统GMM方法的估计结果,Dig_i、Dig_j和$DigGap_{ij}$的回归系数同表7-6的回归结果基本保持一致;列(3)、列(4)描述了采用电信业务总量(lnICT)作为数字化衡量指标的模型估计结果,$lnICT_i$、$lnICT_j$和$lnICTGap_{ij}$的回归系数也与假设保持一致,增强了研究假设H_9的稳健性。

表7-10 数字化影响旅游消费流动的稳健性检验

$\ln T_{ij}$	(1)差分GMM	(2)系统GMM	(3)OLS-FE	(4)OLS-RE
$L.\ln T_{ij}$	0.953***	0.777***		
	(0.013)	(0.009)		
Dig_i	0.243**	0.704***		
	(0.116)	(0.051)		
Dig_j	0.030*	0.093		
	(0.074)	(0.060)		
$DigGap_{ij}$	−0.509***	−0.203***		
	(0.168)	(0.055)		
$lnICT_i$			0.358***	0.355***
			(0.013)	(0.013)
$lnICT_j$			0.029**	0.085***
			(0.012)	(0.012)
$lnICTGap_{ij}$			−0.216***	−0.235***
			(0.014)	(0.014)

表 7-10（续）

$\ln T_{ij}$	(1)差分 GMM	(2)系统 GMM	(3)OLS-FE	(4)OLS-RE
控制变量	是	是	是	是
常数项	2.145***	1.927*	9.161***	13.327***
	(0.454)	(1.001)	(0.562)	(0.217)
固定效应	是	是	是	否
观测值	17 100	17 100	18 000	18 000
拟合度	Sargen=6609.100	Sargen=427.546	$R^2=0.779$	$R^2=0.924$

注：*** 表示 $P<0.01$，** 表示 $P<0.05$，* 表示 $P<0.1$。

二、空间压缩效应的稳健性检验

数字化空间压缩效应体现在数字化促进国内旅游消费中远游消费所占比重的增加。前面章节构建引入 $\text{Dig}_i \times \ln r_{ij}$ 和 $\text{Dig}_j \times \ln r_{ij}$ 的交叉项回归模型，验证了数字化发展对出游距离的正向作用。数字化的空间压缩效应，也意味着旅游消费中本地消费比重下降和跨区消费比重上升，因此使用 $\text{Dig}_i \times \text{Local}_i$ 和 $\text{Dig}_j \times \text{Local}_j$ 构建面板交叉项回归模型：

$$\begin{aligned}
\ln T_{ijt} = &\alpha \text{Dig}_{it} + \beta \text{Dig}_{jt} + \alpha' \text{Dig}_{it} \text{Local}_{it} + \beta' \text{Dig}_{jt} \text{Local}_{jt} + \\
&\lambda \text{DigGap}_{ijt} + \gamma \ln \text{Dist}_{ij} + \chi_1 \ln \text{Pop}_{it} + \chi_2 \ln \text{DPI}_{it} + \chi_3 \ln \text{Traff}_{it} + \\
&\chi_4 \text{Family}_{it} + \chi_5 \text{Kid}_{it} + \chi_6 \text{Elder}_{it} + \chi_7 \text{Habit}_{it} + \rho_1 \ln \text{Scen}_{jt} + \rho_2 \text{Climat}_{jt} + \\
&\rho_3 \ln \text{Traff}_{jt} + \rho_4 \text{TCPI}_{jt} + \eta_1 \text{Holiday}_t + \eta_2 \text{Finance}_t + \\
&\eta_3 \text{Pandemic}_t + \delta_{ijt} + \theta_{ijt} + \varepsilon_{ijt}
\end{aligned} \quad (7\text{-}24)$$

其中，Local_i 表示客源地 i 居民在本地旅游消费量占 i 地居民旅游消费总量的比重，Local_j 表示目的地 j 来自本地的旅游消费量占 j 地旅游消费收入总量的比重：

$$\text{Local}_i = \frac{T_{ii}}{\sum_{j=1}^{n} T_{ij}}; \quad \text{Local}_j = \frac{T_{jj}}{\sum_{i=1}^{n} T_{ij}} \quad (7\text{-}25)$$

其中，$\text{Dig}_i \times \text{Local}_i$ 为客源地 i 的数字化发展水平与本地市场比重的交叉项，$\text{Dig}_j \times \text{Local}_j$ 为目的地 j 的数字化发展水平与本地市场比重的交叉项。若 $\alpha'<0$，意味着客源地数字化发展水平越高，居民越倾向选择远地旅游消费而非本地旅游消费；若 $\beta'<0$，意味着目的地数字化发展水平越高，吸引远地游客前往旅游消费的能力越强，即存在空间压缩效应。

表 7-11 描述了模型(7-24)的参数估计结果，$Dig_i \times Local_i$ 和 $Dig_j \times Local_j$ 的回归系数显著为负，验证了数字化空间压缩效应的稳健性。

表 7-11 数字化空间压缩效应的稳健性检验

$\ln T_{ij}$	(1)	(2)	(3)	(4)
Dig_i	3.233***	2.377***	3.144***	2.168***
	(0.063)	(0.052)	(0.061)	(0.050)
Dig_j	1.031***	2.452***	1.045***	2.489***
	(0.048)	(0.053)	(0.044)	(0.050)
$DigGap_{ij}$	−0.783***	−0.632***	−0.646***	−0.578***
	(0.056)	(0.052)	(0.054)	(0.051)
$Dig_i \times Local_i$	−1.762***		−1.977***	
	(0.111)		(0.104)	
$Dig_j \times Local_j$		−3.364***		−3.173***
		(0.073)		(0.073)
$\ln Dist_{ij}$			−1.080***	−1.083***
			(0.016)	(0.016)
控制变量	是	是	是	是
常数项	12.91***	13.51***	14.62***	14.86***
	(0.467)	(0.434)	(0.193)	(0.192)
控制个体效应	是	是	否	否
控制时间效应	是	是	否	否
观测值	18 000	18 000	18 000	18 000
R^2	0.746	0.731	0.942	0.940

注：*** 表示 $P<0.01$，** 表示 $P<0.05$，* 表示 $P<0.1$。

三、长尾效应的稳健性检验

模型(7-19)提供了数字化长尾效应的稳健性检验方法，是以目的地客源市场多样性作为被解释变量的，参数回归结果见表 7-12。其中 Dig_j 的回归系数显著为正，说明目的地数字化发展水平越高，目的地的客源市场多样性越高，再次验证了研究假设 H_{11} 的有效性。

表 7-12　数字化长尾效应的稳健性检验

HHI	(1)	(2)	(3)	(4)
Dig_i	−0.865***	−1.157***	−0.901***	−1.192***
	(0.068)	(0.088)	(0.069)	(0.090)
Dig_j	0.641***	0.296***	0.675***	0.397***
	(0.068)	(0.077)	(0.068)	(0.079)
Dig_{ij}	0.578***	0.459***	0.596***	0.484***
	(0.085)	(0.089)	(0.085)	(0.091)
$\ln Dist_{ij}$			−0.721**	−0.654***
			(0.287)	(0.239)
控制变量	否	是	否	是
常数项	11.052***	6.061***	16.134***	12.035***
	(0.007)	(0.741)	(2.034)	(1.859)
控制个体效应	是	是	否	否
控制时间效应	是	是	否	否
观测值	18 000	18 000	18 000	18 000
R^2	0.014	0.047	0.015	0.046

注：*** 表示 $P<0.01$，** 表示 $P<0.05$，* 表示 $P<0.1$。

四、选择偏好效应的稳健性检验

在滞后面板回归模型中，滞后一阶的因变量作为解释变量纳入方程形成一个合理的工具变量，减少了数字化发展与旅游选择偏好间可能存在的内生性问题。进一步地，为降低数字化变量测量误差对回归结论的干扰，采用电信业务总量差距（$\ln ICT_{ij}$）作为数字化发展水平差距的替代指标进行实证回归。如表 7-13 所示，数字化变量的回归系数与表 7-9 保持一致，增强了研究结论的稳健性。

表 7-13　数字化选择偏好效应的稳健性检验

$Pref_{ij}$	差分 GMM		系统 GMM	
	(1)	(2)	(3)	(4)
$L.Pref_{ij}$	0.967***	0.953***	0.877***	0.896***
	(0.028)	(0.015)	(0.040)	(0.027)

表 7-13（续）

$Pref_{ij}$	差分 GMM		系统 GMM	
	（1）	（2）	（3）	（4）
$lnICT_i$	0.009	0.016	0.018***	0.017***
	(0.010)	(0.011)	(0.006)	(0.006)
$lnICT_j$	−0.031**	−0.038***	−0.021***	−0.023***
	(0.014)	(0.014)	(0.008)	(0.007)
$lnICTGap_{ij}$	−0.003	−0.127*	−0.029***	−0.040***
	(0.029)	(0.069)	(0.009)	(0.013)
$lnICTGap_{ij}^2$		0.072**		0.003*
		(0.035)		(0.001)
$lnDist_{ij}$	0.030	0.336***	0.010	1.061**
	(0.034)	(0.112)	(0.049)	(0.469)
$lnDist_{ij}^2$		−0.030***		−0.098**
		(0.011)		(0.041)
常数项	−0.204	−0.821***	0.091	−2.483*
	(0.246)	(0.227)	(0.358)	(1.268)
观测值	17 100	17 100	17 100	17 100
AR(1)	−2.110	−2.050	−2.129	−2.126
AR(2)	18 000	18 000	18 000	18 000
Sargen 检验	9 297.210***	8 411.780***	316.998***	350.727***

注：*** 表示 $P<0.01$，** 表示 $P<0.05$，* 表示 $P<0.1$；回归采用聚类稳健标准误。

第六节 本章小结

本章首先估计适用于我国国内旅游消费的旅游引力模型，计算得到 2001—2020 年 30 个样本地区的旅游消费流量面板数据。对比发现，我国国内旅游消费的客源市场主要集中在东部地区和南部地区，西部地区及北部地区客源市场发展相对滞后；目的地市场由点状分布向集团式分布演变，由东部地区为主逐渐转向区域均衡发展；国内旅游消费流不断由本地旅游市场向异地旅游市场溢出，也逐渐由东部地区向中西部地区拓展。

基于国内旅游消费流估算数据和 ODTE 框架，构建实证模型检验了数字化对国内旅游消费流的影响效应。研究发现,客源地和目的地数字化发展都可以显著促进旅游消费的流动,而地区数字化发展差距是旅游消费流动的阻力因素。同时发现,交通条件改善、人口老龄化、旅游资源开发等均为国内旅游消费市场创造良好发展空间。

从交叉性回归、线性面板回归以及滞后面板回归的结果看,数字化发展显著促进了远游消费的发生,有效拓展了旅游消费市场的空间范围;数字化发展水平越高,旅游消费市场的头部市场占比不断下降,旅游消费长尾效应凸显出来;空间距离对旅游选择偏好的影响呈倒"U"形,旅游者偏好选择具有一定距离范围的旅游目的地;数字化距离的回归结果发现,旅游者偏好选择数字化发展水平临近的旅游目的地进行旅游消费,数字鸿沟对国内旅游消费流动产生阻碍。实证结果验证了数字化影响国内旅游消费的空间压缩效应、长尾效应和选择偏好效应。

第八章

Chapter 8

研究结论与未来展望

第八章 研究结论与未来展望

研究按照"理论机制—研究假设—实证检验"的思路,系统性地分析了数字化影响国内旅游消费的一系列问题。本章总结理论研究与实证研究的主要结论,并提出如何借助数字化赋能国内旅游消费的政策建议,最后说明研究的不足之处和未来展望。

第一节 研 究 结 论

研究从旅游经济系统模型出发,关注数字化促进客源地居民旅游消费支出、推动目的地旅游消费增长以及影响客源地—目的地旅游消费流的作用机制。研究综合多种理论构建了考虑数字化因素的多项理论模型,通过最优化求解和模型推导阐述数字化影响的机理、效应和路径,并通过构建实证模型检验数字化影响国内旅游消费的实际效应及异质性特征,主要得到以下一些研究结论。

一、数字化赋能国内旅游消费发展的作用效应

数字化发展对释放客源地居民旅游消费需求有正向影响。研究认为,数字化的价格效应和范围效应改变了居民效用最大化时的消费决策组合,推动居民消费结构升级,从而释放居民旅游消费需求。以2014—2020年3 266户CFPS追踪调查家庭为样本的实证结果显示,相比不使用互联网家庭,使用互联网家庭的旅游消费支出提高了40.68%,旅游消费占日常消费的比重提高了2‰,表现出更高的旅游、教育文娱、设备用品和其他服务支出以及更低的食品、居住和医疗支出,验证了数字化促进居民消费从生存型消费向发展享受型消费转型升级的积极作用。

数字化发展对促进目的地旅游消费收入增长有正向影响,表现出显著的网络效应和要素协同效应。研究认为,数字化通过降低旅游生产成本和提升旅游产品品质,提高了目的地在旅游消费市场中的竞争力和定价能力,进而推动了目的地旅游消费收入增长。采用2001—2020年省级面板数据的实证研究,验证了数字化促进目的地旅游消费增长的积极作用;门槛模型的实证结果显示,当地区互联网普及率超过21.67%、人均受教育年限高于8.96年时,数字化促进旅游消费收入增长的作用更加显著。说明在数字化发展推动旅游消费增长的过程中,不能忽视地区人力资本等要素的配套

发展。

数字化发展对促进国内旅游消费流有正向影响。研究认为,数字化降低游客信息成本和风险感知水平的作用,能够降低跨地区的旅游消费成本,提高游客的旅游消费效用水平。实证研究发现,客源地数字化发展水平每提高1%,客源地居民选择外省远游消费的比例提高2.49%;目的地的数字化发展水平每提高1%,目的地吸引外省游客旅游消费的比例提高0.34%;客源地和目的地的数字化发展水平每提高1%,两地间的旅游消费流量相应提高2.49%和1.29%。

二、数字化影响国内旅游消费发展的异质性特征

数字化对居民旅游消费支出的影响具有城乡和群体异质性。以家庭旅游消费为研究对象,综合运用分组回归和费希尔检验、分位数回归、交叉项回归、PSM方法的研究发现,数字化对居民旅游消费支出的正向影响城市大于农村、女性户主家庭大于男性户主家庭、40岁以下户主家庭大于40岁以上户主家庭、高学历户主家庭大于低学历户主家庭、高收入家庭大于低收入家庭。

数字化对目的地旅游消费收入的影响存在区域异质性。路径分析中,以区域为单位的分组研究发现,数字化流量路径对东部地区和中部地区旅游消费收入的影响作用是负向的,对西部地区的影响作用是正向的,说明伴随数字化的发展,西部旅游目的地对游客的吸引力不断增强;数字化质量路径,尤其是数字化促进旅游消费结构升级的路径,表现出"东部＞中部＞西部"的区域异质性特征。

动态视角下,数字化促进目的地旅游消费收入与流量路径脱钩的目标在东部地区率先实现,在中部地区逐渐凸显,而在西部地区尚未显现;东部地区,数字化通过旅游消费结构高级化推动旅游消费增长的效应已经开始显现并随着旅游数字化进程的深入而愈加显著,但数字化对旅游消费结构路径的驱动效应在中西部地区尚不显著。

三、数字化多重属性对居民旅游消费支出的影响

数字化具有技术属性,数字化作为旅游消费的信息渠道和购买渠道,能

够降低旅游消费的交易成本,从而促进居民旅游消费支出。实证检验结果表明,相较于接入互联网但不重视使用互联网信息渠道和购买渠道的家庭,将互联网作为重要信息渠道和购买渠道的家庭表现出更高的旅游消费水平和旅游消费比重,说明数字化应用作为旅游信息渠道和旅游购买渠道,对居民旅游消费的影响为正。

数字化具有经济属性,数字化能够提高居民收入水平,间接地促进旅游消费。实证研究发现,收入中介效应分别可以解释数字化促进居民旅游消费水平和旅游消费比重总效应的28.93%和24.49%,说明接入数字化显著提升了居民收入水平,而居民收入对居民旅游消费产生正向影响。

数字化具有社会属性,以同群效应为中介变量探究数字化对居民旅游消费的影响。同群效应的存在性检验表明,社区(除本户外)平均旅游消费水平和旅游消费比重每变动1%,居民旅游消费水平和旅游消费比重分别同向变动0.31%和0.26%,说明居民旅游消费存在显著的同群效应特征。进一步地,围绕同群效应的中介效应检验结果表明,数字化显著增强了居民旅游消费的同群效应,进而对居民旅游消费产生正向影响。

四、数字化推动目的地旅游消费增长路径演变及优化

数字化促进目的地旅游消费收入增长的路径包括增加游客接待量的流量路径和提升旅游消费质量的质量路径。研究基于同质性旅游消费市场和异质性旅游消费市场情境构建Hotelling模型,论证了数字化发展对目的地旅游消费收入增长的正向影响。进一步的模型推导结果说明,当数字化发展到一定程度后,数字化促进目的地旅游消费收入增长的流量路径逐渐衰减,质量路径的作用逐渐加强。

多重中介效应结构方程的实证结果显示,数字化促进目的地旅游消费收入增长的直接效应为0.335,通过增加旅游客流量的间接效应为-0.051,通过提高人均旅游消费的间接效应为0.096,通过提升旅游消费结构的间接效应为0.028。说明数字化降低了目的地旅游消费收入对旅游客流量的路径依赖,提高了旅游消费质量在旅游消费收入中的贡献度,在整体上推动旅游消费收入增长路径的演进优化。

调节中介效应结构方程的实证结果显示,数字化通过提高人均旅游消费促进旅游消费增长的正向作用长期存在,通过提升旅游消费结构促进旅

游消费增长的积极效应显著且不断增强,说明质量路径能够为旅游消费增长提供持久的动力。此外研究发现,在数字化发展初期,数字化率先推动东部旅游消费增长与游客数量脱钩,通过提高人均旅游消费和旅游消费结构的质量路径驱动旅游消费增长;伴随数字化发展程度提升,数字化也逐渐推动中部地区摆脱对游客数量的依赖,转向质量路径模式;在西部地区,数字化承担着由游客吸引力不足到游客吸引力提升的破局之钥,但随着游客数量的增长临近天花板,数字化在西部地区的"流量"红利也将逐渐消退,质量路径成为必然选择。

五、数字化发展鸿沟对国内旅游消费流的负面影响

客源地—目的地视角的研究发现,客源地或目的地数字化发展能够促进旅游消费跨地区流动,同时两地的地理距离和数字化发展差距是阻碍国内旅游消费跨地区流动的主要因素。基于ODTE框架的面板回归结果显示,客源地与目的地的数字化发展水平差距每提高1%,两地间的旅游消费流量下降0.92%。

选择偏好效应的实证研究表明,两地间数字化发展差距对旅游消费选择偏好的影响,与地理距离对旅游消费选择偏好的影响规律不同。地理距离和旅游消费选择偏好呈倒"U"形关系,即旅游者对远离常住地的旅游目的地表现出更强的偏好,但当目的地距离超出一定范围后,旅游者对其偏好程度下降。两地数字化发展差距和旅游消费选择偏好呈"U"形关系,即旅游者对数字化发展水平临近的旅游目的地表现出更强偏好,说明缩小地区间数字化发展差距对国内旅游消费流动具有重要意义。因此,进一步提高数字化发展水平和缩小数字化应用鸿沟,是促进国内旅游消费的有效举措。

第二节 政策建议

一、推动数字化发展与缩小数字化应用鸿沟

研究表明,数字化发展是促进国内旅游消费的重要因素。但是,在城乡之间、群体之间、区域之间的数字化鸿沟依然存在,既产生数字化对国内旅游消费影响的异质性,也降低了国内旅游消费的流动性。本书的实证研究发现,数字化促进农村居民、低学历(未完成九年义务教育)居民、大龄(>40岁)居民旅游消费的正向效应较弱。这一方面是由于农村和低学历群体往往具有较低的收入水平,因而具有较小的旅游消费弹性;另一方面可能是由于上述群体即使接入数字化应用,但数字化应用能力不足造成的。此外实证研究表明,游客偏好选择数字化发展水平相近地区作为旅游消费目的地,数字化鸿沟对国内旅游消费流产生阻碍。因此,弥补数字化鸿沟,是发挥数字化促进旅游消费积极效应的重要举措。

伴随数字化的快速发展,数字化硬件接入的一级数字鸿沟已经得到基本解决,但与数字化应用相关的二级数字鸿沟则在无形中分割着游客群体。对于农村居民、低学历居民、大龄居民等"弱势群体"而言,其数字化应用技能不足而难以分享数字旅游红利。要缩小数字化应用鸿沟,政府首先应加强对数字化"弱势群体"的公共服务支持,通过数字技术下乡、社区公益讲座、老年大学等渠道,教会人们如何通过使用数字化工具实现更加便捷和美好的旅游生活。此外,当今数字化应用与居民生活的结合日渐紧密,微信、直播和短视频等应用降低了数字化使用门槛。旅游部门应积极借助数字化平台,将数字旅游场景以通俗易懂的形式呈现出来,引导和鼓励更多群体参与旅游消费活动。

二、精准培育数字旅游消费的细分市场

伴随数字化发展,国内旅游消费市场结构不断变化。客源地—目的地视角的实证研究发现,在数字化发展带动下,国内旅游消费市场不断由本地市场向异地市场溢出,由东部地区向中西部地区延伸。国内数字旅游消费市场的长尾效应日渐凸显,凸显了关注国内旅游消费细分市场的重要性。客源地视角的实证研究进一步表明,女性群体、儿童群体和老龄群体是促进家庭旅游消费支出的积极因素,但是数字化在"她旅游"消费市场中发挥积极作用,而在其他旅游细分市场中的表现并不理想甚至为负,说明数字化应用在旅游细分市场中的作用存在较大提升空间。

伴随数字化与旅游场景深度融合,催生了旅游消费的个性化需求,加速形成多元化的旅游细分市场。标准化的旅游产品不再能够满足差异化的市场需求,并且同质化的产品供给必然导致旅游者比价,严重挤压旅游市场的

利润空间。旅游企业应将数字化思维运用到旅游市场细分和旅游产品开发中去,基于大数据为"她旅游""亲子游""家庭游"等细分市场提供精准化的旅游产品与服务,发挥"长尾市场"在促进国内旅游消费上的积极作用。例如,携程、飞猪等数字化平台推出面向游客需求的旅游定制服务,借助网络平台让小众化旅游需求"聚沙成塔",完成长尾旅游市场中的供需匹配,提升旅游者的满意度和获得感。

三、加强人才建设满足数字旅游发展需要

研究发现,数字化促进目的地旅游消费增长的效应,表现出人力资本要素的协同效应。当目的地具有较高的人力资本水平时,数字化发展促进该地旅游消费收入增长的效果更加显著。因此,在数字旅游战略实施过程中,应积极推动人才队伍的培育,通过数字化技术应用与人力资本的叠加作用,促进旅游消费市场的良好发展。

在数字化时代背景下,旅游业发展对人力资本的需求也有所变革,特别是对旅游平台化运营、个性化旅游产品设计、大数据分析、新媒体营销、智慧旅游顶层规划、智慧旅游开发等新型人才和复合型人才的需求逐渐增加。传统旅游人才培养模式大多基于传统的旅游学科体系,侧重于旅游管理知识和旅游服务技能的传授,对数字化技术及其在旅游业应用的培育相对不足。变革旅游人才培养模式,在旅游教学体系中融入数字化技术及其应用内容,深化旅游专业校企合作,培养符合数字旅游发展需要的复合型人才,对国内旅游消费市场发展具有现实意义。

四、质量引领数字旅游发展路径转型升级

理论分析显示,数字化发展到一定程度后,数字化促进旅游消费收入增长的流量路径日渐式微,质量路径成为数字化可持续地发挥积极效应的必然选择。进一步的实证研究说明,各区域间的数字化发展基础和旅游发展基础不同,最适宜的旅游发展路径不可一概而论。

在东部地区,数字化技术领先发展,在游客吸引力和旅游消费收入方面表现出比较优势。研究显示,数字化发展率先引领东部旅游消费增长与流量路径脱钩,转向提升人均旅游消费和旅游消费结构的质量路径。因此,东

部地区应继续践行数字化创新引领的发展理念,通过完善旅游创新人才体系、研发平台体系、创新创业体系、金融服务体系等,激发数字旅游市场创新活力,并对其他地区的旅游发展路径转型产生积极溢出效应。

中部地区的数字旅游市场正处于重要的战略转型期。数字化发展在促进中部客源地居民旅游消费、提升目的地旅游消费质量的变革作用已经显现,但仍存较大发展空间。旅游企业应借助数字化技术提高旅游产品服务的附加值,促进旅游消费需求并提高旅游消费收入的质量。

西部地区面临数字化发展应用不足和旅游消费基础薄弱的双重制约,应补短板、抓重点。一方面,加强数字化基础设施投资建设,结合西部自然风光、民俗特色、生态环境等优势深化旅游资源开发,吸引更多游客走向西部,发挥数字化"流量"红利促进西部旅游消费收入增长的重要作用。另一方面,发挥数字化在需求分析、信息共享、公共服务和行业监管方面的作用,通过旅游产品和服务升级促进旅游消费市场发展。在坚持数字化"流量"路径的同时,兼顾数字化"质量"路径的拓展,为西部旅游发展创造更大空间。

第三节　研究不足与未来展望

本书论证了数字化影响客源地居民旅游消费支出、目的地旅游消费收入及客源地—目的地旅游消费流的效应与机理,并对其中的重要机制进行探究。研究尽可能保证科学严谨的论证过程,得到一些较有价值的研究结论。但毕竟旅游消费涉及方方面面的问题,数字化发展如何影响国内旅游消费是一项复杂的系统工程,本书的研究仍存一些局限性。

一是,本书所用数字化测度指标,是根据研究问题需要和既有研究资料所选定的,具有研究的可行性和理论基础。在实际上,数字化发展是一个不断更新迭代的过程,从数字化到移动数字化,再到大数据、云计算、人工智能、5G等新兴技术,数字化影响旅游变革的效应和机理也会有所不同。受研究重点和篇幅所限,本书没有对数字化、移动数字化、大数据、云计算、人工智能等不同技术类型加以区分、测度和展开异质性分析。在后续研究中,进一步地区分数字化与移动数字化影响国内旅游消费的差异性,并尝试探究新一代数字技术对旅游消费市场的作用机理,对于更全面地把握数字旅游消费发展规律具有一定意义。

二是,本书基于研究结论提出政策建议,但对政策可行性及实施细节的论证不够深入。研究重点分析了不同场景下数字化发展影响国内旅游消费的作用机理和规律特征,为数字旅游发展带来诸多启示。但由于篇幅所限,本书对政策建议的可行性及其实施落地没有做过多的讨论。在后续研究中,关于旅游者、旅游企业、旅游管理部门等多元主体如何形成合力,借助数字化赋能国内旅游消费发展的政策措施有待进一步细化。

参考文献 / References

阿切尔,1987.旅游需求预测[M].陶汉军,译.海口:海南人民出版社.

白晓晴,2024.数字文旅空间的沉浸叙事研究[J].山东大学学报(哲学社会科学版)(4):35-44.

保继刚,楚义芳,1993.旅游地理学[M].修订版.北京:高等教育出版社.

保继刚,郑海燕,戴光全,2002.桂林国内客源市场的空间结构演变[J].地理学报,57(1):96-106.

毕斗斗,方远平,谢蔓,等,2015.我国省域服务业创新水平的时空演变及其动力机制:基于空间计量模型的实证研究[J].经济地理,35(10):139-148.

卞显红,王苏洁,2003.交通系统在旅游目的地发展中的作用探析[J].安徽大学学报(哲学社会科学版),27(6):132-138.

蔡跃洲,张钧南,2015.信息通信技术对中国经济增长的替代效应与渗透效应[J].经济研究,50(12):100-114.

曹晶晶,章锦河,王昶,等,2020.距离欲对旅游者目的地选择影响的解释框架[J].地理学报,75(4):860-877.

岑成德,梁婷,2007.我国年轻旅游者的网络信息搜索行为研究:以广州高校学生为例[J].旅游科学,21(1):56-62.

查瑞波,伍世代,孙根年,2018.城市型目的地入境旅游市场演化差异研究:

基于中国香港和新加坡市内部结构与外部规模分时段辨析[J].地理科学,38(10):1661-1669.

查晓莉,徐雨晨,陆林,等,2019.上海迪士尼国内旅游流地理分布与流动特征[J].旅游学刊,34(6):58-73.

陈光锋,2014.互联网思维:商业颠覆与重构[M].北京:机械工业出版社.

陈卫洪,耿芳艳,王莹,等,2024.乡村数字经济发展对生态旅游的影响:基于中国26个省份的异质性分析[J].生态经济,40(5):138-145.

陈文婷,沈丽珍,汪侠,2024.旅游信息流对假期客流的时空影响效应研究:以淄博市为例[J].地理科学进展,43(6):1156-1166.

陈曦,白长虹,陈晔,等,2023.数字治理与高质量旅游目的地服务供给:基于31座中国城市的综合案例研究[J].管理世界,39(10):126-150.

陈小娟,陈磊,胡静,等,2015.浙江省入境旅游流流量与流质演化研究[J].地域研究与开发,34(4):84-88.

陈小勇,2017.产业集群的虚拟转型[J].中国工业经济(12):78-94.

陈玉萍,刘嘉毅,郭修金,2020.基于网络关注度的中国冰雪旅游产业发展启示[J].天津体育学院学报,35(5):519-524.

程立茹,2013.互联网经济下企业价值网络创新研究[J].中国工业经济(9):82-94.

程名望,张家平,2019.新时代背景下互联网发展与城乡居民消费差距[J].数量经济技术经济研究,36(7):22-41.

程显宏,姜国刚,2024.数字经济、区域创新与经济高质量发展:基于空间杜宾模型的分析[J].技术经济与管理研究(4):45-50.

崔峰,包娟,2010.浙江省旅游产业关联与产业波及效应分析[J].旅游学刊,25(3):13-20.

崔兆财,周向红,2020.互联网普及对地区就业的异质影响研究[J].软科学,34(1):7-12.

单豪杰,2008.中国资本存量K的再估算:1952～2006年[J].数量经济技术经济研究(10):17-31.

党红艳,2022.数字化转型驱动下的旅游服务价值创造机制[J].经济问题(7):122-128.

党红艳,2023.数字经济赋能旅游业转型的底层逻辑[J].经济问题(3):45-

50,121.

邓爱民,李鹏,2022.中国旅游经济影响因素分析与实证研究[J].宏观经济研究(3):106-115,137.

刁宗广,张涛,2010.中国城乡居民国内旅游消费水平和消费结构比较研究[J].人文地理,25(2):158-160,143.

丁雨莲,陆林,2008.旅游气候研究进展与启示[J].人文地理,23(5):7-11.

董培海,李庆雷,李伟,2019.大众旅游现象研究综述与诠释[J].旅游学刊,34(6):135-144.

董香书,肖翔,2016.人口红利演变如何影响中国工业化[J].中国人口·资源与环境,26(9):20-27.

董晓松,2016.外生驱动互联网消费增长的微观空间计量研究[J].商业经济与管理(6):53-63.

杜丹清,2017.互联网助推消费升级的动力机制研究[J].经济学家(3):48-54.

杜家祺,徐菁,靳诚,2021.基于百度指数的长江三角洲虚拟旅游流流动特征和影响因素分析[J].长江流域资源与环境,30(2):290-301.

段志民,2016.子女数量对家庭收入的影响[J].统计研究,33(10):83-92.

樊纲,郑宇劼,曹钟雄,2021.双循环:构建"十四五"新发展格局[M].北京:中信出版社.

范继刚,王兆峰,杨卫书,2014.四川省旅游产业与信息产业耦合协调研究[J].资源开发与市场,30(1):110-113.

范兆媛,王子敏,2020.人口年龄结构与居民家庭消费升级:基于中介效应的检验[J].湘潭大学学报(哲学社会科学版),44(2):62-68.

范周,2016.重构·颠覆:文化产业变革中的互联网精神[M].北京:知识产权出版社.

方福前,邢炜,2015.居民消费与电商市场规模的U型关系研究[J].财贸经济(11):131-147.

方世巧,马耀峰,李天顺,等,2012.基于百度搜索的西安市A级景区信息与旅游流耦合分析[J].干旱区资源与环境,26(8):190-194.

冯娜,李君轶,2014.外向在线旅游信息流与入境旅游流的耦合分析:以美加入境旅游流为例[J].旅游学刊,29(4):79-86.

傅云新,胡兵,王烨,2012.中国31省市旅游竞争力时空演变分析[J].经济地理,32(6):144-149.

高军,吴必虎,马耀峰,2011.旅华英国游客O→D旅游客流动力机制研究[J].旅游学刊,26(2):35-40.

耿同劲,2004.我国刺激消费政策的实证检验[J].数量经济技术经济研究,21(4):22-25.

顾朝林,庞海峰,2008.基于重力模型的中国城市体系空间联系与层域划分[J].地理研究,27(1):1-12.

顾雨辰,蔡跃洲,2022.互联网普及能促进居民消费结构升级吗?:基于LA/AIDS拓展模型的实证分析[J].贵州社会科学,385(1):135-142.

郭向阳,明庆忠,穆学青,等,2017.云南省入境旅游流流量与流质的耦合度时空演变分析[J].旅游研究,9(1):50-63.

郭晓东,肖星,房亮,2008.新休假制度对国内旅游流时空结构及旅游开发的影响分析[J].旅游学刊,23(5):38-41.

韩剑磊,明庆忠,2020.边境地区旅游网站信息流与旅游流的耦合关系:基于云南省的实证分析[J].社会科学家(5):85-90.

韩剑磊,明庆忠,2021.抖音短视频对旅游行为意向的影响[J].社会科学家(10):52-56.

韩剑磊,明庆忠,史鹏飞,等,2021.基于百度指数的中国省域旅游信息流网络结构特征及其影响因素[J].陕西师范大学学报(自然科学版),49(6):43-53.

何畅,毕玮,刘佳,等,2023.旅游直播如何影响冲动消费和持续观看意图:基于数字可供性视角[J].旅游学刊,38(12):113-129.

何明升,2002.网络消费:理论模型与行为分析[M].哈尔滨:黑龙江人民出版社.

贺达,顾江,2018.互联网对农村居民消费水平和结构的影响:基于CFPS数据的PSM实证研究[J].农村经济(10):51-57.

侯志强,2018.交通基础设施对区域旅游经济增长效应的实证分析:基于中国省域面板数据的空间计量模型[J].宏观经济研究(6):118-132.

胡兴报,苏勤,张影莎,2012.国内旅游者网络旅游信息搜寻动机与搜寻内容研究[J].旅游学刊,27(11):105-112.

黄静,屠梅曾,2009.房地产财富与消费:来自于家庭微观调查数据的证据[J].管理世界(7):35-45.

黄萍,2007.保护与开发:遗产地数字化管理协同功效实证研究:以"数字九寨"为例[J].旅游学刊,22(8):23-28.

黄卫东,岳中刚,2016.信息技术应用、包容性创新与消费增长[J].中国软科学(5):163-171.

黄先开,张丽峰,丁于思,2013.百度指数与旅游景区游客量的关系及预测研究:以北京故宫为例[J].旅游学刊,28(11):93-100.

黄潇婷,2022.数字经济下旅游决策逻辑变化与重构[J].旅游学刊,37(4):8-9.

黄英辉,王伟军,刘辉,等,2022.个性化信息推荐中的过度特化问题研究进展[J].情报科学,40(8):185-192.

冀雁龙,李金叶,2022.数字技术与中国旅游全要素生产率:基于非线性与异质性的考量[J].技术经济与管理研究(11):107-112.

贾诗威,金鹏,2015.信息化与旅游产业发展互动关系的实证研究[J].科技与管理,17(3):13-19.

江小涓,等,2014.服务经济:理论演进与产业分析[M].北京:人民出版社.

蒋军锋,王修来,2008.网络环境下技术创新过程中企业知识基础的演变[J].管理学报,5(4):561-567.

解学芳,雷文宣,2023."智能+"时代中国式数字文旅产业高质量发展图景与模式研究[J].苏州大学学报(哲学社会科学版),44(2):171-179.

解杼,张捷,刘泽华,2004.旅游客源市场空间结构及地理细分市场计量分析研究:以江西省为例[J].经济地理,24(6):852-855.

金晶,董敬畏,2024.数字经济赋能消费升级:微观机制和关联效应[J].技术经济与管理研究(7):56-63.

金鹏,周娟,2016.信息化对旅游产业增长的贡献:基于面板数据分位数回归的分析[J].旅游学刊,31(4):71-80.

金准,2006.Web2.0和旅游目的地营销生态系统[J].旅游学刊,21(7):11.

亢雄,马耀峰,2009.旅游动力机制中阻力探析[J].社会科学家(7):82-85.

赖明勇,张新,彭水军,等,2005.经济增长的源泉:人力资本、研究开发与技术外溢[J].中国社会科学(2):32-46,204-205.

黎玲,眭海霞,黄萍,2023.旅游数字化体验价值对游客公民行为的影响研究:基于价值共创理论的实证分析[J].资源开发与市场,39(9):1239-1248.

李飚.互联网对劳动力市场的影响[M].北京:社会科学文献出版社,2020.

李代,2017.教育的同型婚姻与中国社会的家庭工资收入不平等:1996—2012[J].社会,37(3):103-130.

李光勤,胡志高,曹建华,2018.制度变迁与旅游经济增长:基于双重差分方法的"局改委"政策评估[J].旅游学刊,33(1):13-24.

李国景,陈永福,2018.少子老龄化、家庭结构与城镇居民食物消费:基于成人等价尺度方法的实证研究[J].南开经济研究(3):83-99.

李海舰,田跃新,李文杰,2014.互联网思维与传统企业再造[J].中国工业经济(10):135-146.

李君轶,杨敏,2010.西安国内游客旅游网络信息搜索行为研究[J].经济地理,30(7):1212-1216.

李莉,张捷,2013.互联网信息评价对游客信息行为和出游决策的影响研究[J].旅游学刊,28(10):23-29.

李仁杰,路紫,2011.旅游个性化推介服务的未来发展:时空一体化[J].旅游学刊,26(10):82-88.

李睿,朱利,罗绍晗,等,2024.数字能力对居民家庭消费的影响研究:基于收入效应的分析[J].农村金融研究(4):69-80.

李山,王铮,钟章奇,2012.旅游空间相互作用的引力模型及其应用[J].地理学报,67(4):526-544.

李涛,陈斌开,2014.家庭固定资产、财富效应与居民消费:来自中国城镇家庭的经验证据[J].经济研究,49(3):62-75.

李宪印,王凤芹,杨博旭,等,2022.人力资本、政府科技投入与区域创新[J].中国软科学(11):181-192.

李享,吴泰岳,王梓利,等,2016.旅游统计科学性与测算的可比性[J].旅游学刊,31(4):14-18.

李晓嘉,2014.城镇医疗保险改革对家庭消费的政策效应:基于CFPS微观调查数据的实证研究[J].北京师范大学学报(社会科学版)(6):123-134.

李一玮,夏林根,2004.国内城镇居民旅游消费结构分析[J].旅游科学,18

(2):30-32,38.

李屹,王凤霞,2024.三亚旅游流空间结构及旅游者游览特征研究[J].热带地理,44(2):326-338.

李志远,冯学钢,何静,等,2024.中国旅游生态韧性空间关联网络结构及其驱动因素[J].地理研究,43(5):1146-1165.

厉新建,张辉,2002.旅游经济学:理论与发展[M].大连:东北财经大学出版社.

梁土坤,2019.反贫困政策、家庭结构与家庭消费能力:基于六省城乡低收入家庭调查微观数据的实证分析[J].贵州社会科学(6):158-168.

林南枝,陶汉军,2009.旅游经济学[M].3版.天津:南开大学出版社.

刘长庚,张磊,韩雷,2017.中国电商经济发展的消费效应研究[J].经济理论与经济管理(11):5-18.

刘春济,冯学钢,高静,2014.中国旅游产业结构变迁对旅游经济增长的影响[J].旅游学刊,29(8):37-49.

刘春亮,路紫,2007.我国省会城市信息节点辐射空间与地区差异[J].经济地理,27(2):201-204.

刘湖,张家平,2016.互联网对农村居民消费结构的影响与区域差异[J].财经科学(4):80-88.

刘佳,王娟,奚一丹,2016.中国旅游经济增长质量的空间格局演化[J].经济管理,38(8):160-173.

刘嘉毅,2016.江苏入境旅游流流量与流质时空演化研究[J].旅游论坛,9(1):88-94.

刘军,蔡乐诗,2017.互联网思维与岭南海洋文化旅游[J].广州航海学院学报,25(2):61-63.

刘军胜,马耀峰,2017.旅游从业人员对城市旅游供给的感知评价与差异:以广州市为例[J].中国旅游评论(3):153-169.

刘军,杨渊鋆,张三峰,2020.中国数字经济测度与驱动因素研究[J].上海经济研究(6):81-96.

刘培学,陆佑海,张金悦,等,2022.目的地区域内旅游线路模式及客流影响因素研究[J].旅游学刊,37(6):14-26.

刘少湃,田纪鹏,陆林,2016.上海迪士尼在建景区客源市场空间结构预测:

旅游引力模型的修正及应用[J].地理学报,71(2):304-321.

刘晓萌,胡叶星寒,刘妮雅,2020.京津冀城市群旅游经济联系分析:基于改进引力模型[J].中国流通经济,34(2):121-128.

刘晓欣,周弘,2012.家庭个体特征对居民借款行为的影响:来自中国家庭的经验证据[J].金融研究(1):154-166.

刘筱凡,2024.数字素养对我国居民家庭消费水平的影响:考虑社会网络与收入水平的中介效应[J].商业经济研究(9):48-52.

刘艳霞,冯莉,田慧慧,等,2020.中国气候舒适度时空分布特征分析[J].地球信息科学学报,22(12):2338-2347.

刘益,张旭梅,官子力,2021.在线旅游平台混合销售模式下的需求信息共享策略研究[J].管理工程学报,35(3):77-88.

龙江智,保继刚,2005.城市旅游发展的动力:理论分析与案例研究[J].中国人口·资源与环境,15(1):42-46.

龙少波,陈璋,胡国良,2016.货币政策、房价波动对居民消费影响的路径研究[J].金融研究(6):52-66.

路紫,刘娜,ZUI Z,2007.澳大利亚旅游网站信息流对旅游人流的导引:过程、强度和机理问题[J].人文地理(5):88-93.

罗春科,2017.新常态下旅游经济发展及其特征分析[J].商业经济研究(8):192-194.

罗富民,陈向红,2010.论资源与环境双重约束下的旅游经济增长方式:基于四川汶川地震灾区的实证分析[J].前沿(1):72-75.

罗卉,苏思晴,梁增贤,2024.如何提高淡季新媒体营销的有效性?:基于贝叶斯模型的旅游景区公众号注意力研究[J/OL].旅游科学:1-13[2024-03-29].https://doi.org/10.16323/j.cnki.lykx.20240329.001.

罗明义,2004.旅游经济学原理[M].上海:复旦大学出版社.

马斌斌,豆媛媛,贺舒琪,等,2023.中国数字经济与旅游产业融合发展的时空特征及驱动机制[J].经济地理,43(6):192-201.

马光荣,周广肃,2014.新型农村养老保险对家庭储蓄的影响:基于CFPS数据的研究[J].经济研究,49(11):116-129.

马耀峰,李永军,2000.中国入境旅游流的空间分析[J].陕西师范大学学报(自然科学版),28(3):121-124.

马轶群,2016.我国家庭债务、消费习惯形成与旅游消费:基于阈值协整关系的研究[J].旅游学刊,31(12):18-27.

毛剑梅,锁箭,2017.互联网背景下旅游产业的演化与发展:技术驱动视角[J].当代经济管理,39(10):49-55.

毛宇飞,李烨,2016.互联网与人力资本:现代农业经济增长的新引擎:基于我国省际面板数据的实证研究[J].农村经济(6):113-118.

苗学玲,保继刚,2007."众乐乐":旅游虚拟社区"结伴旅行"之质性研究[J].旅游学刊,22(8):48-54.

倪玉屏,2008,汪德根.城市不同类型家庭结构的居民出游行为差异分析:以苏州市为例[J].资源开发与市场,24(1):70-73.

宁士敏,2003.中国旅游消费研究[M].北京:北京大学出版社.

牛雄鹰,李春浩,张芮,2018.国际人才流入、人力资本对创新效率的影响:基于随机前沿模型的研究[J].人口与经济(6):12-22.

牛亚菲,谢丽波,刘春凤,2005.北京市旅游客流时空分布特征与调控对策[J].地理研究,24(2):283-292.

潘冰,2017.旅游大数据的发展和展望[J].旅游学刊,32(10):1-3.

潘丽丽,2009.旅游目的地空间介入机会的游客感知特征分析[J].人文地理,24(6):103-106.

潘敏,刘知琪,2018.居民家庭"加杠杆"能促进消费吗?:来自中国家庭微观调查的经验证据[J].金融研究,454(4):71-87.

潘文卿,郝远航,2023.厘清"三驾马车"贡献推进中国经济稳健发展[J].北京行政学院学报(5):91-99.

潘昱庭,吴慈生,2016.经济增长要素的协同效应研究述评[J].北方民族大学学报(哲学社会科学版)(2):131-134.

庞世明,2014.中国旅游消费函数实证研究:兼与周文丽、李世平商榷[J].旅游学刊,29(3):31-39.

彭丹,高波,2024.数字经济发展水平、创新活跃度与经济增长质量[J].经济经纬,41(2):17-28.

彭华,1999.旅游发展驱动机制及动力模型探析[J].旅游学刊(6):39-44.

朴志娜,江扬,吴必虎,等,2018.国际游客对中国的地理想象构建与旅游动机[J].旅游学刊,33(9):38-48.

乔向杰,张凌云,2014.近十年国外旅游推荐系统的应用研究[J].旅游学刊,29(8):117-127.

秦梦,刘汉,2019.百度指数、混频模型与三亚旅游需求[J].旅游学刊,34(10):116-126.

生延超,2012.旅游产业结构优化对区域旅游经济增长贡献的演变[J].旅游学刊,27(10):11-19.

石贝贝,王金营,2014.人口发展变化对区域消费影响的实证研究:基于中国省级区域的数据[J].人口研究,38(1):77-89.

史晋川,王维维,2017.互联网使用对创业行为的影响:基于微观数据的实证研究[J].浙江大学学报(人文社会科学版),47(4):159-175.

宋瑞,2022.数字经济下的旅游治理:挑战与重点[J].旅游学刊,37(4):11-12.

宋瑞,2013.我国5A级景区门票价格与居民收入、消费关系实证研究[J].价格理论与实践(10):41-43.

宋晓,王淑华,张新成,2024.人工智能与接待业的价值共创:整合框架与未来展望[J].旅游科学,38(1):17-37.

宋子千,2013.对基本和非基本旅游消费划分的重新审视[J].经济管理(7):135-142.

宋子千,韩元军,2013.中国旅游产业的增长方式与面向现代服务业的转型:基于2005—2009年22个旅游城市面板数据的实证分析[J].经济地理,33(10):163-167.

苏建军,孙根年,2017.中国旅游投资规模的动态演进与分布差异[J].旅游科学,31(1):28-43.

孙根年,张毓,薛佳,2011.资源-区位-贸易三大因素对日本游客入境旅游目的地选择的影响[J].地理研究,30(6):1032-1043.

孙九霞,罗意林,2022.跨越时空的旅游"新村民":他者的数字化自我呈现[J].西北民族研究(2):119-132.

孙九霞,王钰宁,2024.数智力视角下的新质生产力与新质旅游目的地塑造[J/OL].地理科学:1-10[2024-09-24].https://doi.org/10.13249/j.cnki.sgs.20240652.

孙浦阳,张靖佳,姜小雨,2017.电子商务、搜寻成本与消费价格变化[J].经济研究,52(7):139-154.

孙琼,王中胜,王魁,等,2024.旅游信息赋权对老年人旅游行为的影响及其机制分析[J].中国软科学(S1):341-354.

孙烨,张宏磊,刘培学,等,2017.基于旅游者网络关注度的旅游景区日游客量预测研究:以不同客户端百度指数为例[J].人文地理,32(3):152-160.

唐海军,李非,2009.长尾理论研究现状综述及展望[J].现代管理科学(3):40-42.

唐顺铁,郭来喜,1998.旅游流体系研究[J].旅游学刊(3):38-41.

滕丽,王铮,蔡砥,2004.中国城市居民旅游需求差异分析[J].旅游学刊,19(4):9-13.

田志立,周海涛,1995.引力模型中系数 K 的变化[J].公路交通科技,12(2):35-38.

妥艳媜,秦蓓蓓,2023.人工智能技术赋能旅游者幸福感的现实困境与实现路径[J].旅游学刊,38(6):3-6.

万广华,汤树梅,2006.外国直接投资与旅游业:来自中国的证据[J].世界经济文汇(5):49-59.

汪季清,2009.旅游经济学[M].合肥:安徽大学出版社.

王成金,2009.中国交通流的衰减函数模拟及特征[J].地理科学进展,28(5):690-696.

王大悟,魏小安,2000.新编旅游经济学[M].上海:上海人民出版社.

王德刚,2016.互联网对旅游业创新能力提升的促进作用[J].旅游学刊,31(5):7-8.

王金伟,陆林,王兆峰,等,2024.新质生产力赋能旅游业高质量发展:理论内涵与科学问题[J].自然资源学报,39(7):1643-1663.

王克稳,2017.房地产和金融资产对居民旅游消费的影响研究:基于中国家庭金融微观调查数据的实证检验[J].旅游科学,31(6):1-13.

王俐,周向红,2023.数字化赋能旅游经济发展的机理与路径:"流量"还是"质量"?[J].浙江社会科学(6):26-37,156-157.

王录仓,严翠霞,李巍,2017.基于新浪微博大数据的旅游流时空特征研究:以兰州市为例[J].旅游学刊,32(5):94-105.

王琪延,韦佳佳,2018.收入、休闲时间对休闲消费的影响研究[J].旅游学刊,33(10):107-116.

王琼,杨德才,2024.新质生产力赋能文化和旅游产业高质量发展的逻辑机理、现实挑战与实践路径[J].南京社会科学(7):152-160.

王天夫,2021.数字时代的社会变迁与社会研究[J].中国社会科学(12):73-88,200-201.

王新越,刘晓艳,2022.高铁影响下黄河流域旅游经济网络结构演变及其优化[J].经济地理,42(9):211-218.

王旭光,2017.新型农村养老保险政策提升农民消费水平了吗:来自 CFPS 数据的实证研究[J].南方经济(1):1-12.

王学峰,张辉,2022.新时代旅游经济高质量发展的理论问题[J].旅游学刊,37(2):3-5.

王瑶瑶,杨莹,贾锐宁,等,2024.数字经济发展对居民消费的影响:基于中国城市面板数据的实证研究[J].管理评论,36(6):67-80.

王元超,2019.互联网工资溢价效应的阶层差异[J].社会学评论,7(2):27-41.

王兆峰,2015.人力资本投资对区域旅游经济发展的效应及空间分异基于省份面板数据的实证[J].财经理论与实践,36(1):123-128.

王兆峰,谢娟,2013.旅游网站信息搜寻对旅游者行为决策影响的评价分析[J].人文地理,28(6):142-146.

王兆峰,2014.张家界旅游城市游客公共交通感知、满意度与行为[J].地理研究,33(5):978-987.

王铮,邓悦,葛昭攀,2002.理论经济地理学[M].北京:科学出版社.

魏瑾瑞,王金伟,2022.在线评论回报的动态声誉机制研究[J].中国管理科学,30(1):252-262.

温忠麟,侯杰泰,MARSH H W,2008.结构方程模型中调节效应的标准化估计[J].心理学报,40(6):729-736.

翁钢民,徐晓娜,尚雪梅,2007.我国城市居民国内旅游需求影响因素分析[J].城市问题(4):31-35.

邬江,2022.数字化视域下文旅融合推动智慧旅游创新研究[J].经济问题(5):75-81.

吴茂英,黄克己,2014.网络志评析:智慧旅游时代的应用与创新[J].旅游学刊,29(12):66-74.

吴茜,姚乐野,2023.数字经济、创新驱动与区域经济增长[J].软科学,37(6):63-70.

吴玉鸣,2014.旅游经济增长及其溢出效应的空间面板计量经济分析[J].旅游学刊,29(2):16-24.

吴中堂,刘建徽,袁俊,2016.大陆居民赴台湾自由行旅游流网络分析及演化研究[J].旅游学刊,31(10):113-121.

夏杰长,张雅俊,2024.数字媒介与具身体验:旅游城市品牌的构建路径[J].学习与探索(3):87-94.

夏蜀,2021.数字生态平台下的文旅金融服务体系构建[J].云南社会科学(4):110-116.

向艺,郑林,王成璋,2012.旅游经济增长因素的空间计量研究[J].经济地理,32(6):162-166.

向征,丁于思,黎巎,2020.信息技术与旅游:从数字化到信息加速时代[J].旅游学刊,35(1):11-12.

肖燕玲,2024.我国在线旅游产业链、竞争格局与市场发展趋势分析[J].商业经济研究(3):176-179.

谢彦君,2015.基础旅游学[M].4版.北京:商务印书馆.

辛本禄,刘燕琪,2020.服务消费与中国经济高质量发展的内在机理与路径探索[J].南京社会科学(11):16-23,48.

徐岸峰,2010.旅游产业科技创新及科技管理策略研究[J].科技管理研究,30(20):33-35.

徐菲菲,黄磊,2018.景区智慧旅游系统使用意愿研究:基于整合TAM及TTF模型[J].旅游学刊,33(8):108-117.

徐菁,靳诚,2020.中国省域间旅游关注网络格局及其影响因素空间异质性分析[J].旅游学刊,35(6):14-24.

徐琼,钟美瑞,程慧,等,2024.ICT资本对旅游绿色发展效率的影响机理研究[J].旅游科学,38(1):75-100.

徐若然,2021.UGC类智慧旅游服务平台用户使用行为探究:基于UTAUT模型[J].经济与管理研究,42(6):93-105.

徐升华,毛小兵,2004.信息产业对经济增长的贡献分析[J].管理世界(8):

75-80.

徐雨利,李振亭,2019.我国国内旅游流空间流动模式演替与全域旅游供给升级研究[J].陕西师范大学学报(自然科学版),47(2):84-90.

薛莹,2006.旅游流在区域内聚:从自组织到组织:区域旅游研究的一个理论框架[J].旅游学刊,21(4):47-54.

闫闪闪,靳诚,2019.市域内部旅游流空间扩散动力机制:以洛阳市为例[J].人文地理,34(5):149-158.

阎友兵,贺文娟,2013.国内旅游流流量与流质的时空演化分析[J].经济地理,33(4):179-185.

晏艳阳,邓嘉宜,文丹艳,2018.同群效应对创业活动影响的模型构建与实证[J].中国管理科学,26(5):147-156.

杨光,吴晓杭,吴芷翘,2018.互联网使用能提高家庭消费吗?:来自CFPS数据的证据[J].消费经济,34(1):19-24.

杨建春,施若,2014.金融支持旅游产业发展的动态效应比较:以贵州、浙江两省为例[J].社会科学家(6):88-92,126.

杨敏,马耀峰,李天顺,等,2012.网络信息与入境旅游流的V-R耦合关系分析:以澳大利亚入境旅游流为例[J].干旱区资源与环境,26(6):214-219.

杨小凯,张永生,2003.新兴古典经济学与超边际分析[M].2版.北京:社会科学文献出版社.

杨兴柱,顾朝林,王群,2011.旅游流驱动力系统分析[J].地理研究,30(1):23-36.

杨彦锋,2012.互联网技术成为旅游产业融合与新业态的主要驱动因素[J].旅游学刊,27(9):7-8.

杨钊,刘永婷,秦金芳,等,2021.长三角游乐型主题公园客流时空分布特征及其影响因素分析:以上海欢乐谷、常州恐龙园、芜湖方特为例[J].自然资源学报,36(3):722-736.

杨振之,郭凌波,2019.基于区块链技术的旅游业去中心化知识共享机制刍议[J].旅游学刊,34(8):1-3.

尹向飞,尹碧波,2017.家庭户主对城镇家庭消费的影响研究[J].消费经济,33(1):43-49.

尹振东,龚雅娴,石明明,2022.数字化转型与线上线下动态竞争:消费者信息的视角[J].经济研究,57(9):192-208.

于佳,王思雅,2024.特种兵式旅游:数字化时代大学生占有型体验消费透视[J].中国青年研究(5):94-101.

于漪,李桥兴,2023.智慧旅游发展的应用理论基础、现实困境与优化路径:以荔波"小七孔"智慧景区为个案[J].贵州社会科学(7):137-143.

余博,2007.长尾效应:彻底颠覆80/20法则的全新经济学[M].北京:中国华侨出版社.

余凤龙,黄震方,方叶林,2013.中国农村居民旅游消费特征与影响因素分析[J].地理研究,32(8):1565-1576.

余玲铮,2015.中国城镇家庭消费及不平等的动态演进:代际效应与年龄效应[J].中国人口科学(6):69-79,127-128.

曾博伟,程金燕,2021.经济新发展格局下的旅游改革道路[J].旅游学刊,36(1):11-13.

曾超,周武忠,2005.网络辅助型旅游及其旅游者研究[J].旅游科学,19(6):38-43.

曾洁华,钟若愚,2021.互联网推动了居民消费升级吗:基于广东省城市消费搜索指数的研究[J].经济学家(8):31-41.

詹军,2018.长江三角洲城市群旅游经济差异及影响因素研究[J].世界地理研究,27(3):120-130.

詹琳,黄佳,王春,等,2022.基于景观基因理论的红色旅游资源三维数字化呈现:以清水塘毛泽东杨开慧故居为例[J].旅游学刊,37(7):54-64.

詹新宇,郑嘉梁,2024.数字经济的就业效应:创造还是替代?:来自微观企业的模型与实证[J].北京工商大学学报(社会科学版),39(4):30-44.

张广海,袁洪英,2023.中国城市旅游信息流空间网络格局及其复杂性[J].经济地理,43(1):197-205.

张红伟,向玉冰,2016.网购对居民总消费的影响研究:基于总消费水平的数据分析[J].上海经济研究(11):36-45.

张红贤,游细斌,白伟杉,等,2018.目的地旅游吸引力测算及相关因素分析[J].经济地理,38(7):199-208.

张辉,厉新建,2004.旅游经济学原理[M].北京:旅游教育出版社.

张家平,程名望,潘烜,2018.互联网对经济增长溢出的门槛效应研究[J].软科学,32(9):1-4.

张家平,程名望,潘烜,2018.信息化、居民消费与中国经济增长质量[J].经济经纬,35(3):137-143.

张凌云,黎巎,刘敏,2012.智慧旅游的基本概念与理论体系[J].旅游学刊,27(5):66-73.

张凌云,齐飞,2013.北京旅游价格指数与居民消费价格指数关系研究[J].旅游科学,27(1):64-75.

张梦,郭养红,付晓蓉,2018.旅游消费者行为研究的过去、现在和未来:基于引证研究法的研究[J].旅游学刊,33(7):119-132.

张思豆,李君轶,魏欢,2016.旅游电商平台在线评论的可信度研究:以"阿里旅行•西安东线一日游"旅游产品为例[J].旅游学刊,31(11):74-84.

张文明,张孝德,2018.分享经济的经济学逻辑及理论蕴意[J].宏观经济研究(11):169-175.

张翼飞,2017.旅游信息网络平台建设与对策研究[J].情报科学,35(7):50-55.

张莹,王飞,叶海波,2023.滑雪旅游服务数字化转型的国际经验与启示[J].哈尔滨体育学院学报,41(5):42-48.

张佑印,顾静,马耀峰,等,2012.北京入境旅游流分级扩散模式及动力机制分析[J].人文地理,27(5):120-127.

张跃先,王雪莹,2024.旅游短视频营销对顾客融入的影响机制研究[J].管理学报,21(2):261-268.

张云亮,冯珺,2019.中国家庭收入来源差异与旅游消费支出:基于中国家庭金融调查2011—2015年数据的分析[J].旅游学刊,34(5):12-25.

赵金金,2016.中国区域旅游经济增长的影响因素及其空间溢出效应研究:基于空间杜宾面板模型[J].软科学,30(10):53-57.

赵进文,高辉,2004.中国货币政策行为传导的动态模型检验?:1993年～2002年的实证分析[J].南开经济研究(3):95-102.

赵涛,张智,梁上坤,2020.数字经济、创业活跃度与高质量发展:来自中国城市的经验证据[J].管理世界,36(10):65-76.

赵昕东,李林,2016.家庭经济因素和人口特征如何影响不同收入等级城镇居民消费[J].数理统计与管理,35(6):1076-1085.

郑健壮,钱元旻,陈立峰,2024.地区数据要素、数字技术水平与其经济增长[J].科学学研究,42(11):2318-2329.

郑天翔,2014.大型会展对地方旅游业贡献的影响:以上海世博会为例[J].社会科学家(8):80-84.

钟士恩,任黎秀,蒋志欣,等,2008.客源地出游力的社会经济现象假说:基于中国国内旅游出游力研究[J].旅游学刊,23(6):18-23.

钟士恩,张捷,任黎秀,等,2009.旅游流空间模式的基本理论及问题辨析[J].地理科学进展,28(5):705-712.

周波,周玲强,2016.国外智慧旅游商业模式研究及对国内的启示[J].旅游学刊,31(6):8-9.

周芳如,吴晋峰,吴潘,等,2016.中国主要入境旅游城市交通通达性对比研究[J].旅游学刊,31(2):12-22.

周慧玲,王甫园,2020.基于修正引力模型的中国省际旅游者流空间网络结构特征[J].地理研究,39(3):669-681.

周利,王聪,2018.家庭债务与居民消费:来自家庭微观调查数据的证据[J].软科学,32(3):33-37.

周晓旭,郑国华,2024.冰雪体育旅游 IP 运营逻辑及其传播路径探究:以"尔滨"现象为例[J].体育与科学,45(2):45-51.

朱诗娥,杨汝岱,吴比,2018.中国农村家庭收入流动:1986—2017 年[J].管理世界,34(10):63-72.

朱镇,王新,2018.互联网转型驱动的线下旅行社电子商务能力识别:创业感知的中介效应[J].旅游学刊,33(5):79-91.

祝合良,郭凯歌,王春娟,2023.数字经济、流通效率与居民消费增长[J].商业经济与管理(6):5-17.

祝仲坤,冷晨昕,2017.互联网与农村消费:来自中国社会状况综合调查的证据[J].经济科学(6):115-128.

庄家炽,刘爱玉,孙超,2016.网络空间性别不平等的再生产:互联网工资溢价效应的性别差异以第三期妇女地位调查为例[J].社会,36(5):88-106.

邹光勇,刘明宇,2023.在线旅游平台竞争与预订价格差异化研究[J].旅游科学,37(1):75-92.

邹树梅,1998.现代旅游经济学[M].青岛:青岛出版社.

左冰,2011.中国旅游经济增长因素及其贡献度分析[J].商业经济与管理(10):82-90.

ACKLEY G,1951. Income, saving, and the theory of consumer behavior by James S. Duesenberry[J]. The review of economics and statistics,33(3):255-257.

ADAMS P C, GHOSE R, 2003. India. com: the construction of a space between[J]. Progress in human geography,27(4):414-437.

AGHION P, HOWITT P, 1992. A model of growth through creative destruction[J]. Econometrica,60(2):323-351.

AHMED E M,2010. Human capital and ICT per capital contribution to East Asian productivity growth[J]. International social science review,85(1/2):40-55.

AHMED E M,2017. ICT and human capital spillover effects in achieving sustainable East Asian knowledge-based economies[J]. Journal of the knowledge economy,8(3):1086-1112.

ALDEBERT B,DANG R J,LONGHI C,2011. Innovation in the tourism industry: the case of tourism[J]. Tourism management,32(5):1204-1213.

ALDIERI L, 2011. Technological and geographical proximity effects on knowledge spillovers: evidence from the US patent citations[J]. Economics of innovation and new technology,20(6):597-607.

AMERIKS J, CAPLIN A, LEAHY J, et al, 2007. Measuring self-control problems[J]. American economic review,97(3):966-972.

ANDERSON C, 2007. How endless choice is creating unlimited demand[M]. New York:Random House.

ARMSTRONG A,HAGEL J,1996. The real value of on-line communities[J]. Harvard business review,74(3):134-141.

ARMSTRONG M,2006. Competition in two-sided markets[J]. The RAND journal of economics,37(3):668-691.

ARMSTRONG M, WRIGHT J, 2007. Two-sided markets, competitive bottlenecks and exclusive contracts[J]. Economic theory,32(2):353-380.

参考文献

ARTAL-TUR A, PALLARDÓ-LÓPEZ V J, REQUENA-SILVENTE F, 2016. Examining the impact of visa restrictions on international tourist flows using panel data[J]. Estudios de economía,43(2):265-279.

AUDRETSCH D B, WELFENS P J J, 2002. The new economy and economic growth in Europe and the US[M]. Berlin:Springer-Verlag.

BAGWELL L S, BERNHEIM B D, 1996. Veblen effects in a theory of conspicuous consumption[J]. The American economic review,86(3):349-373.

BAIN J S,1951. Relation of profit rate to industry concentration:American manufacturing, 1936—1940 [J]. The quarterly journal of economics, 65(3):293-324.

BAKOS J Y,1997. Reducing buyer search costs:implications for electronic marketplaces[J]. Management science,43(12):1676-1692.

BANYAI M,2012. Social media in travel, tourism and hospitality:theory, practice and cases[J]. Annals of tourism research(3):1746-1747.

BECKER S O, ICHINO A,2002. Estimation of average treatment effects based on propensity scores[J]. The stata journal,2(4):358-377.

BECKER W, 2001. Comparability of household and individual food consumption data:evidence from Sweden[J]. Public health nutrition,4(5b):1177-1182.

BENHABIB J, SPIEGEL M M, 2005. Human capital and technology diffusion[J]. Handbook of economic growth,1(5):935-966.

BENNETT N L, CASEBEER L L, KRISTOFCO R E, et al, 2004. Physicians' Internet information-seeking behaviors[J]. The journal of continuing education in the health professions,24(1):31-38.

BILLÓN M, EZCURRA R, LERA-LÓPEZ F,2008. The spatial distribution of the Internet in the European union:does geographical proximity matter? [J]. European planning studies,16(1):119-142.

BUHALIS D, LICATA M C, 2002. The future eTourism intermediaries[J]. Tourism management,23(3):207-220.

BUHALIS D, 2000. Marketing the competitive destination of the future[J].

Tourism management,21(1):97-116.

BUHALIS D,1998. Strategic use of information technologies in the tourism industry[J]. Tourism management,19(5):409-421.

CHEN C F,2006. Identifying significant factors influencing consumer trust in an online travel site[J]. Information technology & tourism,8(3):197-214.

CONNOLLY R, BANNISTER F, 2008. Factors influencing Irish consumers' trust in Internet shopping[J]. Management research news,31(5):339-358.

CRAMPON L J,1966. A new technique to analyze tourist markets[J]. Journal of marketing,30(2):27-31.

CRIAN E L, MARINCEAN A, 2023. The digital transformation of management consulting companies:a review[J]. Information systems and e-business management,21(2):415-436.

CROFTON S O, PARKER R D, 2012. Do twitter and facebook matter? examining the economic impact of social media marketing in tourism websites of Atlantic Canada[J]. Journal of tourism research & hospitality,1(4):112-126.

CUMMING D, JOHAN S, 2007. The Internet and regional economic development[J]. Academy of management proceedings(1):1-6.

DANN G M S,1977. Anomie, ego-enhancement and tourism[J]. Annals of tourism research,4(4):184-194.

DATTA A, AGARWAL S, 2004. Telecommunications and economic growth:a panel data approach[J]. Applied economics,36(15):1649-1654.

DAVIDSON A P, YU Y,2005. The Internet and the occidental tourist:an analysis of Taiwan's tourism websites from the perspective of western tourists[J]. Information technology & tourism,7(2):91-102.

DEATON A,1992. Household saving in LDCs:credit markets,insurance and welfare[J]. The scandinavian journal of economics,94(2):253-273.

DEATON A,MUELLBAUER J,1980. An almost ideal demand system[J]. The American economic review,70(3):312-326.

DEHEJIA R H,WAHBA S,2002. Propensity score-matching methods for nonexperimental causal studies[J]. The review of economics and statistics,84(1):151-161.

EPP A M,PRICE L L,2008. Family identity: a framework of identity interplay in consumption practices[J]. Journal of consumer research,35(1):50-70.

FELDMAN M P,AUDRETSCH D B,1999. Innovation in cities: sicence-based diversity, specialization and localized competition[J]. European economic review,43(2):409-429.

FERGUSON C,FINN F,HALL J,et al,2010. Speculation and e-commerce: the long and the short of IT[J]. International journal of accounting information systems,11(2):79-104.

FLANAGIN A J,METZGER M J,2000. Perceptions of Internet information credibility[J]. Journalism & mass communication quarterly,77(3):515-540.

FLAVIN M A,1981. The adjustment of consumption to changing expectations about future income[J]. Journal of political economy,89(5):974-1009.

GAO Y Y,SU W,WANG K N,2019. Does high-speed rail boost tourism growth? New evidence from China[J]. Tourism management,72:220-231.

GARCÉS S A,GORGEMANS S,SÁNCHEZ M A,et al,2004. Implications of the Internet: an analysis of the Aragonese hospitality industry,2002[J]. Tourism management,25(5):603-613.

GOLDIN C D,KATZ L F,2007. Long-Run changes in the wage structure: narrowing, widening, polarizing[J]. Brookings papers on economic activity (2):135-165.

GOODRICH K,2014. The gender gap brain-processing differences between the sexes shape attitudes about online advertising[J]. Journal of advertising research,54(1):32-43.

GRANOVETTER M S,1973. The strength of weak ties[J]. American journal of sociology,78(6):1360-1380.

GRETZEL U, FUCHS M, BAGGIO R, et al, 2020. E-Tourism beyond COVID-19:a call for transformative research[J]. Information technology & tourism,22(2):187-203.

GROSSMAN G M, HELPMAN E, 1993. Innovation and growth in the global economy[M]. Cambridge:The MIT Press.

GUNN C A, VAR T, 2020. Tourism planning:basics, concepts, cases[M]. New York:Routledge.

HALL R E, 1978. Stochastic implications of the life cycle-permanent income hypothesis:theory and evidence[J]. Journal of political economy, 86(6): 971-987.

HAMILTON J, 1988. Trends in tourism demand patterns in New Zealand: international and domestic [J]. International journal of hospitality management,7(4):299-320.

HAYES A F, 2013. Introduction to mediation, moderation, and conditional process analysis: a regression-based approach [M]. New York: The Guilford Press.

HENDERSON J V, 1986. Efficiency of resource usage and city size[J]. Journal of urban economics,19(1):47-70.

HEO C Y, 2016. Sharing economy and prospects in tourism research[J]. Annals of tourism research,58:166-170.

HUDSON S, THAL K, 2013. The impact of social media on the consumer decision process:implications for tourism marketing[J]. Journal of travel & tourism marketing,30(1/2):156-160.

ISCARO V, CASTALDI L, MARESCA P, et al, 2022. Digital transformation in the economics of complexity:the role of predictive models in strategic management[J]. Journal of strategy and management,15(3):450-467.

JORGENSON D W, STIROH K J, 2000. Raising the speed limit: U. S. economic growth in the information age [J]. Brookings papers on economic activity,30(1):125-210.

KAPLAN A, HAENLEIN M, 2019. Digital transformation and disruption:

on big data, blockchain, artificial intelligence, and other things[J]. Business horizons,62(6):679-681.

KATZ M L,SHAPIRO C,1985. Network externalities, competition, and compatibility[J]. The American economic review,75(3):424-440.

KATZ R L,VATERLAUS S,PATRICK Z S,et al,2010. The impact of broadband on jobs and the German economy[J]. Intereconomics,45(1): 26-34.

KELLY G,2014. The digital revolution in banking[M]. Washington,D.C.: Group of Thirty.

KIM S S,PRIDEAUX B,2005. Marketing implications arising from a comparative study of international pleasure tourist motivations and other travel-related characteristics of visitors to Korea[J]. Tourism management,26(3):347-357.

KITAMURA R,ITOH T,2018. Tourist spot recommendation applying generic object recognition with travel photos[C]//2018 22nd International Conference Information Visualisation (Ⅳ). New York: IEEE:1-5.

KLEIN H W S,1999. ICT and the changing landscape of global tourism distribution[J]. Electronic markets,9(4):256-262.

KLEIN L R,FORD G T,2003. Consumer search for information in the digital age:an empirical study of prepurchase search for automobiles[J]. Journal of interactive marketing,17(3):29-49.

KLINE R B,2010. Principles and practice of structural equation modeling [M]. 3rd edition. New York:The Guilford Press.

KONGSAMUT P,REBELO S,XIE D Y,2001. Beyond balanced growth[J]. The review of economic studies,68(4):869-882.

KOUTROUMPIS P,2009. The economic impact of broadband on growth:a simultaneous approach[J]. Telecommunications policy,33(9):471-485.

KRUEGER A B,1993. How computers have changed the wage structure: evidence from microdata, 1984-1989[J]. The quarterly journal of economics,108(1):33-60.

LACHAPELLE U,JEAN-GERMAIN F,2019. Personal use of the Internet and travel:evidence from the Canadian General Social Survey's 2010 time use module[J]. Travel behaviour and society,14:81-91.

LAMZAOUEK H,DRISSI H,HAOUD N E,2021. Digitization of supply chains as a lever for controlling cash flow bullwhip:a systematic literature review [J]. International journal of advanced computer science and applications,12(2):45-60.

LAW R, BAI B, LEUNG B, 2008. Travel website uses and cultural influence:a comparison between American and Chinese travelers[J]. Information technology & tourism,10(3):215-225.

LAW R, CHEUNG C, LO A, 2004. The relevance of profiling travel activities for improving destination marketing strategies[J]. International journal of contemporary hospitality management,16(6):355-362.

LEE K D,2004. Does information & communication technology (ICT) investment contribute to cost reduction?:An empirical analysis of Korean industries[J]. Korean economic review,20(2):343-365.

LEGOHEREL P, 1998. Toward a market segmentation of the tourism trade:expenditure levels and consumer behavior instability[J]. Journal of travel & tourism marketing,7(3):19-39.

LEIPER N, 1979. The framework of tourism:towards a definition of tourism,tourist,and the tourist industry[J]. Annals of tourism research, 6(4):390-407.

LI L, BUHALIS D, 2006. E-Commerce in China:the case of travel[J]. International journal of information management,26(2):153-166.

LI Q, ZANG W B, AN L, 2013. Peer effects and school dropout in rural China[J]. China economic review,27:238-248.

LUCAS R E,1988. On the mechanics of economic development[J]. Journal of monetary economics,22(1):3-42.

MANSKI C F, 1993. Identification of endogenous social effects:the reflection problem[J]. The review of economic studies,60(3):531-542.

METCALFE R,BOGGS D R,2021. Ethernet:distributed packet switching for local computer networks (1976)[M]//LEWIS H R. Ideas that created the future classic papers of computer science. Cambridge: The MIT Press: 407-420.

MEYERS-LEVY J, 1988. The influence of sex roles on judgment[J]. Journal of consumer research, 14(4): 522-530.

MILWOOD P, MARCHIORI E, ZACH F, 2013. A comparison of social media adoption and use in different countries: the case of the United States and Switzerland[J]. Journal of travel & tourism marketing, 30(1/2): 165-168.

MÜLLER D K, JANSSON B, 2007. Tourism in peripheries: perspectives from the far north and south[M]. Wallingford, UK: CABI.

MOLTENI L, ORDANINI A, 2003. Consumption patterns, digital technology and music downloading[J]. Long range planning, 36(4): 389-406.

NAKAYAMA Y, 2009. The impact of e-commerce: it always benefits consumers, but may reduce social welfare[J]. Japan and the world economy, 21(3): 239-247.

O'CONNOR P, 2004. Privacy and the online travel customer: an analysis of privacy policy content, use and compliance by online travel agencies[J]. Information & communication technologies in tourism(1): 401-412.

OZTURAN M, ALACAM S, COSKUN-SETIREK A, et al, 2017. A citizen-centric integrated information system roadmap for municipalities[J]. Journal of public administration and governance, 7(4): 175-197.

PARK Y A, GRETZEL U, 2011. Travel coupon proneness[J]. Annals of tourism research, 38(4): 1653-1657.

PEARCE D G, 1987. Spatial patterns of package tourism in Europe[J]. Annals of tourism research, 14(2): 183-201.

PEDRANA M, 2014. Location-based services and tourism: possible implications for destination[J]. Current issues in tourism, 17(09): 753-762.

PENCARELLI T, 2020. The digital revolution in the travel and tourism industry[J]. Information technology & tourism,22(3):455-476.

POON A,1988. Tourism and information technologies[J]. Annals of tourism research,15(4):531-549.

POSLAD S,CHARLTON P,2001. Standardizing agent interoperability: the FIPA approach[M]//LNCS. Lecture Notes in Computer Science. Berlin: Springer:98-117.

POSLAD S, LAAMANEN H, MALAKA R, et al, 2001. CRUMPET: creation of user-friendly mobile services personalised for tourism[C]. London:IET.

RICHARDSON L,2015. Performing the sharing economy[J]. Geoforum, 67:121-129.

RÖLLER L H,WAVERMAN L,2001. Telecommunications infrastructure and economic development: a simultaneous approach [J]. American economic review,91(4):909-923.

ROMER P M,1986. Increasing returns and long-run growth[J]. Journal of political economy,94(5):1002-1037.

SACERDOTE B,2011. Peer effects in education:how might they work,how big are they and how much do we know thus far? [J]. Handbook of the economics of education,3:249-277.

SALEH M A,SAAD M,2023. Digital transformation impact on agility and strategic risk management [J]. Journal of business and management sciences,11(1):63-82.

SCHMALENSEE R, 1989. Inter-industry studies of structure and performance[M]//HO K, HORTACSU A, LIZZERI A. Handbook of industrial organization. Amsterdam:Elsevier:951-1009.

SCHUMPETER J A, 2021. The theory of economic development [M]. London:Routledge.

SHAPIRO C, 1999. Information rules: a strategic guide to the network economy[M]. Boston:Harvard Business School Press.

SPULBER D F,2019. The economics of markets and platforms[J]. Journal of economics & management strategy,28(1):159-172.

VAN NUENEN T,SCARLES C,2021. Advancements in technology and digital media in tourism[J]. Tourist studies,21(1):119-132.

VISSER G,2017. Urban tourism in the developing world: the South African experience[M]. London: Routledge.

WANG Q S,SONG P J,YANG X,2013. Understanding the substitution effect between online and traditional channels: evidence from product attributes perspective[J]. Electronic markets,23(3):227-239.

WANG Z F,2014. Tourists' perception of urban public transport, satisfaction and behavioral intention in Zhangjiajie city, China [J]. Geographical research,34(11):1313-1319.

WEBER K,ROEHL W S,1999. Profiling people searching for and purchasing travel products on the world wide web[J]. Journal of travel research,37(3):291-298.

WEDOW S,MACCANNELL D,2013. The tourist: a new theory of the leisure class[M]. Berkeley: University of California Press.

WENDNER R,2011. Will the consumption externalities' effects in the Ramsey model please stand up? [J]. Economics letters,111(3):210-212.

WEN I,2010. Online travelers' decision makings: a new equation model to evaluate impacts of website, search intention, and trust[J]. Information technology & tourism,12(2):153-173.

WILKINSON P F,2002. Information and communication technologies in tourism 2000[J]. Annals of tourism research,29(1):275-277.

WILSON A G,1967. A statistical theory of spatial distribution models[J]. Transportation research,1(3):253-269.

XIANG Z,GRETZEL U,2010. Role of social media in online travel information search[J]. Tourism management,31(2):179-188.

YANG Y,WONG K K F,2012. A spatial econometric approach to model spillover effects in tourism flows[J]. Journal of travel research,51(6):768-778.

YOUNG KIM E,KIM Y K,2004. Predicting online purchase intentions for clothing products[J]. European journal of marketing,38(7):883-897.

YOUNO A A,1928. Increasing returns and economic progress[J]. The economic journal,38(152):527-542.

ZEHRER A,GRABMüLLER A,2012. Social media marketing in tourism education[J]. Journal of vacation marketing,18(3):221-228.

ZELDES S P,1989. Optimal consumption with stochastic income:deviations from certainty equivalence[J]. The quarterly journal of economics, 104(2):275-298.